本书得到河南省高校哲学社会科学创新团队"教育与区域经济"和河南省高校人文社科重点研究基地：职业技术教育与经济社会发展研究中心资助出版。

本书系河南科技学院2016年度校科技创新基金项目"中小学经济素养教育的国际比较研究"（项目编号：2016025）的阶段性成果。

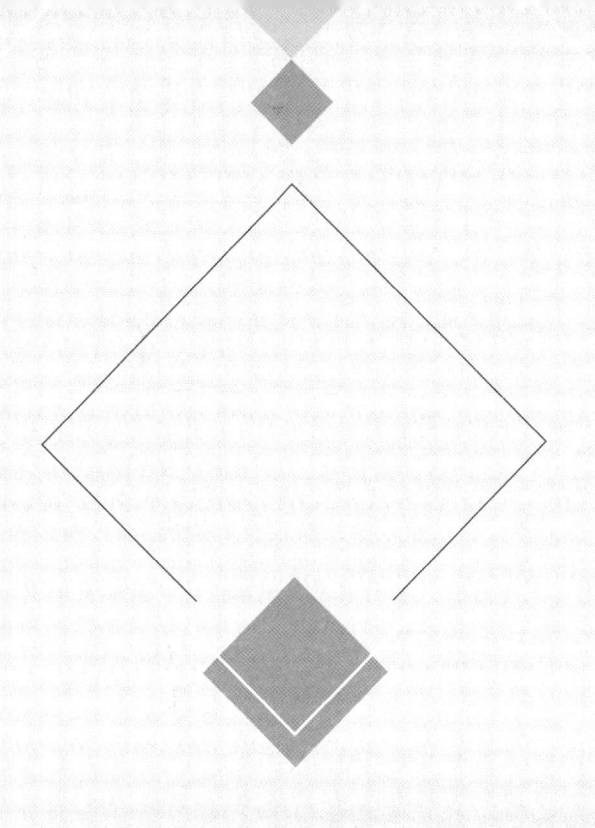

知识经济时代美国中小学生经济素养教育研究

高佳 著

中国社会科学出版社

图书在版编目（CIP）数据

知识经济时代美国中小学生经济素养教育研究/高佳著．—北京：中国社会科学出版社，2018.3

ISBN 978-7-5203-1639-2

Ⅰ.①知… Ⅱ.①高… Ⅲ.①中小学生—经济—素质教育—研究—美国 Ⅳ.①G633.232

中国版本图书馆 CIP 数据核字（2017）第 299603 号

出 版 人	赵剑英	
责任编辑	赵　丽	
责任校对	李　莉	
责任印制	王　超	
出　　版	中国社会科学出版社	
社　　址	北京鼓楼西大街甲 158 号	
邮　　编	100720	
网　　址	http://www.csspw.cn	
发 行 部	010-84083685	
门 市 部	010-84029450	
经　　销	新华书店及其他书店	
印　　刷	北京明恒达印务有限公司	
装　　订	廊坊市广阳区广增装订厂	
版　　次	2018 年 3 月第 1 版	
印　　次	2018 年 3 月第 1 次印刷	
开　　本	710×1000　1/16	
印　　张	14.5	
插　　页	2	
字　　数	238 千字	
定　　价	59.00 元	

凡购买中国社会科学出版社图书，如有质量问题请与本社营销中心联系调换
电话：010-84083683
版权所有　侵权必究

目　　录

绪　论 …………………………………………………………（1）

第一章　美国中小学生经济素养教育的历史发展 ……………（42）
　　第一节　经济素养教育的缘起阶段 ……………………（42）
　　第二节　经济素养教育的发展阶段 ……………………（46）
　　第三节　经济素养教育的规范化阶段 …………………（49）

第二章　美国中小学生经济素养教育的时代背景 ……………（55）
　　第一节　经济素养教育的知识经济背景 ………………（55）
　　第二节　重视教育和创新的文化背景 …………………（60）
　　第三节　追求质量和效率的经济背景 …………………（64）
　　第四节　关注个人权利与政府职能的政治背景 ………（67）

第三章　美国中小学生经济素养教育的体系架构 ……………（69）
　　第一节　经济素养教育顶层设计 ………………………（69）
　　第二节　经济素养教育目标体系结构 …………………（78）
　　第三节　经济素养教育内容统整 ………………………（97）

第四章　美国中小学生经济素养教育实施与评价 …………（118）
　　第一节　学校经济素养教育发展动力 …………………（119）
　　第二节　家庭经济素养教育运行模式 …………………（141）
　　第三节　社会经济素养教育的实践张力 ………………（151）
　　第四节　经济素养教育实施效果评估 …………………（162）

第五章　美国中小学生经济素养教育经验及启示 ……………（172）
　第一节　美国中小学生经济素养教育经验 …………………（172）
　第二节　美国中小学生经济素养教育的启示 ………………（179）

参考文献 ………………………………………………………（221）

绪　　论

知识经济时代，经济素养教育（Financial Literacy Education）研究成为国际基础教育领域中一个重要的研究课题。这一时代，经济的发展出现了很多新的形态，经济以一种全新的方式影响着我们的生活，也对个体参与经济生活提出了新的要求。中小学生受到社会经验、生产能力和生理年龄等因素的影响和制约，在经济生活中通常是以消费者的身份出现的，伴随其内部和外部影响因素的不断成熟，他们会逐步演变为生产者、投资者、经营者等多种经济角色。伴随其经济角色的逐步多元化，经济活动的领域从家庭开始走向社会。与此同时，参与社会经济生活的方式也开始越来越多地借助社会金融机构和市场经济的内部规律来运作，个体经济素养水平很大程度上决定着其参与经济生活的能力。可见，个体成长的整个过程离不开经济活动的影响和干预，不具备经济素养、缺乏经济理解力就会丧失经济决策能力，从而在激烈的市场经济中丧失竞争力。

经济素养教育目的不仅在于帮助其树立正确的经济观念，掌握较为全面的经济知识，具备一定的经济决策能力，而且在于对个体经济品质的培养，使其能够更加有效地参与社会经济活动，享受品质生活。从经济学的视角来看，所有的人类活动都是投入与产出的活动，所有的追求是在有限的投入下对于最大产出的追求，即经济学以特有的视角和方法，对社会生活中的经济层面进行研究。[1] 这些研究成果要在现实经济生活中发挥作用，必须以个体经济素养水平的提升为前提。

---

[1] 李宝元：《人力资本与经济发展》，北京师范大学出版社2000年版，第3页。

一 研究缘起

(一) 中国国民经济素养与经济发展水平不协调

30余年高速的经济发展把中国带入了有史以来最具活力的繁荣期：世界第一消费大国、世界第一外汇储备国、世界第二大经济体。在实体经济的某些领域，中国俨然已经成为一个经济大国，在世界经济发展的舞台上逐步走向主动。中国目前处于快速的发展阶段，在经济快速发展的同时，也出现了各种各样的矛盾和问题。从人的角度来看，目前我们经济发展的根本性矛盾是丰富的人力资源和匮乏的人力资本之间的矛盾，即我们的人口数量众多而普遍的人力素质较低。而要解决这个矛盾，从长远看，应该加强人力资本投资，促使高水平人力资本的形成。在高水平人力资本的形成过程中，基础教育发挥着重要的作用。基础教育为整个社会经济体系正常运行提供必需的人力资本，基础教育水平也决定着整个国民的素养。与此同时，经济素养教育缺失，国民经济素养水平低下，已经影响到个体的经济状况和整个社会经济的健康发展，积极开展经济素养教育，提高国民的经济素养水平迫在眉睫。

伴随中国经济的不断发展，国民收入也在不断增长，孩子们的零用钱也越来越多，但零用钱的花销却极不合理。由于经济素养教育的严重匮乏，中国青少年的经济素养状况令人担忧。《2012中国少儿财商调研》公布的数据显示，中国青少年在消费观念、消费方式等方面存在严重误区，并由此产生了一系列严重后果：对于剩余零用钱，只有19%的儿童选择存入银行，11.1%的儿童选择继续花完；34.8%的儿童对已有消费没有任何记录，仅有15.6%的儿童能清楚地描述自己花过的钱，这些都是经济素养教育缺失的表现。国家统计局美兰德信息公司的调查数据显示，全国0岁到12岁儿童每月消费总额超过35亿元，在众多家庭中，孩子平均每月消费超过一个大人。[①] 华鼎财经市场调查公司于2005年在全国10个大城市对1531个3—18岁的未成年人采取分层和简单随机抽样相结合的方法进行调研，结果表明城市中6—15岁青少年的零用钱和压岁钱已经达到56亿元，这笔钱数额巨大，但是消费却不合理，主要被用于吃、穿、玩

[①] 叶升：《小学生经济素养教育的实践》，《教学与管理》2005年第4期。

等消费领域，并且在消费过程中存在冲动消费、攀比消费等现象，其中衣着消费占到了总额的45%，玩乐消费占到30%，餐饮消费占到15%，其他消费占到10%，用于学习的消费只占到很小的一份，其中有72%的同学没有消费计划的概念，对于压岁钱和零用钱是花完为止，有28%的同学会选择将剩余的钱存入银行。在消费心理方面，同样存在一系列问题。2012年5月《中国青年报》的一项在线调查显示，有94.9%的青少年存在消费严重浪费的现象，并且攀比消费、冲动消费、炫富消费等现象严重。① 由于青少年心智发展不成熟，自我判断能力和控制能力差，常常会因为攀比消费、盲目消费等问题威胁到自身和家庭的财产安全，甚至出现有中学生为买苹果手机而出卖身体器官的事件。

世界奢侈品协会中国代表处首席执行官欧阳坤说过："生活压力和经济压力不能说不大，他们想摆脱现状，表现自己的与众不同，但是又没有足够的经济实力，而几万块的奢侈品服饰、箱包正好能满足他们与众不同的要求。他们劳心劳力地工作，长期处于亚健康状态，而辛劳所得只用来换一个身份符号。"② 而中国的奢侈品消费在消费群体、消费金额所占自身财富比例、对于奢侈品品牌的理解等方面都存在很大盲目性。

《2011年中国大学生财商调查报告》显示，15%的大学生不了解家庭的具体经济状况，有7.9%的大学生从未关注过收入和支出问题，有将近60%的大学生是月光族，每个月都没有节余。调查反映了大学生经济素养的缺失，但同时有70%的大学生认为自己的经济素养较差，主要原因是缺乏合适的学习途径，这也反映了我们经济素养教育的严重缺失，特别是学校经济素养教育长期处于缺位状态。针对北京中小学生的经济素养教育调研数据表明，仅有22%的被调查者认为自己的经济素养知识来自学校课堂。③ 学校经济素养教育的缺失，相应的家庭经济素养教育也长期处于不合格状况，大部分家长虽然知道经济素养教育的重要性，但是由于自身

---

① 吕波、李娟娟：《再议加强青少年财商教育》，《上海青年管理干部学院学报》2013年第4期。
② 周鹏、燕浩珍、张思杰：《奢侈品消费：一种地位排名的竞赛》，《经济研究》2014年第S1期。
③ 叶菊艳：《苏格兰5—18岁儿童学校经济素养教育实践及其启示》，《外国中小学教育》2007年第2期。

时间、精力和知识水平的限制，对经济素养教育力不从心。调查数据显示，超过70%的孩子每月都有零用钱，有将近10%的家长对零用钱采取放任态度；对于用不完的零用钱，大部分家长缺乏引导孩子利用银行资源处理零用钱的意识，有将近半数的家长建议孩子把剩余的钱存放在家中，有超过七成的家长对于经济素养概念的理解仅仅停留在不乱花钱的层面上。[①] 可见，中国青少年经济素养状况令人担忧，学校、家庭和社会的经济素养教育处于十分匮乏的状态。

经济素养缺失带来的种种问题引起了社会各界对青少年经济素养教育的热议和思考，尤其在中小学校围绕"理性消费"为核心的经济素养教育已成为社会普遍关注的重要课题。但在具体实施过程中出现的种种现象又不容乐观，特别是一些不正规的组织开设的经济素养培训课程，打着经济素养教育的旗号，实则只是为了自身的经济利益，这本身就反映出全社会经济素养的缺失。目前中国社会中关注经济素养教育的热情是高涨的，但什么是经济素养教育？应该如何进行经济素养教育？在经济素养教育实施过程中，学校、家庭和社会都应该扮演什么角色，又该如何相互配合和促进？这些都是摆在我们面前的难题。

中国几千年的小农经济历史注重实物财富的绝对贮藏，排斥价值生产。[②] 同时，儒家正统的封建道德观念形成了"重义轻利、德本财末"的主流经济价值观，再加上几十年的排斥商品经济的计划经济体制，[③] 导致社会忽视甚至排斥以传递经济知识为主要内容的经济素养教育。[④] 即使在知识经济时代的今天，国内学者对"中小学阶段是否要推行经济素养教育"问题仍存在较大分歧。[⑤] 新课程改革实施后，国家课程在小学阶段设置的《品德与生活》《品德与社会》，初中阶段设置的《历史与社会》，高中阶段设置的《思想政治》课程中都不同程度涉及了经济

[①] 《金融博览》编辑部：《国内孩子财商教育情况调查》，《金融博览（财富）》2013年第6期。

[②] 高佳：《美国中小学经济素养教育研究》，硕士学位论文，华东师范大学，2007年，第19页。

[③] 钱焕琦：《金钱与道德》，《南京师范大学思想教育研究》1994年第2期。

[④] 王卫东：《中小学经济素养教育的认识与探索》，《教育研究》2003年第7期。

[⑤] 肖红：《中小学经济素养教育的分歧及发展》，《教学与管理》2012年第7期。

素养教育内容，但培养目标缺乏连续性和阶段性，同时缺乏社会组织的广泛参与，个别地市单靠财政力量支撑取得的成功经验不具备可复制性。由于经济素养教育在中国处于起步阶段，理论研究和实践研究都相对匮乏，因此，我们有必要动员社会各界力量，尽快建立起完善的经济素养教育支持体系，为促进中国经济素养教育健康发展提供保障。

（二）知识经济时代赋予经济素养教育新内涵

人类历史上经历了原始经济、农业经济、工业经济以及知识经济四种经济形态，每种经济形态都包含独特的生产要素、生产模式、主导产业、基本结构、基本制度和基本观念等。[1] 知识经济的概念由世界经济合作与发展组织（OECD）于 1996 年在《以知识为基础的经济》报告中首次被正式定义：知识经济是指建立在知识和信息的生产、分配和使用之上的经济。知识经济时代是一种新的经济时代，它以知识的生产和人的智力的充分发挥为支撑，以信息化和网络化为基础，通过人们持续、全面地创新和合理、有效地利用资源促进科技、经济、社会的和谐统一，实现可持续发展。[2] 知识经济时代蕴含的三个核心要素是知识、管理和创新。其中，"知识"是经济发展的关键要素和内在动力，既包含自然科学知识，也包含人文社会科学知识；既包含可编码的显性知识，也包含只可意会不可言传的隐性知识。知识经济的发展是两类知识互动作用的结果。知识经济时代的"管理"不同于传统管理，是对知识的管理，是知识经济时代发展的需要。"创新"是知识经济时代的内核，即知识不能自动地转化为经济，必须通过创新才能产生经济效益，创新是知识经济活动中最重要的因素。

知识经济时代的突出特点赋予了经济素养教育新的内涵：在经济素养教育的"知识"层面，不仅要强调显性经济知识的教学，同时也要重视隐性经济知识的影响，即经济学原理与经济伦理学、经济心理学等内容应相互交叉，协调作用；传统的经济素养教育强调培养对金钱的管理能力，在知识经济时代，"管理"的概念被扩大到对知识的管理、对时间的管

---

[1] 郭民生：《通向未来的制胜之路——知识产权经济及其竞争优势的理论与实践》，知识产权出版社 2010 年版，第 58 页。

[2] 张卫国：《知识经济与未来发展》，青岛海洋大学出版社 1998 年版，第 36 页。

理、对于个人信用的管理等方面；经济素养教育的"创新"体现在应改变以往经济素养教育机械化和教条化的教育形式，应关注信息技术和后现代知识观的影响，对传统课堂教学进行解构，强调对话，使创新精神融入整个经济素养教育过程之中。

知识经济时代，许多发达国家将经济素养教育作为整个教育体系发展的重中之重。① 美国经济素养教育专家马克·库格（Mack C. Schug）认为，在知识经济时代，经济素养教育比过去更应成为公民教育的一部分，它使公民无论作为消费者、投资者，还是作为选民、公共决策者都能够通过经济学分析做出最优的决策选择，并能够理性地参与评议公共决策，为公民教育奠定基础。国民整体经济素养的提高，有赖于基础教育对经济知识的普及。曾获诺贝尔经济学奖的詹姆斯·托宾强调，无论一个人是不是接受过大学教育，都应该使经济理解成为所有人的一种内在本质。② 诸多教育发达国家为顺应知识经济时代对人才的基本需求，陆续将经济素养教育纳入包括学前教育在内的整个教育体系之中，作为一种早期化、日常化的教育内容加以实施，如韩国、俄罗斯、加拿大、澳大利亚等国家都相继通过立法等形式确保经济素养教育的权威性和可行性。"国际儿童储蓄基金会"等国际组织也通过课程开发等形式参与各国中小学经济素养教育活动。③ 可见，帮助公民掌握经济学知识、形成经济思维，理解经济现象，解决经济问题，成为在复杂的社会经济环境中具有竞争力的理性公民的经济素养教育已在国际上悄然展开。

（三）美国经济素养教育具有借鉴价值

美国成为当之无愧的"世界头号经济强国"，距殖民地国家的身份不过120多年，发展之所以如此迅猛且长期保持独占鳌头，其中原因值得深入研究。从思想史的角度分析来看，理性的资本主义精神为美国经济的发展助以一臂之力。《新教伦理与资本主义精神》强调新教伦理崇尚勤俭和刻苦等职业道德，通过世俗工作的成功来荣耀上帝，以获得上帝的救赎，

---

① 颜咏雪：《以素质教育为前提培养创新型人才》，《商业经济》2010年第12期。
② Phillip J. Education Van Fossen, "Best practice economic education for young children? It is elementary". Social, No. 3, 2003, p. 31.
③ 肖红：《中小学理财教育的分歧及发展》，《教学与管理》2012年第7期。

即真正的资本主义精神并非一种商业勇气,或无关道德的个人倾向,而是具有伦理色彩的劝世箴言。①恰如《给一个年轻商人的忠告》中富兰克林所言:时间就是金钱;信用就是金钱。②其中涉及的经济素养已经不仅是探讨人与金钱的关系,还涉及人与时间、人与信用的关系,这些为美国中小学校开展经济素养教育奠定了思想基础。

第二次世界大战后的"战争景气"使美国经济在整个经济世界中占据首要地位,国内公民参与经济事务的频率和能力也直线上升,经济的发展不仅给国民的经济素养水平提升提供了发展的空间和时间,同时也迎来了前所未有的挑战。为摆脱国民经济素养水平与国家经济发展不协调的状况,自20世纪50年代开始的由工商业界主导的第一次经济素养教育热潮在美国社会全面展开,提升了国民的经济素养水平。步入80年代后,全球经济一体化趋势推动了世界经济市场的多极化走势,"头号经济强国"的地位面临着多重挑战。在这种经济环境下,如何理解并应对整个世界经济格局的变化,如何重新审视美国经济发展政策,对美国公民提出了新的要求和挑战,由教育界主导的经济素养教育热潮再次掀起。两次经济素养教育热潮极大地促进了美国经济素养教育的发展。目前,在联邦政府的极力干预下,美国经济素养教育与经济发展的关系更加密切。已有调查表明,美国经济学家占到诺贝尔经济学奖得主的70%,且显示出"创新起点早、创新能力强、创新周期长"的特点。这些成绩的取得与美国社会各界,尤其是中小学注重开展全方位的经济素养教育密切相关。进入21世纪,从联邦政府到社会各界更是将经济素养教育作为一项重要的教育内容在全社会展开,经济素养教育从早期的萌芽状态发展到现在的规范化阶段,美国各州已形成K-12年级经济素养教育体系。美国社会已经普遍接受了经济素养教育应尽早开始的观念,小学阶段是经济素养教育的最佳时期,半数以上的学生在小学阶段就接受了完备的经济素养教育。例如一项对153名家长的调查数据显示,不论他们的孩子现在处于哪个学习阶段,希望在小学阶段就开展经

---

① [德]马克斯·韦伯:《新教伦理与资本主义精神》,马奇炎、陈婧译,北京大学出版社2012年版。

② 富兰克林:《给一个年轻商人的忠告》,《投资理财》2012年第11期。

济素养教育的比例是最高的。

2001年，美国已有48个州将经济学课程纳入中学教育标准，其中有34个州要求学校开设经济学课程，14个州要求学生在学习一门经济学课程后才能从高中毕业。[①] 2002年，美国联邦政府出台了《卓越经济教育规划》（Excellent in Economic Education Program，缩写EEE）。旨在通过向那些把提高学生经济素养作为基本教育目标的非营利性教育组织提供资助，来提高中小学阶段所有学生的经济素养水平。布什在2007年的国情咨文中强调，要把美国的《竞争力计划》与《卓越经济教育规划》相整合，保证学生为全球经济竞争做好准备。作为经济素养教育的有力支撑，除国家经济教育委员会外，联邦政府还设立了美国经济教育联合委员会，各州设立了州经济教育联合委员会、州经济教育委员会，许多大学还成立了经济素养教育中心，为中小学经济素养教育的顺利开展提供有力保障，在培养目标、主要内容、实施过程、评价体系等方面贡献了丰富的研究成果。美国经济素养教育的内容以学生比较容易理解和接触比较多的基本经济概念和原理为主，以培养学生的经济学素养以及参与经济生活的能力为目的。美国经济素养教育注意培养孩子的经济兴趣，倡导在宽松自由的教学环境中进行创新和探索，形成了学校、家庭和社会共建的经济素养教育培养模式。以上成绩的取得使经济素养教育成为美国基础教育领域最为成功的方面之一。

本书以"全球视野，本土行动"为研究出发点，研究目的不是停留在对美国经济素养教育历史和现状的介绍，而是希望在梳理美国经济素养发展历史的基础上，分析研究知识经济背景下美国经济素养教育成功的经验和存在的问题，以期为中国经济素养教育的开展提供借鉴。中国和美国在社会经济背景方面存在较大差异，但经济素养教育在教育模式、教育方法、教育目标等方面仍具有其自身发展的客观规律。以美国中小学经济素养教育为研究对象，探求经济素养教育的一般发展规律，摸索出适合中国实际的经济素养教育理论体系和实践模式，具有重要的意义。

[①] Sharon Tennyson and Chau Nuyen, "State Curriculum Mandates and Student Knowledge of Personal Finance", *Personal Finance*, No. 3, 2001, p. 44.

二 研究价值

（一）理论价值

1. 完善经济素养教育内涵

中国经济素养教育起步较晚，对于经济素养教育内涵的理解还不是很深入，经济素养教育的开展主要集中在对于金钱的管理和消费教育领域，且使用名称表述不一，如理财教育、财商教育、金钱观教育等。在知识经济背景下，对这些概念进行重新梳理和分析，才能更好地指导教学实践。本书通过对美国中小学经济素养教育展开研究，可以进一步理解美国重在以"生产、分配、交换和消费"四大领域经济学知识为核心内容展开的经济素养教育，即关注学生在经济生活中学会运用经济学的"推理范式"。

注重从知识经济时代蕴含的知识、管理和创新三大核心要素入手对经济素养教育进行重新界定，有助于完善经济素养教育内涵体系。知识经济时代的突出特点赋予了经济素养教育新的内涵：在经济素养教育的知识层面，不仅要强调显性经济知识的教学，同时也要重视隐性经济知识的影响，即经济学原理与经济伦理学、经济心理学等内容应相互交叉、协调作用；传统的经济素养教育强调培养对金钱的管理能力，在知识经济时代，管理的概念被扩大到对知识的管理、对时间的管理、对于个人信用的管理等方面；经济素养教育的创新体现在应改变以往经济素养教育机械化和教条化的教育形式，关注信息技术和后现代知识观的影响，对传统课堂教学进行解构，强调对话，使创新精神融入整个经济素养教育过程中。

2. 构建经济素养教育体系

蔡元培说过，人才为国之元气。中国教育学会副会长朱永新也提到，现在国家与国家之间的竞争是综合国力的竞争，而综合国力主要体现在经济实力和科技实力，从根本上讲是教育的竞争，教育的竞争主要体现在对人才的培养水平上。[①] 知识经济时代，对人才的要求也不再局限于单一学科知识，新的时代需要复合型人才，经济素养也是知识经济时代必备的素

[①] 秦剑军：《知识经济时代人才强国战略研究》，博士学位论文，华中师范大学，2008年，第64页。

养之一。由于历史和文化的原因，中国的经济素养教育起步较晚，在理论和实践上还没有形成成熟的体系，而美国的相关理论研究和实践操作积累了丰富的经验。本书以美国中小学经济素养教育为研究对象，重点分析其教学目标、教学内容、实施策略等环节，在此基础上总结出经济素养教育的一般规律，以期为中国中小学经济素养教育的开展提供理论和实践指导，构建符合中国国情的经济素养教育体系。

（二）现实价值

1. 有利于国家相关政策的有效实施

《中共中央关于制定国民经济和社会发展第十三个五年规划的建议》强调，把增强学生社会责任感、创新精神、实践能力作为重点任务贯彻到国民教育全过程；加强资源环境国情和生态价值观教育，培养公民环境意识，推动全社会形成绿色消费自觉。其中的"绿色消费自觉"为经济素养教育提供了政策依据。2015年7月，教育部共青团中央、全国少工委联合发布的《关于加强中小学劳动教育的意见》指出，培养学生劳动兴趣、磨炼学生意志品质、激发学生的创造力、促进学生身心健康和全面发展。2015年12月27日，新修订的《中华人民共和国教育法》强调，教育必须为社会主义现代化建设服务、为人民服务，必须与生产劳动和社会实践相结合，培养德、智、体、美等方面全面发展的社会主义建设者和接班人。《国家中长期教育改革和发展规划纲要（2010—2020）》也强调培养学生团结互助、诚实守信、遵纪守法、艰苦奋斗的良好品质；提高学生服务国家人民的社会责任感、勇于探索的创新精神和善于解决问题的实践能力。《关于加强中小学劳动教育的意见》建议培养广大青少年的社会责任感、创新精神和实践能力，使其成为全面发展的社会主义建设者和接班人。这些虽然不是经济素养教育的专门政策法规，但其中隐含着对于经济行为和经济品质的关切，为经济素养教育的提供创造了政策条件，也使经济素养教育研究具有现实意义。

2. 有利于复合型人才培养模式创新

知识经济从根本上说是人才经济，人才成为社会经济发展的重要推动力，需要多种素养的综合养成。经济素养教学活动既要培养扎实的经济学基础知识，也要培养一定的数理分析、逻辑运算、管理学等学科的知识。经济素养教育作为一种复合型知识的教育模式，在教育内容的安排、教学目标的设定、教学评价的实施等环节都有其独特的地方，同时也为复合型人才的培养积累了经验。① 对于中小学生的发展来说，经济素养教育的价值在于帮助其树立正确的经济观念，掌握较为全面的经济知识，具备一定的经济决策能力，为今后有效从事经济活动，享受品质生活奠定基础。经济素养教育不仅仅是经济学知识的教育和学习，更是一种综合素质的教育，具有多重意义：认清财富的本质，形成正确的获取财富的观念，养成诚实守信、兢兢业业、恪尽职守的工作观念；认清经济社会的运行机制，在工作中形成良好的竞争、合作关系，并且培养社会责任感和使命感；有助于培养人的综合素养，有利于复合型人才培养模式创新。

3. 有利于推动中国经济健康发展

知识经济是绿色的可持续发展的经济，在自然资源面临枯竭，世界环境问题日益严重的情况下，如何减少经济发展对于自然资源的依赖，如何实现经济的绿色发展，在有限的资源消耗情况下实现经济的快速发展，这就需要发挥知识经济时代知识的力量，利用先进的技术手段和管理方法，科学、合理地利用资源，最大化现有资源的价值。经济素养教育将经济知识、经济管理、经济创新作为培养未来人才储备的主要目标，这些基本的素养和能力是推动科技发展、促进科技成功转化的重要推动力。一方面，通过技术的力量，社会的经济活动实现了充分的网络化、信息化、高效化；另一方面，在先进技术的推动下，经济生产活动的开展实现了绿色发展的目标，人类经济的发展与自然环境和谐统一。而要在知识经济时代实现经济可持续发展的目标，具有相关专业知识技能背景的人才必不可少，这需要我们更了解在新的时代背景下社会经济的运行机制和发展规律，需要个体具备符合时代背景的经济素养，为经济的可持续发展提供保障。基础教育课程改革后，中国中小学的"品德与生活""品德与社会""历史与社会""思想政治"课程中增添了经济素养教育内容，尽管这些内容在结构体系和组织原则上还存在诸多问题，但已经开启了经济素养教育正规化发展的进程。中国没有出台国家和地方层面的经济素养教育政策，没有专门的经济素养课程标准和专门的教学大纲，高等院校也未对职前中小学教师进行专门的经济素养教学培训，社会上更没有出现相应的经济素养教

---

① 郭淑英、截万津：《高素质创新人才研究》，东北大学出版社2002年版，第144页。

育组织，这些都严重阻碍了中国中小学经济素养教育的顺利开展。经济素养教育的成功开展会推动中国经济发展再上新台阶。

三　核心概念界定

（一）素养

1. 素养内涵

素养的英文为 literacy，由拉丁词 litteratus 演变而来，原意表示有学问（learned）；《现代汉语词典》对素养的解释是平日的修养。① 修养有两个含义：①理论、知识、艺术、思想等方面的一定水平；②养成的正确的待人处世的态度。联合国教科文组织将 literacy 定义为适应生产力的提高，从事所在地区和社会要求的读、写、算能力的一切相关活动。② 随着科学技术的进步，素养的定义进一步拓展，凡对一个事物有其使用、思考、批判、解读、应用的能力或对自身生活有所帮助的能力都可以称为素养，即是一个人能做什么（知识、技能）、想做什么（角色定位、自我认知）和会做什么（价值观、品质、动机）等内在特质的组合。"素养"一词有多重含义，不同的素养常面向不同的实践领域，与空间、时间等有着密切的联系。③ 素养强调后天的修习和通过学习而逐步形成的涵养特性，是一种逐步形成的文化特质或者精神、观念、态度上的特点。

朱永贞的《素养》认为，素养是建立在对知识的深度理解上的灵活运用，对学习结果与实际应用上的反思，对学习价值在个体发展和社会发展上的统整，同时认为素养就是一种优秀的习惯，如当优秀成为一种习惯，素养就会远离毒害侵蚀，并能让个体在习惯中自我超越，同时素养的形成又会反作用于好习惯。这进一步证明素养的形成是后天在习惯中不断浸染的。尼尔·马丁（Neale Martin）在《习惯的陷阱》中明确指出，营销人员已经将营销活动的关注点从顾客满意度上转移到顾客无意识的习惯

---

① 中国社会科学院语言研究所词典编辑室：《现代汉语词典第六版》，商务印书馆 2014 年版，第 1241 页。
② UNESCO, "The Plurality of Literacy and Its Implications for Policies and Programmes", *UNESCO Education Sector Position Paper*, Paris: UNESCO, 2005.
③ 李宝敏：《儿童网络素养研究》，博士学位论文，华东师范大学，2012 年，第 37 页。

性行为上。① 其中的"习惯性行为"就蕴含于素养之中。由此可见，素养不仅是提升个人综合水平的明显标志，也是明智公民不可或缺的核心要素。素养教育是从生命的原点根性出发，以构建潜能禀赋、思维智识、意志品质和内心秩序为基本内容，依循自我教育法则和不教而教法则，透过教师的尊重、引导、协助、解放这一基本教养路径，来唤醒学生的主动成长欲求、向上发展本能和才华实现模式，帮助学生达成生命内部能量的顺畅流淌和良性滋长，最终实现让每一个孩子享受快乐成长、积极学习和幸福完满人生的教育。②

2. 素养与素质的关系

素养是一种素质，也是一种教养。从素质层面来审视，素养表现为人的一种先天所具有的特点，表示一种资质或能力，即主体已具备的基本条件。从教养层面来看，素养则体现为一种通过后天教育、教化所形成的一种修养、涵养，是人为的结果，也是一种有自觉意识的行为。这就是说，素养既包含了先天意义上的素质，也包含了后天通过学习、教育所形成的能力。从平时养成的习惯上来看，素养表现为一种行为习惯，即在长时间的学习、教化过程中，素养表现为人所具有的、被社会所广泛认同的行为方式，表现为人的一种行为习惯。这既是一种行为方式，也体现为一种高级品质，即经过教育、学习形成的良好行为习惯。③ 张景彪的《素养教育》就素养教育与素质教育的关系进行了阐述：如果应试教育是圈养，素质教育就是放养，素养教育就是牧养。素养教育即放手不放任，管理不管束，宽容不纵容，得法不拘法。围绕素养教育的基本内容、教养法则、实践途径，构建素养教育的理论体系，为经济素养教育提供了理论框架和研究基础。

（二）经济素养

2000 年，加曼和福格（Garman & Forgue）把经济素养定义为个人在现代社会中获得生存能力的一种必备知识，包括信用卡的使用、抵押利率、保险、节约和投资等方面，即个人成功的管理自己资源的必备理论和

---

① ［美］尼尔·马丁：《习惯的陷阱》，高彩霞译，中国人民大学出版社 2011 年版。
② 张景彪：《素养教育》，清华大学出版社 2012 年版，第 31 页。
③ 张国辉：《公务员政治素养研究》，博士学位论文，东北师范大学，2013 年，第 21 页。

实践能力，并指出市场是个人经济素养提升的主要场所，也是学习动机最大的场所。经济素养作为一种众所周知的事实和生活的必要词汇直接决定着经济行为的结果，拥有适当经济素养的个体往往会更快达到和实现经济目标，反之则会引发很多经济问题，并导致财政赤字。2001 年，琳达·乔迪（Lind jord）从三个方面对经济素养能力进行了重新界定：个人是指与某一个人相联系；经济是指钱或其他可以流动的资产；能力是指读写能力、理解能力、实际操作能力，可以理解为对金钱管理的学习和研究能力。因此，乔迪将经济素养描述为一个人对管理金钱、应付金融债务的理解能力和实际操作的能力。2002 年，露西·汤姆斯·安德鲁（Lucey Thomas Andrew）通过大量文献把个人经济素养概括为对金钱的理解与管理、消费与贷款、储蓄与投资等方面有所促进的能力。[①] 个人经济素养研究应当和一般的经济学研究区别开来，因为经济学研究的是与国民整体相关的经济问题，更多是通过大量事实总结出来的具有规律性的东西，而个人经济素养只是个人对经济环境的反映，充满更多的偶然性。

知识经济时代的突出特点赋予了经济素养新的内涵：在经济素养的知识层面，不仅要强调显性经济知识的教学，同时也要重视隐性经济知识的影响，即经济学原理与经济伦理学、经济心理学等内容应相互交叉、协调作用；传统的经济素养强调培养对金钱的管理能力，在知识经济时代，管理的概念被扩大到对知识的管理、对时间的管理、对于个人信用的管理等方面；经济素养教育的创新体现在应改变以往经济素养教育机械化和教条化的教育形式，应关注信息技术和后现代知识观的影响，对传统课堂教学进行解构，强调对话，使创新精神融入整个经济素养教育过程之中。

（三）经济素养教育

中国很少使用"经济素养教育"这一概念，但与此接近的有金钱观教育、财商教育、理财教育、经济学教育、消费教育等概念，但这些概念之间关系错综复杂，很难描绘出问题的关键和全貌；在美国，与经济素养

[①] Lucuy Thomas Andrew, "Assessing Character and Technology Conponents of A Financial Education Curriculum for Grades K - 4: A Multicultual Interpretation", *The University of Memphis EDD*, 2004, p. 53.

教育直接对应的词汇是"Finacial Literacy Education"。经济素养教育内涵丰富，我们从经济学角度出发，根据经济学的三种人性假设，即理性经济人假设、社会人假设和复杂人假设，将经济素养教育的目标构建为理性经济人假设下的经济素养教育目标倾向于经济知识和能力教育；社会人假设下的经济素养教育目标倾向于公民教育；复杂人假设下的经济素养教育目标倾向于品质生活教育。下面我们从这三种假设出发剖析经济素养教育的本质规定性。

1. 经济素养教育是经济知识和经济能力教育

美国经济素养教育专家诺斯（Nourse，1966）认为，经济素养教育就是提升学生解决日常生活中所遇到的种种经济问题的能力教育。特鲁西略（Trujillo，1977）认为经济素养教育就是教导学生理解并掌握现代经济运行原理与机制，并能在实践中学以致用，如参与金融机构的运作等事宜。[①] 中国台湾学者林向民（1994）指出，经济素养教育就是帮助学生了解现代生活中的经济组织，学会以经济知识作为分析工具处理个人和社会所面临的问题，这些都有助于学生提升经济理解、经济行为选择、解决经济问题的能力。赫尔布姆（Helbum，1985）认为经济素养教育就是教导学生面对新闻媒体或国家重大财经事件时，具有合理的判断能力。[②] 科恩（Cohen）和斯戴克（Stack）认为经济素养教育是教授谋生所必需的经济知识、经济技能和经济态度的课程，引导学生做出更好的财政决策以改善其未来的经济状况的一种摆脱贫困的工具。[③] 珍妮（Jeanne M.，2006）将经济素养教育概括为三个方面：传授受教育者管理财务的相关知识；理解与资产管理相关的基本概念；运用理财知识去计划、实施和评估财务决策。[④] 可见，经济知识和经济能力教育是经济素养教育的基本目标。

---

① 高娟娟：《幼儿经济素养教育研究》，硕士学位论文，河南大学，2011年。

② 周秋洁、徐新逸：《儿童经济教育内涵之探讨》2008年3月31日（http: study near. educate UploadFlieePathdissertation1017 - 03_ 0650. pdf）。

③ Cohen M., "Stack. Financial Education: A Win - Win for Clients and MFIs. Microfinance Gateway", http: //www. microfinancegateway. org/fulltexdresults. php? ft keywords = sewa&ft offset = 0&FT limit.

④ Jeanne M., "Financial Education and Economic Development", Improving Financial Literacy. *International Conference hosted by the Russian G8 Presidency in Cooperation with the OECD*, 2006, No. 11, p. 33.

2. 经济素养教育是公民教育

公民素养教育是经济素养教育的前提和基础。约翰·杜威是美国提倡公民素养教育的奠基人，其代表作《民主主义与教育》则是公民素养教育发展史上的重要里程碑。其中杜威详细阐述了制度化的学校教育对于培养民主公民和促进民主社会改造的功能，并对各级各类学校开展公民素养教育提供了专题报告，后被美国联邦政府采纳。① 公民素养教育伴随美国基础教育社会科课程的正式确立，成果也逐渐丰富起来，这些都为后期的经济素养教育奠定了理论和实践基础。

科南特在《改进公立中等教育的建议》第 21 条建议中明确提出，要在 12 年级社会学科中加强经济学内容，并提出相应要求：一是这个阶段的学生要有效掌握经济学材料，对美国政府形式和自由社会的经济基础全面了解；二是要发展不同类型学生之间的互相尊重和了解，培养适应民主制度的未来公民；三是在以学生参与讨论为主的经济学课程教学中，每个班级都应该通过异质组合成为学校的一个横切面。② 著名小学经济素养教育专家马克·库格（Mark·Schug）认为，经济素养教育在于帮助中小学生运用经济学概念做出经济抉择，发展批判性思维能力，使其成长为能够做出明智公共决策的社会公民。③ 美国公民教育专家帕克（Parker）强调经济素养教育在于培养公民利用经济学知识和经济推理范式做出决策选择，并解决与经济学相关的问题，经济素养教育为公民教育做出了独特贡献，是其他学科教育无法替代的。④ 珍妮·艾伦指出，由于美国中小学目前面临的主要问题是素养缺失，因此经济素养教育并非仅是经济知识教育，而应以公共责任为基础，最有效的方式就是通过以总统为首的领袖倡导和带动来增强未来公民的社会责任感和公共责任。⑤ 总之，经济素养教育以经济知识为载体，帮助学生掌握经济学分析方法，形成经济推理思

---

① 沈研：《学校公民素养教育研究》，硕士学位论文，上海师范大学，2013 年，第 28 页。
② ［美］柯南特：《教育学文集——改进公立中等教育的建议》，人民教育出版社 1990 年版。
③ Schug, Mark, "Economic Education across the Curriculum", Indiana: Phi Delta Kappa Educational Foundation. Bloomington, 1982.
④ Donald R. Wentworth, Mack C. Schug, "Fate VS Choice. what economic reasoning can contribute to social studies", Social Studies, 1993, No. 1 – 2, p. 23.
⑤ Jeanne Allen, "Bush urged to take lead in combating U. S. illiteracy", Education, 1991, pp. 304 – 322.

维，帮助其成长为具有明智决策力、竞争力的公民。

3. 经济素养教育是使受教育者获取享受品质生活能力的教育

（1）追求品质生活的教育

纳什·艾格尼于1975年通过生计教育引导学生抵制以人类的利欲和"向上爬"的微妙诱因而选择职业，应将是否有助于自身发展作为职业选择的前提。"生计教育"意味着向人们提供多种职业选择的机会，以便让人们舒适而有热情的工作和生活。① 正如美国经济社会学家赫伯特·西蒙（1976）提出的有限理性，即人们追求的不是既定目标的最佳化，而是满意化，人们会根据以往的经验调整他们的期望值。②《中等教育的基本原则》系统描述了美国民主制度中的教育目的和教育目标，强调教育目的和目标是要将人类活动置于高度效率之上，要求在这个效率之外加上这些活动能忠于个体的美好理想，要求个人选择他的人格可以得到发展并变得更有效果的那种职业和那些社会服务的形式。布莱尔·奥森（Blair Aolsin，2002）在《商业周刊》上首次提出的职商（Career quotient）的概念，包含判断力、精神气质、积极态度的综合智慧，它关乎自我工作现状与发展的契合度，即通过缩短工作时间以追求高质量的闲暇时间利用，从而过上品质生活。③

（2）追求自由的教育

《论中等教育》强调，如果学校要给自己制定一个包罗一切的理性教育目标，那结果往往不能把其中任何一项完成好。社会问题高度浓缩的经济学课程可以通过多种课程模式激发出具有理性意识的决定性、首创精神和协作性，中等教育就应该赋予学生这种理性力量，即按照推理进行思维的能力、明智选择的能力以及有辨别的感觉能力。④ 安尼塔·福赛斯（Anita Forsyyth）在《进取心和经济素养：积极公民的必备素养》中从经济素养教育的定义入手，分析经济素养教育与个体创新素质之间的关系，通

---

① ［美］纳什·艾格尼：《教育学文集——美国教育改革之"生计教育：是为了谋生还是为了生活"》，人民教育出版社1990年版。
② ［德］柯武刚、史漫飞：《制度经济学》，商务印书馆2008年版。
③ Blair Aolsin, *Career quotient*,《商业周刊》2006年第6期。
④ 哈佛委员会：《教育学文集——美国教育改革之"论中等教育"》，人民教育出版社1990年版。

过相关的课程设计来提升经济素养课程在学生创新素质中的重要贡献。

借助个体的创新素质以应对全球化挑战，获取发展的自由，充分展示年轻人在社区生活中表现出的主动性和创新性。① 克里斯·亚瑟（Chris Arthur）强调，经济素养并非只在于有无金融知识，而是使个体适应新自由资本主义的需要，以便在日后持久的竞争中不断调整金融决策来防止可能产生的被异化、不安全感和遭遇剥削的处境。② 卡琳·斯普罗（Karin Sprow）通过对经济素养教育者和学习者的访谈、课堂观察和政策文件分析等实证研究，强调学校经济素养教育项目要以社区领导者为依托，构建一种和谐的社区文化，引导学习者提升经济素养意识和兴趣，并注重根据学习者的需要来营造和谐的经济素养教育社区；反过来，学习者经济素养水平的提升也能改变自身的经济行为或社区的经济面貌。③ 2002 年，美国国家经济教育委员会将经济素养教育定义为提升学生理解经济学和消费原则的过程，以使学生在复杂的社会经济环境中成为有责任的消费者，是个体获取自由的必经之路。④

四 文献综述

笔者通过图书馆书籍、中国知网、博硕论文全文库、EBSCO 数据库、Springer Link 数据库、Wiley - Blackwell 数据库等国内外学术资源，对本书所涉及的资料进行了全面查阅，在梳理、分析查阅到的文献基础上，将目前有关美国中小学经济素养教育研究的文献综述如下。

（一）国内研究现状与不足

国内学者对美国中小学经济素养教育的研究主要集中在以经济素养教育为核心的下位概念中，如金钱观教育、财商教育、理财教育、经济学教

---

① Anita Forsyyth, "Being enterprising and economically literate: essential ingredients for active citizenship", *Teaching and learning activities—CCE extended PD units*, 2000, pp. 10 - 19.

② Chris Arthur, "*Consumers or Critical Citizens Financial Literacy Education and Freedom*" *Critical Education. Institute for Critical Education Studies*, 2012, No. 7, pp. 1 - 25.

③ Karin Sprow, "Educating for financial literacy: A case study with a socioculture lens", *Adult Education Quarterly*, The Pennsylvania State University, Harrisburg, Middletown, PA, USA, 2012, pp. 215 - 235.

④ "A review of economic education in Kentucky's public schools Research Memorandum No. 495", *Legislative ResearchCommision Frankfort*, Kentucky, 2002, No. 7, p. 76.

育、消费教育等。直接针对经济素养教育的研究成果十分少见。CNKI 数据库文献检索结果显示，金钱观教育 6 篇，财商教育 64 篇，经济学教育 320 篇，理财教育 2000 篇，消费教育 1803 篇，经济素养教育 1 篇。理财教育和消费教育是最常被用到的两个与经济素养教育相关的概念，但其无论在内涵还是外延上都难以囊括经济素养教育的内容，而以经济素养教育为关键词的文献又凤毛麟角。可见，目前以经济素养教育为核心概念对相关概念进行整合和梳理是十分必要的。

1. 针对不同经济素养教育概念的研究

（1）经济学教育研究

有关经济学教育的研究主要以生活中的经济知识、经济世界的基本规律为主要内容，引导学生学会用经济思维方式指导其社会行为，主要目的是使未来公民能够成为市场经济竞争中成熟的消费者、投资者、参与者和工作者。①

张红岩从中美比较的视角分析了两国在经济学课程设置、教师培训制度等方面的差异，对美国从学前教育阶段到高等教育阶段的经济学教育进行了系统描述，以期为中国经济素养教育改革提供思路。② 晏琨从美国小学经济学教育的历史演变入手，分析了美国小学经济学教学目标、教学内容以及经济学教育图书等内容，阐述了经济学教育对儿童发展的影响。③ 钱焕在《国外中小学的经济教育及其对中国的启示》一文中分析了以美国为首的几个教育发达国家经济学课程教学状况，就中学经济学课程设置、教学目标、教学内容、师资建设、教育支持系统等方面展开论述，并结合中国经济学教育的实际情况提出了经验借鉴。④ 鲁明易依据美国中学经济学课程从隐性向显性不断深化的实际状况，概括其发展过程为初始阶段、工商业主导阶段、教育界主导阶段、联邦政府立法阶段，并重点分析了经济素养教育对促成传统教学的新改变所起的作用，即使传统教学摒弃了单纯记忆、填鸭式的教学方式，使学生思维活跃、自主思考，实现了一

---

① 龚秀敏：《借鉴美国经验发展中国经济教育》，《北京联合大学学报（教育教学研究专辑）》2006 年第 9 期。
② 张红岩：《中美经济学教育的比较与启示》，《财会月刊》2010 年第 3 期。
③ 晏琨：《美国小学经济学教育探析》，硕士学位论文，华中师范大学，2010 年。
④ 钱焕：《国外中小学的经济教育及其对中国的启示》，《外国中小学教育》2001 年第 4 期。

般记忆性知识类课程达不到的效果。① 郭青青认为，以特定的文化背景和理论基础为依托，经济学课程环境是美国经济素养教育成功的根基之一，经济学教育主要得益于社会科学教学系统的大力支持，反过来也推动了社会科学的发展。刘璐借助行动研究方法，通过问卷与访谈，实证研究了中国经济素养教育的现实状况和需要，将经济素养教育内容聚焦为商品、服务、货币、稀缺性、选择五大方面，并依据这五个方面内容确定具体的教学框架，并根据行动研究开展的结果，分别从儿童经济学教育的目标制定、内容选择、组织实施及方案评估五大环节提出了建设性意见。

（2）理财教育研究

理财教育的研究主要围绕实现个人人生目标而制定的一套整体协调的财务计划过程。理财教育是经济素养教育的基本内容，是人们在掌握了一定经济知识的前提下产生的后期经济行为，经济素养教育与理财教育是包含与被包含的关系。

乔晓丽采用文献法和比较法，以教育学和社会学理论为基础，分析了美国中小学理财教育成功的四大因素：一是将理财教育纳入日常教学之中；二是在活动中培养学生的理财能力；三是循序渐进地开展理财教育；四是家庭、学校、社会协调一致，构建一套富有实践价值的理财教育体系。② 马艳英通过实证研究分析了当下中国中小学生理财能力状况和数学教学状况。调查结果显示，将理财教育与数学课程有机结合，既能提高学生的数学学习兴趣，又会增强学生的理财能力。此成果为理财教育纳入数学课程，制定相应的教育目标、教学方法和实施途径指明了方向，同时为理财教育在其他学科中的渗透奠定了基础。③ 李真通过介绍当前美国中小学理财教育课程发展情况，如教育目标与政策、课程内容与形态的、其他课程资源的开发等，为中国中小学理财教育课程开发提供了发展性的建议。高娟娟通过实证研究对幼儿理财教育现状及影响因素展开调研，从家庭、学校和社会三个层面对中国幼儿理财教育存在的问题进行了系统分

---

① 鲁明易：《美国中学经济学教育的发展历程、现状及启示》，《外国中小学教育》2011年第11期。
② 乔晓丽：《国外中小学校的理财教育及其启示》，《教学与管理》2006年第10期。
③ 马艳英：《小学数学教学中理财教育理念的应用研究》，硕士学位论文，宁夏大学，2014年。

析，提出了家校合作等多项建设性意见。白术瑁以中职生的理财素养为研究对象，分析了目前中职生理财教育中存在的主要问题，如理财意识淡薄、理财知识匮乏、消费行为不成熟、消费心态混乱、理财事业心不足、理财品质薄弱等，从理财教育目标、教育原则、教育方法、教育内容等方面展开深入探讨，对如何开展中职学校理财教育、全面培养适应社会主义市场经济发展的中职生提出了相应观点。高佳在《美国中小学理财教育的四个发展阶段》中，根据美国中小学理财教育发展演变过程将其划分成四个阶段：萌芽阶段、独立形态形成阶段、进一步深化阶段、多样化发展阶段，为明确理财教育发展方向和趋势奠定了理论基础。① 高佳在其另一篇文章《美国中小学理财教育的影响因素及对策》中从理财教育概念入手，对影响美国中小学理财教育的学校课程因素、家庭成员关系因素、地域文化因素、个体性格和能力等因素进行了系统分析，为发展中国理财教育提供了理论和实践指导。② 高佳在另一篇文章《美国中小学的理财素养教育》中阐述了美国中小学理财素养教育课程如何渗透在数学和阅读课程中，探索出学校理财课程的三种模式：与其他学科相分离的理财课程；整合某个学科的理财课程；整合多门学科的理财课程。③

（3）财商教育研究

丁玲玲从财商教育的重要性、现实状况、影响因素等方面展开论述，从学校、教师、家长及社会舆论等多角度去寻找青少年财商教育缺失的原因。④ 沈丽重点分析了高中思想政治课程《经济生活》中与财商教育相关的课程资源，彰显了此类课程资源独特的财商教育价值和功能，为财商教育与中学阶段基础课程的整合搭建了互通平台。⑤ 王卫东认为财商教育除了具有传授理财知识、培养理财能力等重大功能外，还具有引导人们确立在财富面前的主体地位和主体人格，培养个体与社会主义核心价值观一致的道

---

① 高佳：《美国中小学理财教育的四个发展阶段》，《外国教育研究》2008年第7期。
② 高佳：《美国中小学理财教育的影响因素及对策》，《外国教育研究》2009年第1期。
③ 高佳：《美国中小学的理财素养教育》，《当代青年研究》2006年第5期。
④ 丁玲玲：《中国青少年财商教育现状及原因分析》，《山西青年管理干部学院学报》2013年第1期。
⑤ 沈丽：《整合〈经济生活〉课程资源，彰显财商教育价值》，《基础教育研究》2012年第23期。

德品质，提升个体为实现自身的全面发展而必备的人文价值的功能。①

(4) 金钱观教育研究

陈翠薇从金钱观教育的误区入手，分析了实施金钱观教育的意义，结合国外金钱观教育经验，对中国金钱观教育的主要内容、实施途径展开了系统分析，为学生养成良好的金钱观习惯奠定了理论和实践基础。邹轶群从目前金钱观教育的问题入手，利用价值澄清理论对大学生金钱观教育进行了系统研究，指出当代大学生受到传统义利观、社会价值多元化、家庭教育弱化等影响，金钱观存在一定偏差，并就四大澄清要素、三个澄清阶段和七个澄清步骤展开策略分析，指出金钱观教育需要探索出具备吸引力、亲和力和感染力的教育方式。此研究具有尊重学生主体、贴近生活、实践性强等特点。李宝元认为教育本身就是影响经济素养水平的重要因素。教育的直接收益就是由教育带给受教育者货币收入的增加，其间接收益指货币工资收入之外由教育带来的健康保护能力、理财能力、消费能力、家庭生活能力、闲暇活动能力的提高而增加的收益，进一步明确了学校经济素养教育任重而道远。②

在中国，经济学教育、理财教育、财商教育、金钱观教育彼此包含又相互融合，很难剥离出彼此的本质区别，但存在一个共性就是它们都是经济素养教育的下位概念，都在关注经济知识和经济能力的培养，都在探讨人与金钱的关系，但都没有上升到知识经济时代对经济素养需求的新高度，即从知识、管理和创新三个层面去拓展经济素养教育广度和深度。

2. 针对经济素养教育支持体系研究

(1) 家庭经济素养教育研究

李安在《美式学校教育》之"美式家庭经济素养教育"中从家政课程视角介绍了经济素养教育实践，分析了孩子面对金钱应表现出的诚实、自尊、创造、节约等 11 种理财品质，同时设计了理财素质训练的六个基本环节：学会花钱、赚钱、存钱、奉献、借钱和使钱增值，试图通过这些基本品质的提升来开发和培养出每个家庭都潜藏着的未来企业家。③ 严行

---

① 王卫东：《财商教育的人文价值》，《中国德育》2013 年第 3 期。
② 李宝元：《人力资本与经济发展》，北京师范大学出版社 2000 年版，第 66 页。
③ 李安：《美式学校教育》，内蒙古人民出版社 2001 年版，第 86 页。

方的《富孩子穷孩子》一书从家长的视角谈金钱的社会价值,根据孩子的天赋有针对性地展开财商教育,通过财商培育的家庭作业让孩子在生活中学习经济学,并以此解决生活中常见的经济学问题。① 童言的著作《孩子一生的理财计划》按照个体的生理成长过程,展示了一幅从 0 岁开始的包括五大阶段的人生理财计划蓝图:摇篮中的启蒙(0—3 岁的理财计划)、进入钱的世界(3—6 岁的理财计划)、预算消费的智慧(6—12 岁的理财计划)、投资理财的尝试(12—18 岁的理财计划)、开源节流的金头脑(18 岁以后的理财计划),蕴含着家长和许多孩子都感兴趣的理财观念、理财知识和理财活动,并提出了理财计划需要强化的三个观念:与人分享时间和金钱的观念;规避投资风险的观念;义务和权利相统一的观念。② 赵飞的著作《富爸爸财商课》是一部家庭寓言式的财富自由书,强调穷人和富人之间最大的差距源于思维方式不同,将思维方式转变作为切入点,将财商知识和财商理念融会于日常生活实践中,告诫孩子要提升经济素养水平应该在学习经济学知识的前提下学会诚信、守时、合作等极具人格魅力的修养。③ 可见,中国学者对经济素养教育的研究更注重经济伦理、经济道德、经济品质层面。

(2) 社会经济素养教育研究

国内学者对美国社会层面开展的经济素养教育并没有给予足够的关注,这方面集中的、专门的研究凤毛麟角,现将仅有的研究成果综述如下。郭徽对美国联邦政府出台的《卓越经济教育规划》(Excellent in Economic Education Program,缩写 EEE)进行了系统阐释,EEE 的主要工作就是资助那些把提高 K-12 年级学生个人经济素养水平作为基本教育目标的非营利性教育组织。论文对《卓越经济教育规划》的基本理念、发展历程和运作机制进行了系统描述。④ 龚秀敏认为美国经济的高度发展得益于其完善的经济素养教育制度,重点阐述了美国经济素养教育制度的五大特点:其一,青年成就组织(Junior Achievement,JA)、经济教育委员

---

① 严行方:《富孩子穷孩子》,北京出版社 2011 年版,第 95 页。
② 童言:《孩子一生的理财计划》,少年儿童出版社 2000 年版,第 37 页。
③ 赵飞:《富爸爸财商课》,北京理工大学出版社 2011 年版,第 83 页。
④ 郭徽:《美国卓越经济教育规划研究》,硕士学位论文,河北大学,2011 年,第 24 页。

会（National Council for Economic Education，NCEE）等各类社会组织在经济素养教育中扮演了重要角色；其二，重视对青少年的经济素养教育启蒙；其三，注重经济素养教育中的师资培训；其四，经济素养教育具有系统性；其五，追求开放式的经济素养教育模式。这种立体化的经济素养教育制度推动了学生经济素养水平的提升。① 《为什么送孩子到美国读书》专门就"青少年赚钱有道"展开了详尽阐述，强调从政府到家庭都应有相应的经济素养教育支撑制度：政府应规定14岁少年打工的最低工资标准及相应福利，使中学生打工受到法律保护；学校设置职业顾问，把空缺职位信息告诉学生并提供指导；社会成立专门的青少年职业培训中心，帮助中学生找工作，并提供短期的职业培训；企业要求中学生拿到相应职业证书后持证上岗，同时也要交税，从而为学生经济素养水平提升创造条件。②

3. 针对知识经济时代人才培养的研究

彭申明在《知识经济与教育》中重点分析了知识经济时代的教育新观念和人力资源开发策略，面对知识经济时代教育的新哲学观、新本质观、新质量观，需要调整人力资源开发策略，协调好三对关系：教育与人口数量的有效控制；教育与人口的经济社会素质；教育与人口结构、经济结构的优化，由此推进教育与经济发展的良性互动。③ 涂文涛等著的《知识经济的人才战略》一书从宏观战略和微观战略上对知识经济时代的人才需求形势进行了分析：宏观战略注重从人力资源开发与管理的政府职能视角定位基础教育、高等教育和继续教育的人才培养模式；微观战略注重从国内外人才绩效评估、人才激励等方面分析人力资源的组织开发与管理。④ 罗斯玛丽·哈里森等著的《知识经济时代的人力资源开发》一书分析了知识经济时代人力资源开发面临的知识获取方式、构建权威性评价和伦理等新挑战，结合知识经济时代人力资源在协作性技术和虚拟团队中获

---

① 龚秀敏：《借鉴美国经验，发展中国经济教育》，《北京联合大学学报》2006年第9期。
② 路军：《为什么送孩子到美国读书》，安徽人民出版社2012年版，第78页。
③ 彭申明：《知识经济与教育》，南京师范大学出版社1998年版，第14页。
④ 涂文涛、方行明：《知识经济的人才战略》，中国时代经济出版社2003年版。

取和利用新技术等问题展开讨论。①

葛新权、李富强著的《知识经济与可持续发展》一书从环境资源、自然资源、人口资源、消费资源和人文资源的可持续发展入手，分析了可持续发展的人才观；论述了人才培养的重要形式和人才资源的流动特征；界定了准人才和概念人才的基本内涵。②丁溪的《知识经济》对知识经济与人才发展战略的关系进行了系统描述，认为可持续发展尤其是人的可持续发展是知识经济时代的基本特征，提出知识经济时代的教育是超越时空的大教育、终身教育、素质教育，并试图借助发达国家人才创新战略、合作竞争战略为中国步入知识经济时代培养可持续发展的杰出人才提供参考。③《知识经济时代的技术创新》的最后一章分析了知识经济时代的技术创新人才支持体系，从高新技术产业园区的集群效应形成机理、高新技术产业园区的网络化创新机制以及高新技术产业园区技术创新组织和制度保障三个方面论述了人才的专业化分工与协作。④陈彬在《知识经济与大学办学模式改革研究》中从知识经济的基本特征入手，分析了大学职能的历史变迁，总结出知识经济时代大学办学模式的新趋势：从相对封闭到愈益开放；从产学研分离到产学研密切结合；从单科、多科大学为主到综合大学为主；从管理体制相对僵化到相对灵活；从服务面狭窄到日益国家化。此研究为中国当代大学办学模式的改革与创新提供了思路。⑤刘久成在《知识经济与大学生素质论纲》中，从高等教育的视角出发论述了知识经济时代的教育价值与使命、知识创新背景下的国家人才体系构建，以及知识经济时代大学生思想政治素质、文化素质和法律观念的培养问题，构建了知识经济时代教育发展的研究框架。⑥

---

① ［英］罗斯玛丽·哈里森、［荷］约瑟夫·凯瑟尔：《知识经济时代人力资源开发》，周金泉译，经济管理出版社2004年版。
② 葛新权、李富强：《知识经济与可持续发展》，社会科学文献出版社1999年版，第66页。
③ 丁溪：《知识经济》，哈尔滨工业大学出版社2006年版，第53页。
④ 现代管理领域知识更新教材编写委员会：《知识经济时代的技术创新》，经济管理出版社2007年版，第75页。
⑤ 陈彬：《知识经济与大学办学模式改革研究》，华中师范大学出版社2005年版，第45页。
⑥ 刘久成：《知识经济与大学生素质论纲》，中国人民公安大学出版社2000年版，第32页。

4. 国内研究不足

中国学者对美国中小学经济素养教育研究主要集中在学校开设的经济学课程、经济素养教育课程、财商教育课程等方面，部分成果也涉及家庭和社会经济素养教育的相关研究，这些成果是研究中小学经济素养教育研究不容忽视的基石。但国内目前对美国中小学经济素养教育的整体研究还寥寥无几，仅有的研究也主要是经验的描述，缺乏深层次的因素分析，内容偏于介绍性和引介性。存在的主要问题有缺乏知识经济理论支撑，致使经济素养教育概念和结构体系有待完善；缺乏从美国经济素养教育的文化层面、制度层面、实践层面等进行因素分析，难于探索出经济素养教育的一般规律和特殊规律。

（二）国外研究现状与不足

1. 针对经济素养教育认知研究

在儿童经济认知发展方面的研究是开展经济素养教育的前提和基础。皮亚杰认知发展阶段理论研究成果为以贝尔蒂（Berti）为代表的经济素养认知研究者提供了重要参考。贝尔蒂等人借助儿童对货币、商品、交易等经济学概念的认知将儿童经济认知发展分为四个阶段：前运算阶段（3—6岁）不具备经济知识概念；概念直觉水平阶段（6—7岁）能辨别货币的不同面值，并能对商品价值大小加以区分；概念具体运算阶段（7—10岁）对市场交易和社会职业等概念有了基本认识；概念形式运算阶段（11—14岁）能够对不同领域的经济角色进行判断。此研究成为继皮亚杰认知发展阶段理论后对经济素养教育影响最为深远的认知理论。[1]西格尔（Segal）和汤普森（Thompson）运用"朴素理论"研究幼儿园、二年级、四年级三个阶段儿童经济认知发展，将其特点归纳为幼儿园阶段儿童受心理直觉影响，知道人要满足需求；二年级儿童对经济概念的理解水平明显高于幼儿园阶段；四年级儿童经济概念理解水平和因果关系知识判断水平达到成人水平。此研究为不同年龄段学生经济素养教育提供了心理学依据。[2]考里尔斯基（Kourilsky，1977）在儿童经济的教育计划研究

---

[1] 朱莉琪、皇甫刚：《儿童经济学认知的发展》，《心理学动态》2001年第3期。

[2] Douglas R., "Thompson and Robert S. Segal. Buy low, sell high: the development of an informal theory of economics", *Child Development*, 2000, 71 (3), p.669.

中，以5—6岁儿童作为研究对象，研究早期经济素养教育的重要性，尝试通过教育干涉教给孩子基本的经济概念，研究儿童对经济学的接受能力。结果显示，儿童能成功地做出经济上的决定，同时发展性教育干预辅导比依靠自身机体单纯的内在成熟更为有效，由此凸显了早期经济素养教育的重要性。[1] 时隔十年，考里尔斯基（KourilSky, 1987）受布鲁纳的认知结构学习理论影响，认为在每个年级水平上，如果能给提供适宜的策略和材料，无论是处于不同学业能力水平的孩子，还是来自不同社会经济阶层的儿童，都有能力通过材料学习、科技媒体、调查经验等多种教育方法学习经济学概念。[2]

2. 针对经济素养教育课程研究

（1）针对课程教学内容的研究

由汉森（Hansen, 1977）等学者提交的《经济学教育内容框架：基本概念》，分别于1984年和1995年进行了两次重修，并再次定名为《经济学教学框架》(*A Framework for Teaching Basic Economic Concepts with Scope and Sequence Guider lines*)，对K-12年级涉及的经济学的基本概念进行了细化，提取出21个经济学核心概念，囊括了经济学基础知识、微观经济学、宏观经济学、国际经济学四个领域。[3] 1989年，全美社会科审议会界定了美国中小学生必备的经济素养知识，并于1994年发表了《美国国家社会科课程标准——期待卓越》，这是美国课程史上第一个全国性K-12年级社会科课程标准，其中包含十大核心领域，其中与经济素养教育内容直接相关的是生产、分配和消费这一核心领域。[4] 1997年，《全美自愿性经济学内容标准》在美国经济学教育委员会地极力倡导和大力推动下正式颁布，将经济学领域中最重要的概念、原理和规律通过21条内容标准

---

[1] Kourilsky, M., "The kinder-economy: A case study of kindergarten pupils' acquisition of economic concepts", *The Elementary School Journal*, 1977, p 77.

[2] Kourilsky, M., "Children's Learning of Economics: The Imperative and the Hurdles", *Theory Into Practice*, 1987.

[3] Phillip Saunders and June Gilliard, "*A Framework for Teaching Basic Economic Concepts: With Scope and Sequence Guidelines, K-12*", http://www.educ.uidaho.edu/bustech/Economics/frmk.pdf 2010-03-22.

[4] National Council for the Social Studies, *Expectation of Excellence: curriculum Standards for Social Studies*, 1994.

的形式体现出来。① 1998 年，抢跑联盟（The Jump Start Union）为实现课程结构清晰化、模块化，方便不同阶段教师教学需要，在《国家经济素养教育课程》报告中将课程按照收入、财政与管理、消费与存款、储蓄与投资四大领域进行划分，模块之间内容环环相扣，模块内部的构成要素在知识结构和问题反馈等方面都进行了合理规划。② 唐纳德（Donald·H.）团队在《高中设置大学经济学课程问题研究》中将大学的宏观经济学和微观经济学引入高中课程，通过将选课学生和未选课学生进行对照分析，发现前者在经济学知识理解和经济学问题解决上的得分比后者高出 4 个百分点，从而为在高中开设宏观经济学和微观经济学奠定了基础。③ 詹纳佛（Jennefer）和科恩（Cohen）最早将经济素养教育的内容归纳为资金管理基本原理、流动资金的管理、积累资产、处理生活中的周期事件等八大部分，并解释了每个部分的具体内容。

（2）针对教育方法的研究

迈克尔·K. 萨勒密（Michael K. Salemi）主张提供给学生实用的经济学知识，将经济学知识的传递与传统意义上教师的灌输、学生的死记硬背相分离，让他们能自主解决有价值、有意义的经济学问题，将经济学课程从学科课程过渡到活动课程是经济学教师的根本任务。沃尔特·帕克（Walter Scott parker, 2006）注重基于问题的经济学教学方法，根据讨论主题决定采用演绎法或归纳法学习经济学，培养学生搜集问题、评价数据和得出结论的能力，让学生通过实地考察、熟悉地方产品和服务、注意广告、考察人们生活中彼此依存的经济问题和现象来提高经济素养水平。谢丽尔·米姆斯·詹森（Cheryl A. Mimbs Johnson）主张在中学创设基于批判性思维处理技巧的家庭和消费科学课程（FCS），FCS 课程教师帮助学生将经济技巧应用于消费者和资源管理决策，引导学生在家庭和社区中形

---

① NCEE, "Voluntary National Content Standard in Economics", *National council on economic Education*, 1997.

② National Curriculum in K – 12 Personal Finance Education, *The Jump Start Coalition for Personal Financial Literacy*, http://www.jumpstartcoalition.org/.

③ Donald H., Jerry M., "Even sky, and Gerald S. Edmonds. Teaching College Economics in the High Schools: The Role of Concurrent Enrollment Programs", *Journal of economic education*, 2006, pp. 477 – 482.

成正确的价值观，承担应尽的社会责任，以优化他们的消费行为。[1] 在《今日美国中学》的"对改进公共中等教育的建议"部分中，科南特强调中小学校应该开设提升学生的谋生技能的实践课程，美国联邦政府应该出资鼓励那些进行这类课程开发的学校和教师。具体课程方面，可以开设面向男生的建筑学、工艺学、职业类课程，实践性强的课程的结业作品还可以进入市场，为学校和学生个人带来经济回报，以此提升学生的经济素养；同时面向女生开设市场营销、家政服务等与女学生能力和性格相吻合的经济类课程。[2] 在《橡皮泥经济学》中，哈伦（Harlan R. Day）借助"环境游戏"教学方法向中小学生讲授经济学概念，课堂上老师对学生进行分组，用橡皮泥制作物品，模拟经济活动。这种教学方法简单易行，构思精巧，常常让学生在简单的活动中悟出深刻的道理。

（3）整合其他学科的经济学课程研究

人类的社会生活要比任何一门社会学科的概念所反映的有限形象复杂得多，任何一门学科的发现都不可能反映出具体的社会现实，经济素养教育也是如此。假如只侧重用经济学语言形成儿童关于社会的概念，他们就会主要用供求、萧条、生产和消费等经济学的术语解释人类事务，会造成学生对人类社会行为、社会机构的近视。因此，经济素养教育除了借助经济学课程外，必须将其理念、内容、方法渗透到其他交叉学科中去。除上述的经济学课程外，美国中小学课程体系中还存在一系列选修课程，如商业教育课程、就业经济课程等。

1997年，全美经济教育委员会出版了《利用儿童素养教经济学》，以此来指导教师利用文学作品来对中小学生进行经济学教学，强调把经济学概念隐藏在学生喜欢的故事里，通过欣赏文学作品来提高学生的学习兴趣，提升其对经济学认识的现实感。[3] 2004年，帕米拉·J.法丽丝在《中小学社会科教学实践》一书中介绍了橡皮泥经济学、课堂企业等诸多借助社会科课程来传递经济素养的教学方法，促使学生反思应该如何做出

---

[1] Cheryl A., Mimbs-Johnson, Angela Radford Lewis, "Consumer Economics and Family Resources: Importance of Financial Literacy", *Family Consumer Sciences Education*, 2009 (27).

[2] ［美］科南特：《科南特教育论著选》，人民教育出版社1988年版。

[3] Harlan R. Day, Johnetta Dolon, Maryann Foltz, "Teaching Economics Using Children's Literature", NCEE, 1997.

明智选择。该书成为帮助学生探索经济学概念、理解经济学历史的有效工具。[1] 琼·R.蔡平在其著作《中学社会科学课程实用指南》中详尽地描述了模拟活动方法在经济学教学中的运用，它可以使学生更好地理解美国经济在全球化背景下的运作。[2] 理查德·麦肯锡（Richard B. McKenzie）认为，经济素养教育工作者要批判性地审视先前的经济素养教育，善于利用分析工具教给学生提升经济素养的知识和方法，引导学生远离教室去拓展，并考虑学生和教师作为理性人如何实现他们个人福利的最大化，以期通过经济素养教育来解决那些过去无法避免、将来又必须面对的经济问题。[3]

3. 针对经济素养影响因素的研究

学者主要从自然因素、人文因素和理论因素三个方面展开经济素养影响因素的研究。

（1）种族和性别等自然因素对个体经济素养的影响研究

2013年5月2日，美国教育部利用全国教育进展评估（National Assessmentof Educational Progress，NAEP）对高中毕业生进行经济学领域知识的测试，测评数据反映全国范围内43%的高中毕业生能很好地理解经济概念，但种族之间经济素养水平差距较大，53%的白人高中毕业生经济素养成绩优异，但只有17%的黑人学生得分与此持平，另外39%黑人学生被评为"低于平均水平"。可见，种族问题严重影响经济素养水平。[4] 曼纽尔·布伊特拉戈（Manuel H. Buitrago）于《性别经济学》一书中，运用劳动经济学和人口学理论，解释经济活动中的性别差异，从劳动参与率、性别隔离、人力资本、补偿性工资和性别歧视等角度剖析性别差异的原因，并从经济、社会和个性等层面具体描述了经济活动和家庭生产中的

---

[1] [美] 帕米拉·J.法丽丝：《中小学社会科教学实践》，张谊译，华夏出版社2004年版，第248页。

[2] [美] 琼·R.蔡平：《中学社会科学课程实用指南》，朱墨译，江苏教育出版社2006年版，第160页。

[3] Richard B. McKenzie, "Where is the Economics in Economic Education", *The Journal of Economic Education*, 1977, pp. 5-13.

[4] Education Department Data Shows Huge Racial Gap in Economic Literacy Filed in Research &Studies on May 2, 2013, http://www.jbhe.com/2013/05/education-department-data-shows-huge-racial-gap-in-economic-literacy/, 2013.5.2.

性别差异。① 丹尼斯·吉利兰（Dennis Gilliland）认为个体经济决策能力水平欠缺与数学水平关系密切，女性由于对数字缺乏敏感，影响其经济决策水平。② 卡洛·德·巴萨（Carlo de Bassa）借用2009年"理财能力研究"问卷在4500名25岁至34岁的年轻人中进行调研，结果发现经济素养在妇女、少数民族、低收入家庭和低学历人群中普遍较低，同时数学成绩好、理财知识完备者的经济境遇普遍较好，很少出现高贷款情况，他们都倾向于为退休、风险和危机准备经济储备。③ 美国青少年理财专家贾琳·格弗瑞（Joline Godfrey）在其著作《我家小孩会理财》（*Raising Financial Fit Kids*）中指出美国社会同样存在根深蒂固的男主外女主内的传统观念，先入为主的性别观使男性对经济生活的失败有一种羞耻感，而女性经济素养意识和水平很薄弱。此研究通过开展"急救工具箱""母女投资俱乐部""女孩工作日"等活动来提高女孩的经济自救能力；通过鼓励孩子模糊性别角色、自立规矩、自担责任，以适应日益复杂、多元化的经济社会。多样化意味着不同的种族、不同的利益群体、不同的权利阵营以及生活中的多种差异。④

（2）教师素养对学生经济素养的影响研究

凯西·帕克森（Kathy Parkison）和玛格·苏曼（Margo Sorgman）在《提升任课教师的经济素养水平》一文中指出，印第安纳大学的教学部门和业务部门通力合作，组建团队对职前教育专业的准教师进行暑假经济学课程教学，通过强化教学内容和实践应用两个维度将经济学教学整合进每一门课程教学，并对职前教师经济素养教育能力进行了系统分析，开发出一系列针对教师的经济素养课程标准。⑤ 保罗·格雷姆（Paul

---

① Dennis Gilliland, "Quantitative literacy at Michigan state university, 2: connection to financial literacy", *Advancing education in quantitative literacy*, 2011, No.4, p.2.

② Manuel H. Buitrago, "Developing Economic Literacy Utilizing Multiple Economic Theories", *Black history bulletin* 1938, pp.217-219.

③ Carlo de Bassa, "Financial literacy and financial behavior among young adults: evidence and implications", *Advancing education in quantitative literacy*, 2013, No.6, p.2.

④ [美] 迈克尔·富兰：《变革的力量——透视教育改革》，教育科学出版社2004年版，第6页。

⑤ Kathy Parkison, Margo Sorgman, "Enhancing Economic Literacy of Classroom Teachers", *Forty-Fourth International Atlantic Economic Society Conference in Philadelphia*, 1997, pp.418-427.

W. Grimes)、梅根·米列（Meghan J. Millea）和凯瑟琳·托马斯（M. Kathleen Thomas）在《幼儿园至 12 年级老师经济素养测试：基于州范围内的分析》一文中，将密西西比州教师的经济素养水平与俄罗斯同层次教师的经济素养水平进行对比研究，结果显示，密西西比州教师经济学得分较低，并且经济学内容与其他学科之间的连接不紧密，这些因素直接影响学生经济素养水平的提升，这个结果也能反映美国其他州经济素养教育的基本状况。① 詹姆斯·豪威尔（James G. Hauwiller）在其文章《经济教育重新设计研讨会》中对教师的经济素养水平进行了实证调研，试图利用经济学教学研讨会在教师教育中的影响，鼓励教师将经济学训练策略运用于课堂教学，同时反对解释说明性的课堂教学，利用同伴督导模式在小组互动中提升经济学教师的整体水平。此形式不仅极大地提高了教师的经济素养水平，同时对于促进学生的经济素养水平也大有裨益。美国鼓励教师参加在职培训，即通过中小学教师重返大学进修经济学课程、参加经济学夏令营、加入经济学教学全国性网络等方式来提高教学水平；学习结束后，受训教师要接受严格的考试，从而确保教师对学生进行经济素养教育的质量。② 简·劳斯（Jane S. Lopus）强调在高中经济学课程中经费投入支出的增加会带来学生经济素养方面的高成就，尤其是将经费用于雇用高学历经济学教师、减少班级人数、为教师提供教育顾问等方面都会对提高学生经济学成绩产生积极影响。③ 但资金仅在资金紧张的情况下起作用，否则不直接影响学校教育质量是否优质，即那些靠地方财政补贴成功的公立学校具有偶然性，其经验不可复制。④

（3）环境对个体经济素养的影响研究

洛纳·萨博（Lorna Saboe）博士对个体的社会经济地位与社区传递经济素养知识和教育的基础设施之间的关系进行了深入研究，认为高中生

---

① Paul. W. Grimes, Meghan. J. Millea, M. Kathleen Thomas, "Testing the economic literacy of K - 12 teachers: A state - wide basing analysis", *American second Amy education*, 2010, pp. 4 - 19.

② James G., Hauwiller, "Redesigning economic education workshops", *Education*, 2001, p. 383 - 386.

③ Jane S. Lopus. "Do Additional Expenditures increase Achievement in the high School Economics Ciass", *Journal of economic education*, 1990, pp. 277 - 286.

④ ［美］约翰·丘伯、泰力·默：《政治、市场和学校》，蒋衡等译，教育科学出版社 2003 年版。

经济素养水平的提升有赖于依靠经济素养项目的持续关注，并以此为契机提升全美高中生未来的生活质量，为未来良好的社区家庭环境创造条件。低水平的经济知识和技能可能会导致糟糕的经济决策。基于抢跑联盟的调查结果显示，美国本土高中学生的金融知识分数一直低于其他民族；个体的经济知识和技能水平与家庭经济地位和社区基础设施状况之间有很大关系，并借助社会学习理论对这一问题进行了分析。① 伊丽莎白·蒂斯坦尔（Elizabeth J. Tisdell）和爱德华·泰勒（Edward W. Taylor）在文章《文化背景下基于社区的经济素养教育：教师信仰和教学实践研究》中选择了一个基础设施较差的社区展开研究，发现教育者的教学信仰、文化环境、经济收入与其教学实践活动之间关系密切，强调在教学实践中教育者要充分把握每一个学员的与文化背景紧密联系的生活实践，激发学员尽力还原出家庭经济原型和具有典型意义的经济实践，让学员逐步感受其经济行为和经济态度的转变。② 艾琳·加洛和乔恩·加洛的著作《富孩子》是全美最新的儿童经济素养教育指南，认为金钱是把双刃剑，即富裕的生活本身不会对孩子有害，但是如果缺乏健康完善的价值观的指导，那么它就会对孩子产生负面影响。③

（4）管理学理论和经济学理论对经济素养教育的影响研究

雷蒙德·卡拉汉（Raymond E. Callaghan）于《教育与效率崇拜》中指出，1900—1930年美国社会步入资本主义经济发展的全盛期，泰罗的科学管理思想和方法将商业优先、效率至上的管理理念渗透到了学校管理的方方面面，效率主义价值观成为学校办学和管理的指导思想，将学校和企业进行了不适当的类比，导致反智和反知识主义思潮在社会上蔓延，以致学校管理人员专业地位日益软弱，期间经济素养教育的目标就是追求高效率。④ 曼纽尔·布伊特拉戈（Manuel H. Buitrago）在《利用多重经济理

---

① Lorna Saboe - Wounded Head, "Influences on Native American high school students' financial knowledge and behavior", *A dissertation submitted to the graduate faculty in partial fulfillment of the requirements for the degree of Doctor of Philosophy*, 2010, p. 9.

② Elizabeth J. Tisdell, Edward W. Taylor, "Community - based financial literacy education in a cultural context: a study of teacher beliefs and pedagogical practice", *The Pennsylvania State University, Harrisburg, Middletown, PA, USA*, 2013, pp. 338 - 356.

③ ［美］艾尔格：《穷孩子富孩子》，陈俊群译，漓江出版社2004年版。

④ ［美］雷蒙德·E. 卡拉汉：《教育与效率崇拜》，马焕灵译，教育科学出版社2011年版。

论发展学生的经济素养》中借助《苹果橘子经济学》探寻每件事情背后隐藏的内在运作状况，将视角落于"琐碎"问题背后的因果关系，从而阐述在经济全球化背景下，个人的经济素养如何直接决定了在复杂的经济形势下个人或其所依附团体的成功程度。①

4. 针对经济素养教育分歧的研究

经济素养教育到底在多大程度上能提升个体的经济决策水平，学界仍存在争议，但这并不影响经济素养教育在美国社会的全面展开，甚至这种争论还从多个视角对经济素养教育进行反思和研究，这有助于经济素养教育的百花齐放。

威廉·伍德（William C. Wood）和乔安妮·道尔（Joanne M. Doyle）通过实证研究指出，学校教育包括大学教育中的经济学知识和实践是影响公司员工经济素养水平最重要的因素，经济学课程门数并不直接影响经济素养水平，但其所提供的经济文化背景对于个体进入社会后的经济发展程度影响重大。② 里克·艾伦（Rick Allen）在文中强调，在经济困难时期最能观测出国民的经济素养水平，这是国家经济形式扭转的一个重要原因。为培养未来具有经济素养的公民，俄亥俄州在全社会开展经济素养教育本质的探讨，鼓励社会组织的基金投入，组织学生参与经济决策制定，全方位提升学生的经济素养水平。③ 约翰·霍普·布莱恩特（John Hope Bryant）在《经济的可持续性增长植根于经济素养》一文中对提高民众的经济素养教育的重大功能展开描述：经济素养教育能激发个体关注经济生活，培养经济兴趣，尊重钱在个体发展中扮演的个性化、情感化的角色，使个体能在社会生活中充分行使自身权利，从而能促进全球交易和本地税率提升。同时教师要具有权威性，能够现身说法，引导个体实现在社会阶层上的飞跃，将目标从追求金钱转向实现希望。④ 以上研究充分肯定了经

---

① Manuel H. Buitrago, "Developing Economic Literacy Utilizing Multiple Economic Theories", *Black History Bulletin*, 2010, pp. 217 – 219.

② William C. Wood and Joanne M. Doyle, "*Economic Literacy Among Corporate Employees*", *Research in Economic Education*, 2002, pp. 195 – 205.

③ Rick Allen, "Financial Literacy – An Imperative in Economic Hard Times", *Education Update*, 2009, pp. 3 – 5.

④ John Hope Bryant, "Economic Growth and Sustainability Rooted in Financial Literacy". *Practicing Sustainability*, 2013, pp. 96 – 99.

济素养教育的重要价值，但同时也有不同的声音。

安德鲁·吉尔（Andrew M. Gill）与齐亚拉·格拉顿·拉维依（Chiara Gratton·Lavoie）针对接受过经济学教育的学生与没有接受过经济学教育的学生对州政府经济发展的影响展开系统研究，结果表明，高中阶段结束后，所学经济学知识尽管遗失部分很少，但并不能全部被领会，那些在高中上过大学预修（Advanced Placement，AP）经济学课程的学生进入大学后，经济学学习就很顺理成章，当然不能排除一部分学生可能是由于个人偏好而在经济学方面表现卓越，但那些没有高中经济学背景的学生进入大学后能很快赶上有经济学教育背景的同学或同事，这种赶超现象在某种程度上说明经济学纳入高中课程是无关紧要的，而最重要的是经济素养教育通过一种什么样的方式让学生展示出体现自身最大社会价值的素养。[1] 罗杰·巴斯特（Roger B. Butters）和卡洛斯·奥萨塔（Carlos J. Asarta）在《美国高中的一项经济理解力调查》中借助经济素养测试，加深了学生对于经济素养概念及其基本结构框架的再认识。测试在对实验组和被试组进行比较的过程中发现，高中阶段有经济学教育背景的学生成就明显高于在常规课程体系即没有经济学学习背景的学生，但常规组和实验组学生成绩在"经济学领域较难被学生理解的概念和框架"中并没有明显差异，由此看出经济学教学的难点和重点所在。[2]

5. 针对经济素养教育支持体系的研究

（1）家庭经济素养教育研究

儿童最早的经济素养就是从家庭中孕育和发展起来的。《富爸爸》系列丛书从晚辈的视角审视长辈的经济理念、经济行为和经济结果，第一次从受教育者的立场分析了教育者的经济素养问题。此丛书主要包括《富爸爸，穷爸爸》《富爸爸财务自由之路》《富爸爸富孩子，聪明孩子》《富爸爸年轻退休》和《富爸爸大预言》等十余本，分别就树立正确的理财理念、经济素养的阶层差异分析、财务思想和投资技巧、儿童早期经济

---

[1] Andrew M. Gill and Chiara Gratton–Lavoie, "Retention of High School Economics Knowledge and the Effect of the California State Mandate", *Economic education*, 2011, pp. 319–337.

[2] Roger B. Butters and Carlos J. Asarta, "A Survey of Economic Understanding in U. S. High Schools", *Economic education*, 2011, pp. 200–205.

素养教育、经济素养教育功能论等内容展开讨论，深度挖掘经济素养教育的必要性、可行性、方法论，道出了一幅经济素养教育的蓝图，为学校和家庭经济素养教育提供了理论和实践指导。尼尔·古德费雷在其著作《钱不是长在树上的》一书中明确提出，经济素养教育就是不同时期理财能力目标的表现形式：8岁懂得要挣钱必须要靠劳动，并且学会存钱；9岁学会制订简单的用钱计划，买东西能货比三家；10岁懂得节省，以备不时之需；12岁能够制订并执行稍长时间的开支计划，逐步树立起正确的金钱观。可见，尼尔·古德费雷一直把经济能力作为经济素养水平的重要标志。黄全愈从家长的视角出发，认为学校经济素养教育对孩子的影响很小，且内容脱离生活实际，经济素养教育的主要阵地应该在家庭，让孩子通过比较同类商品的品牌、价位及适合程度来负责家庭购物，主张合理鼓励孩子做家务，这样就会让社会的蛋糕越做越大，不断发掘人的潜能。

(2) 社会经济素养教育研究

社会组织在经济素养教育中的作用越来越突出，研究成果也相应增多。唐娜·赛兰特（Donna L. Cellante）在文章《基础商业/经济：所有学生的毕业要求》中认为做好经济素养教育工作，需要利益相关组织之间建立全国性的策略联盟，并制定合作策略，即只有立法者机构、商界、联邦政府、州和地方政府、教育团体之间通力合作，才能帮助年轻人建立稳定的未来财政，才能使经济学课程更好地为21世纪社会发展和工业进步提供人才储备。[①] 玛丽·弗兰西斯·安格罗（Mary Frances Agnello）和托马斯·路西（Thomas A. Lucey）分析了《不让一个孩子掉队》法案和《力争上游计划》法案对经济素养教育的影响。

《不让一个孩子掉队》法案使经济学教育从社会科课程教学中分离出来，这对经济学任课教师的教学提出了进一步要求，即教学应致力于从关注学生的经济知识过渡到产生经济行为，进而提升到经济决策有效性的转变上来；《力争上游计划》则是通过最大的财政拨款制度提升学校的效率和基于市场逻辑的价值选择。可见，公平、效率、优异和选择的公共价值

---

① Donna L. , "Cellante. Basic Business/Economics: A Graduation Requirement for All Students", *National Teacher Education Journal*, 2011, pp. 21 – 24.

取向深深地扎根于美国的教育政策中，同时也是经济素养教育的主旋律。① 艾伦·格林斯潘（Alan Greenspan）认为经济素养教育要靠家庭、学校和社会共同完成。家庭通过构建房产、投资小型公司为未来储备；学校按照学前教育、初等教育、中等教育、高等教育四个阶段来展开不同的经济素养教育；社区应该做好学校教育和家庭教育的有力补充，借助其优势资源来展开经济素养教育。② 周华薇从家庭和社会层面，针对基础教育阶段学生的特殊性提出了经济素养教育应注意的问题及采取的措施，详细分析了经济素养教育的六大环节：赚钱、花钱、存钱、与人分享时间和金钱、借钱、让钱增值，并在此基础上提供了经济素养教育中必须培养的基础品质：诚实、自尊和创造力，同时为孩子设计了28种理财训练答卷和50种赚钱实验，充分体现了家庭和社会是学校开展经济素养教育的有力补充和保障。③

6. 经济素养教育评价研究

经济素养测验（the Test of Economic Literacy，TEL）和经济态度调查（Survey of Economic Attitudes，SEA）是目前美国中小学经济素养教育最有影响力的评价体系。保罗·斯托克（Paul A. Stock）认为经济素养测验有助于对学生经济素养教育进行横向和纵向比较，适时调整学生的经济素养水平。俄亥俄州借助此研究工具对665名11—12年级学生经济理解水平进行测试，结果显示，理解最好的三个概念是货币交易、自由竞争和经济体系类型，理解最差的三个概念是市场失效、通货膨胀和资源紧缺，④借此对TEL进行客观评价。朱莉·纳尔逊（Julie A. Nelson）和史蒂文·谢夫林（Steven M. Sheffrin）对经济态度调查测试展开研究。经济态度调查突破了经济素养测验仅对学生经济素养知识进行评估的局限，上升到测评学生对经济学作为一门学科的态度和对经济事件、经济生活本身的兴

---

① Mary Frances Agnello and Thomas A. Lucy, "Toward A Critical Economic Literacy: Preparing K-12 Learners To Be Economically Literate Adults", *Doing Democracy: Striving for political literacy and social justice*, 2008, pp. 247-265.

② Alan Greenspan, "Financial literacy: A Tool for Economic Progress", *The Futurist*, 2002, pp. 37-41.

③ 周华薇：《美国人的少儿经济素养教育》，中国法制出版社1998年版。

④ Paul A., "Level of economic understanding for senior high school students in Ohio", *The Journal of Educational Research*, 2001, pp. 60-63.

趣，从根本上解决学生学习经济学知识的有效性问题。涉及的问题包括人们是否应该向国家缴税；免费的媒体服务是否应该辐射到所有美国人；企业做大后是否应该由国家来接管等。这些问题将经济理论和经济实践有机结合，让学生在情景中对经济事件进行充分思考。[1]

纵观国外现有研究，美国在"中小学经济素养教育"方面积累了较为丰富的理论和实践经验，不仅依据学生身心发展特点、学科知识体系、社会需求构建经济素养教育体系，而且采用质性研究和量化研究相结合的方式对中小学经济素养教育展开研究。现有研究集中关注两大方面：一是学校、家庭和社会如何提升、利用个体的经济素养能力，而对这些能力能否胜任社会对个体的期望的研究较少；二是哪些教育投入可以提高经济素养水平，但对哪些因素影响了当地人参加经济素养教育课程的意愿，学校开设的经济素养教育课程是否切合当地实际，对吸纳经济素养教育学员是否有吸引力的研究较少，并且已有的研究只是零散地介绍不同历史时期或不同发展阶段的经济素养教育，没有梳理出美国中小学经济素养教育的历史流线图，同时知识经济时代的新特征也有待于融入经济素养教育研究中去。这些都为本书提供了富有挑战性的研究空间。

五　研究方法

自从比较教育发展成为一个独立的学科以来，其研究方法问题就成为该领域关注的一个重要问题。比较教育学的学科发展与成熟也伴随着其方法论的发展与成熟。方法是进行研究的手段、途径及方式，方法论则是研究正确运用方法所应遵循的基本原则或要求。离开了方法论的进步，学科的发展是不可想象的。[2] 比较教育学在近两百年的发展历程中，其研究方法经历了一个从简单、零散、单一到综合、系统、多元的演变过程。[3] 研究问题决定对研究方法的选择，本书作为一项以国别研究为主的比较教育研究，必须综合多种研究方法对论题进行深入理解。同时一个研究问题存

---

[1] Julie A. Nelson and Steven M. Sheffrin, "Economic Literacy or economic ideology", *Journal of Economic Perspectives*, 1991, pp. 157 – 165.
[2] 卢晓中：《比较教育学》，人民教育出版社2005年版，第62页。
[3] 冯增俊、陈时见、项贤明：《当代比较教育学》，人民教育出版社2008年版，第71页。

在不同的侧面，对一个问题的研究可以采用数种方法，在每一种方法内又可选取不同的角度，没有一套规则或科学方法能够告诉研究者如何开展对于一个具体问题的研究。20世纪七八十年代，比较教育方法论论争中的活跃人物、美国著名比较教育学家阿特巴赫教授在会见中国一位教育学者时谈到，比较教育没有方法。① 言下之意，比较教育研究没有固定的研究方法，可以有赖于问题的不同而因地制宜地采用不同的研究方法。

根据研究问题，本书主要采用以下研究方法。

（一）文献研究法

文献研究法是在搜集大量有关文献资料的基础上，进行分类、整理、归纳、总结和提炼，得出研究结论。文献研究法是本书的基本方法之一。由于本书立足于对美国中小学经济素养教育的研究，根据研究问题的需要，本书研究者系统检索了国内外关于经济素养教育的相关研究文献，由于国内学者在"美国中小学经济素养教育"方面积累的研究成果较少，有关翻译的作品也为数不多，因此，本书检索并参考了大量的英文文献，重点检索了美国劳工部网站、美国统计网站、美国教育部等相关网站，研究了联合国教科文组织的《展望》《比较教育评论》《比较教育》《教育政策杂志》《学习型组织》《教育质量保障》《教育经济学评论》《人力资源杂志》等重要期刊发表的论文，同时，阅读了大量的中外著作和期刊杂志。根据研究目标和研究假设，本书通过对已有文献进行分析、提炼、归纳和总结，检验研究假设，得出研究结论。

（二）比较研究法

比较既是一种技术性的具体方法，也是一种方法论层面的思维方式。教育学的其他学科也广泛运用比较方法进行文献分析，但与比较教育研究的比较有着很大的差异。其他教育学科研究的比较，主要是将比较作为一种技术性的具体方法，通过比较的方法获得所需要的资料、数据和结论，这种比较具有强烈的工具性特征。而比较教育研究里的比较研究法，主要是作为一种方法论层面的思维方式，是研究主体基于跨文化整体视野考察研究对象所形成比较的广度和深度，是一种比较视野。这里的比较具有研

---

① 蒋凯：《劳动力市场视角的当代美国高等教育变革》，博士学位论文，北京大学，2004年。

究主体的性质，比较也由此从技术层面转变为思维方式层面，从工具变为目的。[①]

本书将比较作为一个重要研究维度，将比较作为一种整体取向的比较视野，一种方法论层面的思维方式，亦作为一种技术性的具体方法，全面而详尽地对美国中小学经济素养教育进行考察，试图探求出一套行之有效的经济素养教育方案和规律。为了更加清楚地认识美国中小学经济素养教育的特点和规律，探寻中国改革的突破口和改革措施，就需要对美国不同历史时期的经济素养教育以及不同教育主体实施的经济素养教育展开全方位的比较分析。本书最后一章试图从比较的视角分析中国中小学经济素养教育取得的成绩和存在的问题，旨在分析中美两国在经济素养教育方面存在的差异与差距，并在此基础上进行反思，为进一步完善中国经济素养教育提供改进建议。

（三）历史分析法

历史分析法往往与文献研究法联系在一起，不能分割开来。通过搜集教育现象发生、发展和演变的历史事实，加以系统客观地分析研究，有利于揭示这种教育现象的本质和规律。本书从历史的角度出发，通过对美国中小学经济素养教育发展历史沿革的梳理，呈现出美国中小学经济素养教育培养目标、主要内容、实施途径和评估方案之间的内在联系，探索美国中小学经济素养教育的整体图景，揭示出支撑美国中小学经济素养教育的文化、制度等层面的隐性因素，并对学校、家庭和社会在经济素养教育中的角色、地位以及互动关系的来龙去脉进行了历史性分析，从而为更好地理解和借鉴美国中小学经济素养教育提供了明晰思路。

（四）因素分析法

因素分析法强调对于教育法规、教育实际的各影响因素进行分析，在不同因素的分析中发现不同国家或地区教育发展的共性和差异性，揭示教育发展的一般规律。因素分析法的出现使比较教育从对于现象的描述发展到了对于原因的分析，从描述"是什么"发展到了分析"为什么"。施耐德在1947年出版的《各国国民教育的动力》一书中指出，教育制度是社会各种复杂因素共同作用的结果，比较教育的研究目的就是要发现各种教

[①] 陈时见：《论比较教育的学科体系及其建设》，《比较教育研究》2005年第3期。

育制度之间的共性和差异性,剖析决定并影响教育的现实因素,尤其是内在因素。影响教育的因素不是孤立存在的,内在因素和外在因素往往是共同作用,相互影响的,我们应当从内因与外因、统一性与多样性、必然性与偶然性等各环节的相互关系来系统研究教育的发展动力。与生物界的萌芽、快速发展、开花、停滞一样,教育的发展在各种因素的作用下也会经历类似的过程。本书系统分析了影响美国中小学经济素养教育的内部因素和外部因素,探讨了如何更好协调各影响因素之间的关系,搭建更好的经济素养教育平台。

一般可以将从事教育分析的相关人员划分为三大类:教育研究者、教育分析家和教育决策者,即研究者、中间人和决策者。三类人员分析研究的侧重点不同,有各自的定位,分别从自身的视角对教育现象进行研究分析。"研究者"具有最宽泛的视野,对教育现象进行研究型的分析;相比较"研究者","中间人"的研究视野相对较窄,一般是对于某一具体的教育现象或内容进行技术性的分析;"决策者"的研究视野最为集中,往往是对于某一教育问题进行基础的分析。[1] 本书从"研究者"的视角出发,尝试将细节研究与全局研究相结合,力求更为准确、更为清晰地分析影响美国中小学经济素养教育发展的因素,以期为中国经济素养教育的开展提供更具价值参考的成果。

---

[1] 周琴:《美国基础教育阶段的择校政策》,人民出版社2014年版,第24页。

第 一 章

美国中小学生经济素养教育的历史发展

经济素养教育在美国经历了110多年的历史，其发展并非一帆风顺，有过长时间的沉寂，也有过激进的教育运动。无论其处于旋涡之中，还是繁荣发展，都是其发展过程中抹不去的印记，更是值得深入探讨和研究的基点。考察美国中小学经济素养教育的发展历史过程，既可以帮助我们梳理其生成、发展与变革的生长轨迹，又可以更清晰地把握其未来发展的可能性，从而为更好地了解当代美国中小学生经济素养教育现状，为分析当代美国中小学经济素养教育特点提供历史参考。

第一节 经济素养教育的缘起阶段

经济素养教育的缘起阶段处于19世纪末至20世纪50年代，主要表现为经济素养教育纳入课程存在争议、经济素养教育融合于社会科课程、工商业界涉足经济素养课程设置三个方面。

一 经济素养教育纳入课程存在争议

美国经济素养教育是伴随其民族强烈的求生欲望和竞争精神而来的，其起源可以追溯到开国之初，并无时无刻不存在于美国人的生活和工作之中，作为一种隐性文化在传播和蔓延，这是广义上的经济素养教育。而以学校课程设置为标志的经济素养教育始于20世纪初期。这一阶段争论的焦点是是否将经济素养教育纳入中小学课程体系。由于这一争论牵涉诸多利益群体，如教师、家长、社会、政府等，矛盾和争论不断持续，美国社会各界曾有过相当长时间的对峙。以美国国家教育协会为代表的反对派认为，中小学课程安排本就非常拥挤，且经济类师资严重不足，不宜在中小学开设经济学课程，并于1894年正式发布报告反对在中学单独设置经济学课程。① 报告在社会上引起强烈反响，尤其得到相当一部分中小学教师的大力支持。而持相反看法的美国经济学家劳伦斯·劳克林（J. Lawrence Laughlin）则于1901年在著名期刊《政治经济学杂志》中论述了在中学阶段教授经济学的必要性。劳克林认为，中学教育最大的问题是学生缺乏自主思考能力，经济学教育摒弃了记忆、填鸭式的教学方式，要求学生将原理应用于日常事件，使学生思维更加活跃，这种效果是一般记忆性知识类课程不能达到的，经济素养教育训练所培养的能力会使学生受益终生。② 劳伦斯·劳克林试图以经济素养教育为契机，激活中小学课程教学的不景气状况，以此解决教师教学有效性问题。但这一主张在当时呼应的人数较少，没有引起过多关注。总之，在这一阶段，把经济素养教育纳入课程体系的反对声居多，诸多条件还不成熟。

二 经济素养教育融合于社会科课程

尽管经济素养教育的发展并不顺利，但其存在同样有其合理性。据约瑟夫·奥利瑞（Joseph M. O'Leary）对大波士顿地区的调查显示，1889年有1所中学开设经济学课程，1906—1918年有5所中学开始开设经济学课程，但课程设置相当不稳定，如在一些学校，由于选课人数持续下降，课程开设不久就被取消了。③ 既然经济学作为一门独立学科存在于课程体系之中面临诸多困难，于是将经济素养教育融入其他学科成为研究者关注的焦点。

美国是世界上最早在学校里把包括经济知识在内的"社会科"（Social Studies）作为一门独立学科开设的国家。从1916年"社会科"正式出现至今

---

① National Education Association, *Report of the Committee of Ten on Secondary School Studies*. New York: The American Book Company, 1894, pp. 186–189.

② J. Laurence Laughlin, "Economics in the Schools", *The Journal of Political Economy*, 1901, 9 (3), pp. 384–397.

③ Joseph M. O'Leary, "The Teaching of Economics in Public High Schools", *The Quarterly Journal of Economics*, 1940, 54 (3), pp. 502–518.

已有91年的历史,社会科课程的发展历程也反映了经济素养教育的发展历程。19世纪末20世纪初,为了培养儿童适应社会的能力,培养儿童的社会公民意识,在当时进步主义思潮影响下,学校课程设置进行了改革,以社会科的形式设立了关于社会学科内容的综合性课程,将历史、地理和公民三个模块作为社会科的主要内容安排进七年级至九年级的课程教学。经济素养教育融合于社会科课程之中。为了更好地实施社会科的教学活动,1916年,社会科委员会出版了《中等教育的社会科》,对社会科的教学内容、教学要求等环节提出了具体的标准,指出该课程的主要目的不是教育学生学习某一门课程的知识,而是要把各个相对独立的知识体系结合起来,综合构成未来公民所必需的社会素养,实现"社会效用"(social efficiency),如表1—1所示。

表1—1　　　　20世纪初中等教育阶段社会科课程设置

年级	课程内容			课程安排
七年级	第一种	地理	半年	平行或轮流两种方式进行
		欧洲历史	半年	
		公民		融合于上述两个领域
	第二种	欧洲历史	一年	
		地理		融合于历史领域
		公民		融合于历史领域
八年级		美国历史	半年	平行或轮流两种方式进行
		公民	半年	
		地理		融合于上述两个领域
九年级	第一种	公民	半年	平行或轮流两种方式进行
		公民经济学 职业教育	半年	
		历史		融合于上述两个领域
	第二种	公民经济学 职业教育	一年	
		经济史		

资料来源:Murry R. Nelson, The Social Studies in Secondary Education A Reprint of the Seminal 191 G Report withAnnotations and Commentaries, http://www.eric.ed.gov.proxy.lib.wayne.edu/ERICWebPortal/recordDetail? accno = ED374072。

表 1—1 表明，在七年级和八年级阶段，经济素养内容融合在社会科课程之中，没有单列；在九年级阶段，社会科课程开始强化经济素养教育，主要通过公民经济学和经济史两门课程来进行，历时一年。伴随年级的升高，经济素养课程的分量在逐步提升。关于是否应该将经济素养教学内容纳入社会科的教学体系，早期并没有达成一致，但是在不断的争论之中，经济学知识的教学获得了大家的广泛关注。

经济学的知识最终作为一部分融入了社会科的教学环节。社会科教学注重知识相互间的融合，例如七年级的公民教育融合在地理和历史教育之中，在九年级的教学中，将经济学的知识融入到了公民教育的环节中，重点学习了公民经济学和经济史的内容。但我们同时应该看到，社会科强调公民教育，公民教育的内容体系庞杂，涉及社会生活的方方面面，例如健康、环境、创新、财产、慈善等内容，经济素养教育只是作为其中的一部分呈现，涉及的内容有限，知识点零散孤立，尚未形成体系。

三 工商业界涉足经济素养课程设置

20世纪初，美国经济一片繁荣，人们整日谈论的都是经济的快速发展，人们关注经济形式的发展，关注市场变化，关注自身的经济状况，也在不断地学习相关的经济学知识，然而这一切都是成人谈论的话题，人们理所当然地认为经济是成人的事情，关于经济和儿童的关系怎样，儿童应该具备哪些经济素养，应该给他们提供怎样的经济素养教育，则少有人问津。随后美国出现了一系列经济大事件，例如华尔街股灾、罗斯福新政等，这些事件为美国社会的经济生活带来了深刻变化。此后，国家加强了对于经济的干预，企业在公众心目中的形象也大打折扣，公众开始质疑自由的企业制度是否能长期促进经济的健康发展。面对政府干预和公众质疑两个方面的压力，美国的企业家试图寻求一种途径来重建自身的形象，让自由企业制度重新赢得公众的信任。之后，由企业家参与的经济素养教育在全国展开，企业家们试图通过推进经济素养教育来改善自身的形象，并且营造对于自身有利的社会舆论环境。

在经济素养教育的推进过程中，最初企业只是印刷一些经济相关的阅读材料向学校派发，例如可口可乐公司编写了《我们美国》，全美制造商协会编制了《你和企业》等一系列经济类读本。这些读本加强了企业和学校的合作，也向学生传递了一些企业的价值观。之后，美国的企业界和教育部门进一步加强合作，开始直接向学校提供资金。同时，学校要在企业的参与下加强经济素养教育，宣传企业的价值观，树立企业良好的公共形象。在经济素养的教学实践过程中，经济学的基础知识被安排进了中学课程，虽然作为一门课程并没有产生太大的影响，但学生通过经济素养教育，一方面学习了相关的经济学知识，提高了自身的经济素养，另一方面也接受了企业宣传的符合企业自身利益的价值观。有学者开始质疑企业对于经济素养教育的过度干预，例如教育家劳埃德·威廉姆斯（Lloyd P. Williams）就企业对教育的过度干预持反对意见。[1] 然而，学者们的质疑和批评并没有改变企业参与学校经济素养教育的事实，反而成为美国经济素养教育发起与争议阶段的重要标志。

美国经济素养教育的争议与发起阶段历时50余年，其间积累了巨大的能量。尽管经济素养教育课程是否应被纳入国民教育体系还存在较大争议，但正是通过这种对峙，人们进一步明确了经济素养教育的重要价值；经济素养类课程作为融合内容出现在教学环节中，为日后经济素养教育与学科课程融合埋下伏笔；工商业界的参与为经济素养教育注入了活力，也为家庭和社会参与经济素养教育提供了广阔的发展空间。

第二节　经济素养教育的发展阶段

美国经济素养教育的发展阶段是20世纪50年代至90年代。第二次世界大战结束后，美国基础教育改革正式拉开序幕，中小学经济素养教育此时得以迅速发展，尤其在60年代发展最为迅速。苏联人造卫星上天事件将社会各界批判的焦点投向基础教育领域，1957年颁布的《国防教育法》就是对此次事件的直接回应。《国防教育法》加强了自然科学、数学和现代外语以及其他重要科目的教学，这些都是经济素养教育进行学科渗透的重要资源，也为经济素养教育的发展迎来了契机。此时经济学家、教育学家组建的协会在经济素养教育运动中扮演了主要角色，各州教育委员

---

[1]　Elizabeth A. Fones-Wolf, "Selling Free Enterprise: the Business Assault on Labor and Liberalism, 1945–60", *Urbana*: *University of Illinois Press*, 1994, pp. 204–211.

会（State Board of Education）所制定的经济素养教育法规也对经济学课程在中学的发展起了推动作用，从而掀起了经济素养教育发展的高潮。

一 经济素养教育组织发展壮大

1949年，经济教育联合委员会成立，该组织是国家经济教育委员会的前身，为中小学经济素养教育的普及和推广做了大量工作。该组织制定的《经济学教学框架》为美国经济素养教育的开展提供了理论和实践指导。此外，美国各州都成立了经济教育研究中心，大学经济学专业也成立了经济教育研究中心，这些机构成为美国经济素养教育的重要组织，并与JCEE组织开展了密切合作，为开发经济素养教育课程、制定相关的教育标准等做出了重大贡献。1960年，美国经济学会和经济发展委员会共同开展了一项对中学经济教育开展情况的调研活动，根据调研结果建议所有高中至少开设一门经济学选修课程。这份研究报告在当时的中小学经济素养教育领域引起了巨大反响，也为当时经济素养教育的开展提供了指导。对于经济素养教育的融合课程社会科课程，美国几乎所有的州都制定了社会科课程标准，国家社会科委员会也于1994年制定了第一个全国性的K-12年级社会科课程标准：《社会科课程标准：卓越的期望》，与各州制定的标准相比，该标准在全国范围获得了更多的认可，成为美国社会科课程标准。

国家经济教育委员会于1988年出版了经济学教学大纲，并于1995年作了修订，同年，美国经济素养教育组织联盟建议K-12年级都应该开设经济素养类课程，经济素养教育课程开始进入美国中小学及幼儿园。1999年，为了尽可能地统一和规范各州中小学课程内容设置和课程标准设置，美国教师联盟规定所有州的中小学课程必须包括英语、数学、科学和社会科学。[①] 社会科课程强调各课程的融合，经济素养教育也作为一个重要的环节在社会科课程中得到了体现。各级各类经济素养教育组织的陆续建立，为经济素养教育制定课程标准、制定教学要求、开发相关教学材料，为经济素养教育的开展做出了巨大的贡献。

社会组织的积极参与为学校经济素养教育的发展注入了前所未有的能

---

① 许云昭：《超越差距——中美基础教育课程比较》，湖南教育出版社2006年版，第41页。

量，不仅可以从资金和技术上对学校进行资助和指导，同时在经济素养教育的宣传和社会影响方面也功不可没。经济素养教育组织通过多种方式鼓励各地教育机构、学校和教师的创新探索，大力支持一些有远见的学校和教师给小学生开设经济学课程。同时，由于美国中小学的选修课时间大约占学生在校学习时间的一半，这为社会组织参与中小学经济素养教育课程提供了条件。而在20世纪60年代以前，由于没有得到政府和社会的大力支持，经济素养教育状况并没有达到令人满意的程度。

二 经济素养教育课程资源不断拓展

课程资源是课程要素来源以及实施课程的必要而直接的条件，课程资源的结构包括校内课程资源和校外课程资源，只有两种课程资源的相互配合、彼此渗透才能使经济素养教育更有持久性和生命力。在经济素养教育活动中，有两个组织起到了重要作用：美国经济学会（AEA）和经济教育联合委员会（JCEE）。AEA成立于1885年，自成立之日就一直从事有关大学经济素养教育的活动。1960年，AEA开始了中学经济素养教育的活动，由萨缪尔森等经济学家组成国家经济素养教育特别工作组对中学经济素养教育的开展情况进行研究。研究报告针对中学经济素养教育情况提出了相应的建议。例如，在情况允许的情况下，所有的高中要至少开设一门经济学选修课程。这份研究报告在当时的中学引起了巨大反响，也为当时经济素养教育的开展提供了指导。但是AEA的工作并没有能够继续，在1964年之后，由JCEE接替了中学经济素养教育的相关工作，AEA的工作重点重新回到大学的经济素养教育。JCEE强调客观、无差别、无政治偏见的经济素养教育活动，鼓励不同领域，持有不同观点的官员、专家学者进行讨论，在不同观点的相互碰撞中，激发更全面、更客观的观点，增加各方对于经济素养教育的理解。JCEE对AEA的前期工作做了有效的持续性研究。针对AEA在1961年指出的中学经济素养教育存在的不足，JCEE联合各州的经济教育委员会和大学中的经济研究中心，启动了"经济素养发展项目"。该项目提出了"融入式"的经济素养教育模式，即倡导将经济素养教育的内容融入其他学科的学习之中，并且在相关学科的教学内容、教学要求、教师培训等环节要有所体现，并为之做了大量的研究工作。JCEE提出的这种教学模式获得了很大的成功，在全国范围内得到了推广，很多学校采取将经济素养教育融入地理、历史、社会等课程，使经济素养教育的课程资源得以扩展。

三 经济素养教育起始阶段开始下移

美国经济素养教育活动最初主要在高中阶段展开，其教育目的是要培养符合社会发展的"好公民"，但是经过数十年的发展，没有取得显著的成效。第二次世界大战后，美国开始了教育领域的大改革，相关研究人员对于经济素养的教学内容、教学目标、教学要求、教学评价等环节进行了重新设计和开发。在中学的经济素养教育进行过程中，相关人员发现教学效果并不理想，部分学生无法掌握教学内容。最初，经济素养教育专家认为问题出在教师身上，专家认为教师可以把自己的知识在课堂上传授给学生，所以通过研讨班和讲习班等形式重点提升教师从事经济素养教学的基本技能。随后，经济素养教育家逐渐认识到，教师的教学技能水平并非影响学生经济素养提升的直接因素，学生缺乏对经济学概念的正确理解是影响其将所学知识转化成经济意识、经济思维，转化成相应的经济行为的关键环节。研究人员在皮亚杰认知阶段理论框架下，以实证研究方式对儿童经济认知发展阶段进行了论证，一致认同小学阶段应成为经济素养教育开展的起始期。于是美国经济素养教育开始注重经济学概念的纵向递进和螺旋上升的编排原则，采取循序渐进的方式展开，并逐步确立了经济素养教育在小学阶段的基础性作用。[1]

总之，美国经济素养教育的发展与创新阶段取得了诸多可喜成绩。经济素养教育组织的成立架起了学校和家庭之间合作的桥梁，拓宽了经济素养教育课程资源，并进一步推进了经济素养教育起始阶段的下移，形成了从小学到高中阶段完整的经济素养教育体系。

第三节 经济素养教育的规范化阶段

20世纪90年代至今是美国经济素养教育的规范化阶段，主要表现

---

[1] David E. Ramsett, "Towamt Improving Economic Education in the Elementary Grade", *The Journal of Economic Education*, 1973, p. 30.

为教育实体从简单到复杂、从游离到系统的过程。此阶段的经济素养教育立法频繁出台；经济素养教育内容系统连贯；经济素养教师培训形式多样。

一 经济素养教育立法频繁出台

20世纪70年代，不少州陆续颁布法规，将经济学课程学习纳入高中毕业要求。1971年至1977年，阿拉巴马等8个州的教育委员会颁布法规要求高中生必须学习一个学期或一年的经济学相关课程。[①] 80年代，又有俄勒冈州等7个州加入，此时美国公立学校学生人数最多的4个州（佛罗里达州、得克萨斯州、加利福尼亚州和纽约州）都将经济学列入了高中毕业要求，[②] 如表1—2所示。

表1—2　美国将经济学纳入高中毕业要求的州的数量（1990—2009）

年份	1990	1998	2000	2002	2004	2007	2009
数量	15	13	13	14	14	17	21

资料来源：Council for Economic Education, Survey of the States, Economic, Personal Finance, and Entrepreneurship Education in Our Nation's Schools in 2009, http://www.councilforeconed.org/about/survey2009/CEE_ 2009_ Survey. pdf 2010 - 04 - 05。

表1—2表明，尽管各州经济学课程的名称并不相同（如北卡罗来纳州的"政府和经济学"、俄勒冈州的"个人理财素养和经济学"、新罕布什尔州的"商业基础和经济学"等），但通过经济素养教育立法确保经济学课程顺利推进已成定局。经济素养教育内容的系统连贯是伴随着联邦政府对基础教育改革方案的不断标准化而进行的。为了加强国家对于教育的宏观调控和直接干预，时任美国总统乔治·布什于1989年召集各州州长召开了教育峰会，发表了《国家教育目标》的报告，提出了六项教育目

[①] Dennis C. Brennan and Ronald A. Banaszak, "A Study of State Mandates and Competencies for Economics Instruction and Their Correlation to Our Economy: How It Works", Stockton: Center for the Development of Economics Education, University of the Pacific, 1981, pp. 7 - 10.

[②] Dennis C. Brennan, A Survey of State Mandates for Economics Instruction, New York: Joint Council on Economic Education, 1985, pp. 6 - 19.

标。为了能够彻底地贯彻落实六项教育目标，乔治·布什又于1991年4月签发了《美国2000年：教育战略》，这份文件被认为是教育改革的指导性文件，文件中对六项目标做了更进一步的解释，并且为实现目标提出了相应的四项教育改革方案，被称为"四列并驾齐驱的火车"。① 在这一轮的改革过程中，国家加强了对于教育的监管和干预力度，特别是加大了对于基础教育课程改革的重视程度，第一次制定了国家中小学课程标准。1994年，时任美国总统克林顿签署了《2000年教育目标：美国教育法案》，在乔治·布什政府确定英语、数学、科学、历史和地理为五门核心课程的基础上，又增加了外语、政治、经济、艺术等课程，使国家界定的核心课程数量增至9门，并为这些课程制定了学分，以保证每门学科的教学质量。从此，经济素养教育在美国中小学的开设有了法律的保驾护航。

2001年的《中小学教育法案》第一次明确提出了经济素养教育的内容。同年，《卓越经济教育规划》在国会审议中通过。2002年，为了保证经济素养教育的顺利实施，相关部门明确提出要将经济素养教育渗透到阅读和数学课程中，并且提出了一系列保障措施，例如阅读和数学教材必须包含一定的经济素养内容才能出版，要在教师的培训内容上增加经济素养专业知识和教学内容的培训，并建立相应的评价机制。② 2002年，时任美国总统乔治·布什签署了在教育领域具有重要意义的《不让一个孩子掉队》法案，其中包括了《卓越经济教育规划》。该项目由美国教育部负责管理，在全国范围内以申请、审批的方式选择一级和二级实施组织，执行《卓越经济教育规划》的实施工作。《卓越经济教育规划》以法律的形式规范了经济素养教育活动的开展，为经济素养教育在全国的顺利开展提供了法律法规保障。

二 经济素养教育内容系统连贯

在国家的宏观教育政策调控下，经济素养教育的目标和内容也进行了相应的调整。从教学目标来看，经济素养教育的最终目标在于培养社会好

---

① 许云昭：《超越差距——中美基础教育课程比较》，湖南教育出版社2006年版，第37页。
② 高佳：《美国中小学的经济素养教育》，《当代青年研究》2006年第5期。

公民。1977年,由JCEE编写的《经济学基本概念教学框架》明确提出了经济素养教育的教育目标:一是掌握基本的经济学概念,理解经济运行的一般规律;二是能够利用掌握的经济学知识,分析经济现象,找到隐藏在现象背后的经济学规律,并能够做出科学的选择;三是对经济现象有敏锐的观察力,对经济政策具有相应的洞察力,培养经济责任感和主人翁意识,做更有社会责任感的好公民。[①] JCEE提出的经济素养教育目标具有一致性和连续性,并且体现了逐级递进的关系。在政府及相关部门的共同努力下,具有系统性、连续性的K-12年级的经济素养教育的课程教学内容被开发出来。[②] 为了保证经济素养教育的内容能够顺利地贯彻到具体的教学过程中,1994年颁布的《社会科学国家课程标准》明确把经济学作为整合课程之一,并规定了其在低、中、高年级不同的学习阶段所应达到的学习标准,不同年级不同的学习标准的规定保证了经济素养教育的相关内容能够连续、系统地进行开展,在不同阶段的社会科课程中得以体现。为了保证课程的顺利实施,每个阶段课程形式也不尽相同:小学阶段主要是直观地介绍与经济学相关的基本概念和简单的经济现象;初中阶段分析相对复杂的经济现象并探寻背后规律;高中阶段的经济学成为一门独立的课程,需要进行更深入的学习。[③]

三 经济素养教师培训形式多样

高素质的教师队伍是有效进行经济素养教育的前提,美国通过多种途径提高教师队伍的专业基础知识和教学技能,以保证经济素养教育活动的高效开展。第一,严把教师入职关。确保每一位入职的社会科教师都具备一定的经济学基础知识和相应的教学技能。1997年,美国社会科协会制定了《社会科教师国家标准》(National Standards for Social Studies Teach-

---

[①] W. Lee Hansen, et al., Master Curriculum Guide in Economics for the Nation's Schools. Part I. A Framework for Teaching Economics: the Basic Concepts, *New York Joint Council on Economic Education*, 1977, pp. 2-3.

[②] Schug, Mark C., Economic Education ncross the Curriculum, *Phi Delta Kappa Educational Foundation, Bloomington*, 1982, p. 19.

[③] Schug, Mark C., Economic Education ncross the Curriculum, *Indiana Phi Delta Kappa Educational Foundation Bloomington*, 1982, pp. 15-17.

ers），该标准对于社会科教师的入职标准提出了明确的要求，对于教学内容和教学要求也提出了明确的要求。针对经济学的知识内容，对教师也提出了详细的要求。同年颁布的《社会科教师任职纲要标准（修订）》，详细说明了十个教学环节的教学内容、教学要求、对教师资格的要求和评价方法等内容。这些文件对社会科教师的任职资格、教学内容等环节提出了明确要求，保证了高素质教师队伍的建设，提高了教师的专业知识和教学技能。第二，通过各种途径开展在职教师的经济学基础知识的培训工作。学校鼓励教师参加各种形式的经济学基础知识的学习和培训，例如在大学学习相关课程，可以参加短期的夏令营，也可以利用网络课程学习经济学相关内容；同时为了提高教师的学习积极性，学校对于参加学习的教师有各种激励措施，例如对于修满学分的教师，可颁发相应的学位。通过严把入职关和多种形式的职后培训，整个教师队伍具有了较高的经济素养知识和相应的教学技能，为更好地开展经济素养教育提供了师资保障。这些培训为教师采用灵活的经济素养教学提供了条件。例如，玛丽安·福尔茨（Maryann Foltz）和萨伦里德（Suellen Reed）在《运用文学作品教授经济学》[1]一书中描述了教师如何以文学作品为内容讲授经济学的知识。对于不同学习阶段的学生采取不同的教学方法，例如对于低年级的学生，教师大多采用在生活中的体验式教学等比较直观的方式；对于高年级的学生，教师则根据学生学习阶段的特点，采用相对抽象的形式讲授经济学的知识。此外，相关的网站也提供了大量的学习和教学资源供老师和学生下载学习，这些方法都为教师提供了多种学习途径，也提高了经济素养教育的效果。

美国中小学生经济素养教育的历史发展阶段是当代美国经济素养教育的历史基础，可以帮助我们更清晰地分析当代知识经济社会背景下美国经济素养教育的发展趋势以及对个体提出的新要求。在当代美国社会，中小学生经济素养教育进入了规范化阶段，联邦政府参与经济素养教育的力度明显加大，法律的保驾护航和经费的大量投入使经济素养教育日趋完善。正如德国思想家卡尔·雅斯贝尔斯（Karl Jaspers）所说，从历史中我们可

---

[1] Maryann Foltz, Suellen Reed, Harlan R. Day, *TeachingEconomics Using Children's Literature*, NationalCouncil on Economic Education, 2005, p. 8.

以看见自己,就好像站在时间中的一点,惊奇地注视着过去和未来,对过去我们看得愈清晰,未来发展的可能就愈多。①

---

① [德]卡尔·雅斯贝尔斯:《什么是教育》,生活·读书·新知三联书店1991年版,第58页。

第 二 章

美国中小学生经济素养教育的时代背景

在当代知识经济社会背景中，经济的发展动力、经济的运行模式、个体的经济行为及经济意识等方面都出现了新的变化，也为中小学生经济素养教育的开展提供了更为广阔的时代背景。本章梳理了当代知识经济的特点以及当代对中小学生经济素养提出的要求，并从文化、政治和经济三个方面对当代美国中小学生经济素养教育的时代背景进行分析，以期更为全面地掌握当代美国中小学生经济素养教育的发展脉络。

第一节 经济素养教育的知识经济背景

一 知识经济内涵

从人类社会的经济发展形态来看，先后经历过原始经济、农业经济、工业经济和知识经济。每种经济形态都包含其独特的经济要素，例如生产要素、生产模式、基本制度等。知识经济是人类经济发展史上最新的经济形态。20世纪60年代开始，人类经济形态进入知识经济时代。这个概念最初由美国经济学家弗里茨·克卢普（Fritz Crump）根据当时美国经济发展状况和经济结构背景提出。弗雷德里克·温斯洛·泰勒（Frederick Winslow Taylor）和W.布拉马（W. Brahma）在他们共同出版的《未来工作：在知识经济中把知识投入市场》一书中对知识经济的形态特点做了进一步完善。世界经济合作与发展组织（OECD）于1996年在《以知识为基础的经济》报告中首次明确给出知识经济的概念：知识经济是指建立在知识和信息的生产、分配和使用之上的经济，并对知识经济时代知识的概念用"4W"进行了概括：知道是什么的知识；知道为什么的知识；

知道怎么做的知识；知道是谁的知识。① 中国学者也根据中国的经济实际，对知识经济提出了自己的看法。吴季松指出，工业经济以传统工业体系和自然原材料为基础，而知识经济以高技术为第一产业，以智力资源为依托，是可持续发展的经济。② 张守一认为，知识经济是指以知识为基础的经济，它在本质上是创造价值和财富的动力，使劳动方式从主要依靠体力劳动向主要依靠体力劳动和脑力劳动相结合的新型劳动转移，主要内容包括知识的生产、分配、交换和知识产品的利用。冯之浚界定知识经济为以知识为基础的经济，是建立在知识的生产、分配和使用之上的经济，强调信息是知识的重要表现形式，只有经过提炼加工的信息才构成知识。秦建军认为，知识经济是以人为根本，以知识和信息的生产、分配和使用为基础，以高科技产业为支柱，以可持续发展为目标的一种经济形态，是人类社会发展的必然产物。

知识经济时代是一种新的经济时代，它以知识的生产和人的智力的充分发挥为支撑，以信息化和网络化为基础，通过人们持续、全面地创新和合理、有效地利用资源促进科技、经济、社会的和谐统一，实现可持续发展。③ 知识经济时代蕴含的三个核心要素是知识、管理和创新。在知识经济的三个核心要素中，知识提供经济发展的原动力，是知识经济区别于以往经济形态最显著的特征，这里的知识包括自然科学知识和社会科学知识，并且单一的知识体系已经不能适应知识经济时代的要求，知识经济时代的知识更体现了不同领域知识相互交叉、相互融合的特点；知识经济时代的管理也不同于以往管理的概念，知识经济时代的管理强调对于知识的管理；创新是知识经济时代经济发展的直接推动力，创新是对知识的创新，通过不同领域知识的相互融合，相互扩展，形成新的知识体系，进而推动经济的发展，是经济活动中最重要的因素。

二　知识经济特征

知识经济是一种新的经济形态和经济理论，知识经济理论来源于对人

---

① OECD：《Knowledge – based Economy》，机械工业出版社1997年版，第2页。
② 吴季松：《知识经济》，北京科学技术出版社1998年版，第12页。
③ 张卫国：《知识经济与未来发展》，青岛海洋大学出版社1998年版，第36页。

类半个世纪以来生产和社会实践的总结,是对全球经济内涵的一种崭新的认识。知识首次以一种无形的形式作为经济的基础出现在人类发展进程当中,这种本质的变化不是在瞬间发生的,而是社会经济渐进发展的结果。知识经济是在充分知识化的社会中发展的经济。从反映知识经济的实质和概括知识经济总体结构的要求看,知识经济的基本特征主要有以下几个方面:

(一)知识经济是以知识为核心的经济

经济基础知识化是知识经济的最根本特征。在知识经济时代,知识将成为最重要的生产要素,知识将成为经济增长的主要源泉。从基本生产要素看,知识经济社会同传统的农业社会和工业社会相比,已经发生了根本性的变化。在传统的农业社会中,土地是最重要的生产资料,是最重要的"资本"。在工业经济社会中,尽管土地还有价值,但工业母机以及工业原材料已成为最关键的资本形态,是最重要的生产要素。而在知识经济时代,天然的资源已经不是一个国家的关键,一切都以知识为基础。在所有创造财富的要素中,知识是最基本的生产要素:知识信息的加工、处理和应用,不仅改进和完善生产力的各个要素,而且极大地优化和扩充生产力系统的功能和实力,从而大幅度提高经济生产率。

(二)知识经济是创新经济

创新是知识经济发展的灵魂和动力。人们的经济活动源于知识,而知识的产生又离不开创新,所以创新是经济增长的发动机。它存在的基础是要有高素质水平的人才。以知识为基础进行生产的知识经济,必须要充分发挥人的聪明才智,通过先进的科学技术来达到合理利用资源的目的,并想方设法通过富有的自然资源的挖掘来代替紧缺的自然资源,从而达到资源的合理配置,形成新的增长方式。

(三)知识经济是高科技经济

在以工业为主导的时代,一些发达国家以汽车、钢铁、建筑等行业为国家的重要产业支柱。知识经济时代的到来,使电脑和信息技术得到广泛的应用,生命科学技术、航空航天技术等高科技产业在世界范围内都引起了很大反响。这些高新技术在改造传统产业的同时影响了传统的工农业,并且形成了自己的产业群。

（四）知识经济是绿色环保经济

知识经济着眼于知识经济和自然的和谐发展。传统的经济发展的增长动力是向自然索取资源，从而造成自然资源的衰竭、环境的恶化，以至于危及子孙后代的生存发展和人类的生存环境。随着知识经济时代的到来，科技广泛运用于社会生产的各个方面，使得经济的发展发生了重大的变革，由注重增长速度和数量转变为注重增长质量和效益，强调人与自然的和谐发展，可持续发展。把技术和科学融为一体，反映了人对社会和自然界的科学理性认识。

（五）知识经济是竞争与合作经济

在知识经济时代，世界经济一体化趋势成为不可阻挡的潮流，全球一体化是知识经济的基本格局。知识经济的全球化主要表现为国与国之间，企业与企业之间的竞争与合作关系。任何国家都不可能在层出不穷的高新技术中全面领先，任何一个国家都可以利用自己的智力资源，成为世界经济一体化不可或缺的一部分。同时，在经济全球化的大背景下，任何国家发展知识经济又不能离开世界市场闭关锁国，在这样的环境下，相互的竞争与合作就成为常态。

三 知识经济对中小学生经济素养的新要求

当代知识经济的社会背景对中小学生应具备的经济素养提出了新的要求。在分析知识经济特征的基础上，我们以知识、能力和品质三个维度为主线，分析在当代知识经济环境中中小学生应具备的经济素养。

（一）扎实的经济知识

知识经济时代是一个急剧变革的时代，知识创新、知识更替表现得异常活跃，知识在个体参与经济生活中的作用也越来越重要。对于中小学生来说，基本的经济知识是提高经济素养的基础。对于经济现象的理解、对于经济规律的把握，都依赖于经济基础知识。但同时我们也应注意到，当代社会知识更新速度快，新概念、新知识层出不穷，中小学生还要具备对于经济知识的学习能力和学习意识。

（二）完备的经济能力

经济能力是对经济知识的综合运用，是知识的外在体现。经济能力包括实践操作能力、创新能力和生存发展能力。当代知识经济社会，经济活动已经融入我们生活的方方面面,参与经济生活就要求个体具有较强的实操能力、分析问题和解决问题的能力;创新是知识经济的基本特征,知识经济时代的竞争力主要取决于创造能力,为适应当代知识经济的要求,中小学生应具备良好的创新能力;发展能力是要培养学生克服困难、学会生存,不管遇到何种困难都能勇敢面对并有效解决问题的能力,同时使学生个性不断发展、个人全面发展、团体全体发展的能力和意识。从一定意义上说,发展能力是实践操作能力和创新能力的基础。

(三) 优秀的经济品质

品质是指个体行为、作风所表现出的思想、认识、品性等的本质。经济品质是个体经济知识、经济能力以及经济态度等的综合体现。优秀的经济品质包括责任感、竞争意识、协作意识、敬业精神等。如果没有对社会的强烈责任感,没有高度的敬业精神,就不会有改革和创新,不仅个人容易迷失方向,而且可能会给社会造成巨大损失;知识经济时代的不断创新必然带来更加激烈的竞争,但同时不同的领域又高度分化,这就需要学生同时具有竞争意识和协作意识;没有敬业精神,就不会有高质量的产品和服务,知识经济就难以实现长期的发展与进步。美国经济素养教育专家马克·舒格(Mack C. Schug)指出,在知识经济时代,经济素养教育比过去更应成为公民教育的一部分,它使公民无论作为消费者、投资者,还是作为选民、公共决策者都能够通过经济学分析做出最优的决策选择,并能够理性地参与评议公共决策,为公民教育奠定基础。

当代知识经济社会对中小学生基本经济素养的要求为经济素养教育提供了基础。曾获诺贝尔经济学奖的詹姆斯·托宾强调,无论一个人是否接受过大学教育,都应该使经济理解成为所有人的一种内在本质。[1] 可见,帮助中小学生掌握经济学知识、形成经济思维、理解经济现象、解决经济问题,培养其优秀经济品质,使之成为在复杂的社会经济环境中具有竞争力的理性公民的经济素养教育在个体的发展过程中起着重要作用。

---

[1] Phillip J. Education Van Fossen, Best practice economic education for young children? It is elementary, Social, 2003 (3), p.31.

第二节 重视教育和创新的文化背景

知识经济时代，信息传播迅速，人们必须敏锐地适应变革的需要。个体要具有较强的创新能力，才能在科学技术上取得更大的进展，获取更多的高新知识和专利技术，才能在激烈的经济竞争中掌握更多的主动权。为适应科学技术高度综合又高度分化的趋势，人才不仅要有深厚扎实的专业技能，还要拥有相邻、相近的学科以及交叉、边缘学科的知识，构建"更宽、更厚、更实"的知识构架。知识管理（knowledge management）理论体现了未来学校管理发展的必然趋势，学校知识管理的本质是对信息与人员的管理，其目的在于对教育知识的创新、生产、储存、转移和共享，从而提高学校管理绩效。[①] 知识管理的出发点是把知识看作最重要的资源，把最大限度地获取和利用知识作为提高组织总体实力的关键。[②] 知识工作者是组织的核心资产，学习型组织是知识管理的组织保证。

一 实用主义的哲学背景

实用主义哲学自 19 世纪初就成为美国国家哲学，它强调哲学要立足于社会现实，把确定的信念作为出发点，把采取行动当作主要手段，把获得效果当作最高目的。实用主义哲学坚信，人生来就要生存，行动和实践是人类谋求生存的根本手段。没有行动就没有人，就没有人的一切；没有行动，实用主义的一切功能将无法实现。行动落实到社会生活中，就企业而言，是通过生产创造物质财富；就个人而言，是通过努力工作追求事业上的成功。

推崇生产、行动的观念深受新教道德体系的影响。新教道德体系源于英国以清教徒为代表的革命教派。他们主张"平等"，即反对国王和主教专权，反对阶层划分，主张所有教徒人人平等，认为平等是社会存在的前

[①] 程晋宽：《论知识经济时代从学校经营到学校领导的角色转变》，《外国教育研究》2014 年第 1 期。

[②] Christeeand Development, Gahenr Atwccd, *Knowledge Management Basics*. American Society for Training2009, pp. 21 – 27.

提和基础；同时倡导"勤俭节约、奋斗进取"，在此基础上获得的合法财富会得到上帝的赞许和保护；"虔敬"是清教徒的天职观，即对所从事的职业恪尽职守、全力付出、不求回报。他们认为这种以职业劳动为唯一内容的天职观是获得上帝青睐的重要砝码。有了上帝的青睐，就有了经济发展的庇佑，并可获取更多合法收益而为上帝服务。如果违背了上帝的意志，拒绝了上帝的引领，选择了不那么容易获利的途径，那么你会背离从事职业的目的之一，也就是拒绝成为上帝的仆人。[①] 清教徒把勤劳致富当作获得再生的唯一手段，自觉地努力工作，把工作视为快乐。这种观念促使他们勤于生产，不断开拓边疆，征服自然，养成了敢于冒险、脚踏实地、不断进取的精神，也为日后实用主义哲学的诞生奠定了基础，逐渐形成了一种为各种文化所认可并拥有的基本共识：勤劳致富、发展经济、开拓进取、注重实效、积极行动、乐观向上的美国精神。这种主流精神孕育了个人主义、英雄主义和理性主义，是美国当今社会的主流文化，成为美国从建国到成为世界头号经济强国仅用了一百多年的时间并至今仍保持强势地位的重要原因之一。个人主义使美国民众追求个性奋斗；英雄主义使美国民众崇拜成功、追求绩效；而理性主义使美国社会有着完备而权威的法律体系，同时也使各文化达成了"经济共识、行动共识"和"以现实为中心"的实用主义观点，将获得经济收益的多寡作为评价个人成功的标准。因此，美国联邦政府重视在基础教育阶段普及实用性强的经济素养教育，就是要把学生培养成在未来的经济社会中能创造最大经济价值的劳动者。经济为效率服务、政治为平等服务、文化为自我实现服务的三准则形成了美国社会中三种最重要的相互制约的价值观。这种价值观决定了美国学校必定以完成个体社会化、促进机会均等和实现教育公平作为重要使命，也凸显了美国公共教育细微之处所渗透出的实用主义哲学基础。

二 教育提升竞争力的文化背景

知识经济时代的竞争归根到底是教育的竞争，教育不仅是知识经济时代的有机组成部分，而且具有直接的生产力意义，即教育也是生产力。这

---

① 马克思·韦伯：《新教伦理与资本主义精神》，生活·读书·新知三联书店1992年版，第127页。

一新的观念高度概括了教育在知识创新和促进生产力发展中的重大意义。人力资本理论指出，人是一种特殊的资本，人所具有的知识、技能和经验能够提高组织的生产率从而给组织带来经济价值。在一个竞争激烈和高速发展的商业世界里，许多组织都面临着资源短缺的问题，而且有限的资源总是流向收益更高的活动，人力资源开发活动要想获得它所需要的资源，就必须能够证明其对组织的经济贡献。① 2007年新委员会提出要创设一个两层制的世界经济格局，其中最优秀、最聪明的美国人从事的是研发、设计、营销、销售和供应链管理等一系列创造性工作，而既不需要革新，也不需要创意的工作则交给欠发达的国家来完成，② 如图2—1所示。

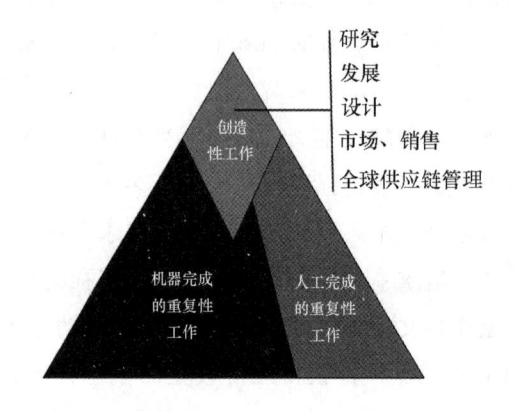

图2—1 两层制世界经济格局

资料来源：James Andrews, Financial Literacy Education in the United States: Analyzing How the JumpstartAssessment Measures Knowledge that Creates Wealth, Submitted in Partial Fulfillment of theRequirements for the Degree ofDoctor of Education, 2011 (7)：83。

图2—1中渗透的"教育提升国际竞争力"的倾向十分明显。教育就是生产力的文化传统体现了美国联邦政府对教育治理的进一步加强。美国的教育行政体制属于地方分权，联邦政府为加强其在教育领导中的宏观调

---

① ［英］罗斯玛丽·哈里森、［荷］约瑟夫·凯塞尔：《知识经济时代人力资源开发》，周金泉译，经济管理出版社2004年版，第4页。
② James Andrews, "Financial Literacy Education in the United States: Analyzing How the Jumpstart Assessment Measures Knowledge that Creates Wealth", *Submitted in Partial Fulfillment of the Requirements for the Degree of Doctor of Education*, 2011 (7), p. 83.

控作用，不断借助教育立法资助和扶持那些与国家未来经济发展直接相关的教育领域或学科，将具体的实施方案渗透到地方教育事务之中，从而加强联邦政府对地方教育的控制和管理。教育对于经济发展的作用使之从福利性事业上升为经济性事业，教育对生产力的贡献虽然具有迟效性，但是这种人力资源的投资在美国教育领域中已经成为一种重要趋势，教育就是生产力的文化传统愈演愈烈。乔治·布什政府就高度重视教育在国民经济发展中的重要作用，并号召全社会动员起来，将教育推动生产力发展的进程再次推向高潮。[1] 美国社会经济的发展和经济生活的日益复杂化以及美国参与国际竞争的需要，使美国联邦政府不惜拨巨款设立项目从基础教育抓起进一步提高国民的经济素养，使本国公民跟上经济发展的步伐，这些都体现了教育就是生产力的文化传统。

三 经济文化化和文化经济化背景

知识经济时代，文化与经济之间的关系日益紧密，彼此之间的渗透更加充分。文化产品中包含着经济要素，经济产品中渗透着文化痕迹是这一时代背景下文化与经济关系的真实写照，也被称为文化经济化和经济文化化。"文化经济化"是指在文化的开发与推广过程中，将蕴藏于文化产品中的商品属性成分释放出来，透过蕴藏于文化产品中的经济要素提升其经济地位和经济效益。以电影、动漫、音像出版、网络游戏为主导的文化产业在美国发展迅猛，这些文化产业是美国文化经济化的典型标志。文化产业与航天工业和汽车工业并称为美国经济发展的"三大支柱"。伴随着市场模式的不断深化，文化经济化特征在美国不断向纵深方向发展。经济文化化是在经济发展过程中，以人力资本为主的文化要素对经济活动的影响逐年增大，主要表现在产品设计和推广的过程中逐步重视品牌形象和信誉文化要素的重要作用。伴随着文化要素在经济产品中含量的提升，由此带来的经济质量和经济效益的提升也是显而易见的。文化经济化和经济文化化相得益彰，虽属两个不同的社会领域，但彼此之间没有严格的界限，二者相互依存已经成为世界经济发展不可逆转的大趋势。这一趋势不仅引领经济结构的重组和创新，同时也使居民的经济生活富有内容，文化生活更

---

[1] http://www.cba.uni.edu/cee/SMGPPresentation_9-04.pdf.

加理性，成为提升经济素养意识和能力的重要文化背景。

总之，能够对累积的知识在科学管理的基础上实现创新是使自身在激烈的市场经济竞争中处于不败之地的制胜法宝。美国浓厚的商业氛围使竞争成为个体日常生活的常态，而竞争又使创新成为体现知识价值的重要表现形式，同时也赋予了经济素养教育先天的优势。注重知识和创新为美国中小学经济素养教育的开展提供了良好的文化背景。

第三节　追求质量和效率的经济背景

2008年爆发的经济危机暴露出美国经济结构的脆弱和国民经济素养教育的缺失，美国的经济霸主地位不断受到挑战，在这样的社会背景之下，质量和效率也被赋予了特殊的使命，而经济素养教育在一定程度上满足了经济社会的这一需求。

一　危机意识是美国经济前行的动力

第二次世界大战后，主要发达国家经济受到了严重破坏。由于地理位置的特殊性以及战时各国对军用产品的需求，美国经济出现繁荣景象。战争时期巨大的产品需求，促进了美国一些落后陈旧生产部门的升级改造，也催生了一些新的工业体系，国家也加大了对于经济的宏观控制，这些因素使得美国在战后一跃成为世界头号经济强国。据统计，20世纪50年代初，美国国民生产总值占世界主要发达国家总和的57.8%，工业生产总值占到53.4%，贸易额占到32.5%，黄金储备占到74.5%。[1] 这些统计数据都表明在战后相当长一段时间内，美国在世界经济体系中举足轻重的地位。经过20多年的发展，美国经济在70年代进入了滞胀期，其经济体量在世界经济总量中所占的比例也在逐渐下滑。1975年，美国国民生产总值占世界的比重下降了近10个百分点，国民生产总值增速也逐步放缓，与其他主要经济发达国家的差距也在逐渐缩小。[2] 美国经济衰落的另一个标志是美元国际货币地位的下降以及美国储备资产的严重下降。产品在国

---

[1] 薛伯英、曲恒昌：《美国经济的兴衰》，湖南人民出版社1988年版，第208页。
[2] 同上书，第212页。

际市场上不再有明显的竞争优势，产品市场占有率下降，1985年，美国成为世界上最大债务国。与此同时，世界主要经济发达国家的经济不断增长，到70年代末，日本的经济也获得了快速的发展，成为世界第二经济大国，一些老牌的资本主义国家的经济也获得了长足的发展，新兴国家的经济也获得了快速发展，美国经济大国的地位面临危机。

2008年以来次贷危机的爆发，进一步暴露了美国国民经济素养教育的缺失。面对如此的经济灾难，教师有必要通过向学生展开经济素养教育，从而避免经济悲剧的再次上演。同时由于理财困难引起的焦虑会引起犯罪、自杀等暴力事件，社会中申请破产的人群比例也从2004年的1000人/天上升到2009年的6000人/天。同时，经济学家和教育工作者通过长期调研发现，接受过经济素养教育的个体储蓄率上升30%，破产率下降38%，同时还会伴随信用额度提升、次级抵押贷款减少。[①] 这些调查结果引起了青年学生对于经济素养责任和相关经济事件的关注，促进了全社会经济素养教育的大发展。

二 质量意识是美国经济生存的根本

为了提高产品质量，休哈特、费根堡姆等人率先研究了质量控制理论和科学质量管理理论，并将该理论应用于美国的产品生产实践中，使美国产品的质量得到了极大的提升，同时也促进了美国工业和经济的发展。经过数年的发展和提高，质量管理理论已经深入人心，质量管理意识也得到社会的广泛认可，企业都视产品的质量为生命线，非常重视产品质量的管理和提高。

究其根源，质量意识也是民族自尊心和民族责任感的体现。质量意识的广泛认可需要社会环境的支持，美国清教徒认真严谨的工作特点为质量意识的存在提供了良好的精神前提。美国社会传统认为，恪尽职守的工作是对上帝虔诚的表现，上帝会对尽职尽责的人们更加青睐，在这样的社会风气下，人们都恪尽职守，兢兢业业工作，对自己的行为严格要求，从而产生了完善的社会信用体系，并且该信用体系成为法律之外约束人们行为

---

① Carol A. Cochran, "Financial Literacy in Teens", the degree of Master of Arts in the Graduate Program Caldwell College 2010, p.7.

强有力的规范。在美国，诚信体系已经渗透到社会生活的方方面面，每个人和每个单位组织都有自己的诚信档案，人们也都十分重视自己的诚信记录。例如，在超市购物，根本不用担心会买到假货，因为一旦被发现，生产厂家和商家将会面临巨额罚款，而且在诚信记录上也会有不良记录，之后的商业活动将会受到更加严格的监管。在良好的社会信用体系下，为了有更好的诚信记录，人们的质量意识不断提高。然而在知识经济的时代背景下，质量意识的提高，也需要整个社会都具备良好的质量管理、经济管理知识等基础知识，这也是美国经济素养教育能够广泛开展的基础之一。

三 效率意识是美国经济发展的保障

在市场经济环境下，对效率的追逐是必然的价值规律。在相同的条件下，效率越高，意味着越强的企业竞争力。于是，众多企业不断通过采取先进的管理手段，采用科技含量高的设备，对员工进行培训等方式以提高企业的生产效率。效率至上已经成为美国人的行为习惯，高效也成为美国社会的行为准则。高效的生活，也体现在对于时间的高效利用上，时间就是金钱已成为美国人的人生信条。对于时间的高效利用已经渗透到社会生活的方方面面，大街上随处可见行色匆匆的人群，精确到分钟的时间安排等等，无不体现了美国人高效的时间观念。美国的企业管理也以提高生产效率为宗旨，企业不断地采用先进的理念优化内部的管理模式，以提高生产效率。在知识经济时代，企业间的竞争越来越激烈，提高自身的工作和生产效率也成了社会普遍追求的目标。特别是在知识经济时代，人们越来越重视知识的力量，利用先进的科学知识对生产过程进行管理以提高效率，成为追求效率的新特点。

全球经济一体化，世界市场呈现多极发展，美国绝对经济优势地位不复存在。在这种经济环境下，如何理解并应对整个世界经济格局的变化，以及重新审视美国经济发展政策，对美国公民提出了新的要求和挑战。当质量意识和效率至上的传统使其经济危机逐步化解，美国人越发意识到经济素养教育的重要性；反过来，经济素养教育成果又使质量意识和效率至上的传统得到有效强化。

第四节 关注个人权利与政府职能的政治背景

重视为经济发展服务是目前世界各国政治发展的一个趋势。当政治处于商业氛围浓厚的环境中，根据经济环境的变化和发展趋势改变和调整政治取向和战略调整，主要表现在两个方面：在国际上经济目的成为政治事件的出发点和重要导向；在国内尊重公民经济权利的行使，并开展形式多样的公民教育以提升公民行使经济权利的能力。这种政治为经济服务的政治环境为中小学经济素养教育的开展提供了良好的政治环境。

一 重视个体的经济权利

美国宪法规定的公民的根本权利包括民事权利、政治权利、经济权利和社会权利，其中经济权利构成美国法定人权的基本内容。经济权利主要包括平等发展权、劳动权和财产权。平等发展权是社会成员在社会生活尤其是社会经济生活中拥有平等发展的权能和利益；劳动权是具有劳动能力的社会成员有权要求国家为其提供参加社会劳动的机会，并切实保证劳动报酬的取得；财产权是美国宪法必须予以保护的重要对象，主要包括五个部分，即以所有权为主的物权、准物权、债权、继承权以及知识产权。财产权关系到公民对自身所拥有的有形资产和无形资产进行维护，并能从中获取一定的经济利益的重要问题，是在一定社会中公民与生产、分配、交换和消费直接关联的法律保障。对财产权的高度重视在美国由来已久，它是美国资本主义经济发展的根基，同时也是美国政府充分保障公民权利，激发其经济潜力，推动经济发展的重要砝码。宪法不仅在一定程度上赋予了公民应有的权利、保障了其经济生活的高质量，将美国经济发展纳入了发展的快车道，同时也使公民的经济素养教育在无形中得到了极大的重视和提升，接受经济素养教育也成为个体的一项基本权利。

二 关注国民的公民教育

美国公民教育专家帕克指出：形成民主制度的前提条件是培养民主公民。民主公民是在年少时期积极参与民主政体事务中不断得到提升和锤炼的,是环境和教育的结果而非天生。① 个体步入社会要充当多重角色,如选民、投资者、消费者、职员等,无论哪一种角色都要求公民能通过数理分析方式对最终选择做出理性分析,成为具有明智决策能力的公民,这实质上追求的就是让公民更加理性、自由地参与民主社会生活。经济素养教育培养公民利用经济学知识和经济推理范式做出选择并解决问题的功能是其他学科教育无法替代的。因此,它为公民教育做出了独特的贡献。伴随着社会各界的广泛关注,个体经济权利,尤其是弱势群体的经济权利不断受到重视。美国为赋予个体充分的经济权利,使其更好地参与国家政治生活,其在教育上的努力有目共睹,这推动了美国政治和经济的可持续发展。

三 追求联邦政府工作的高效率

同世界上其他国家相比,美国的政治生活处于一种独特的权利结构之下,政治权利分散于社会各阶层之中。立法、行政、司法三个系统在美国的权力机构中起着各自的作用,同时又相互制约,它们是最直接的政策制定者。被冠之以"无冕之王"的媒体被称为继"立法、行政、司法"外的"第四权",充分体现其高效性、及时性、客观性,在当今美国政治领域中的地位举足轻重。透明度极高的媒体进一步推进了美国联邦政府的廉洁自律和效率至上,它不仅弘扬了社会的公平与正义,同时还强化了平等与诚信的核心理念。经国会通过的法案一定是符合大多数人的利益以及社会经济发展需要的提案,涉及经济素养教育的一系列法案也是如此。在三权分立与媒体的共同作用下,联邦政府的高效率工作为整个社会营造了良好的经济素养教育的隐性文化。在知识经济时代,美国的政治、经济、文化等领域都出现了一些新的变化,而这些变化也体现了时代对提高国民经济素养的迫切要求,也为经济素养教育的开展提供了广阔的天地。

总之,经济素养教育在美国的顺利开展与其国内孕育的时代背景密切相关,知识经济时代的文化背景、经济背景和政治背景是百余年经济素养教育历史的沉淀,又是经济素养教育在当代美国持续发展的起点,为美国中小学生经济素养教育体系结构和实施策略奠定了时代基础。

---

① [美]沃尔特·C. 帕克:《美国小学社会与公民教育》,谢竹艳译,江苏教育出版社2006年版,第3页。

第三章

美国中小学生经济素养教育的体系架构

历经了缘起阶段、发展阶段和规范化阶段的美国中小学生经济素养教育形成了较为完善的体系，宏观层面的顶层设计、中观层面的目标结构、微观层面的内容统整成为经济素养教育顺利开展的体系架构，也为美国中小学经济素养教育的顺利开展提供了方向和指导。

第一节 经济素养教育顶层设计

顶层设计最初是建设学术语，源于其具有引领性、指导性作用，社会科学领域也将其引入，运用系统论的方法，从全局的角度，对某项任务或者某个项目的各方面、各层次、各要素统筹规划，以集中有效资源，高效快捷地实现目的。[①] 顶层设计可以分解成三个层面：一是顶层决定性，即从低端走向高端的设计思路，终极理念和宏观目标皆来自顶层，底层决定于顶层，低端取决于高端；二是整体关联性，即强调构成设计的所有要素要能够在充分发挥各自功能的前提下彼此关联和衔接，从而实现效能最大化；三是实际可操作性，设计的基本要求是表述简洁明确，设计成果具备实践可行性，因此顶层设计成果应是可实施、可操作的。可见，顶层设计是一项工程"整体理念"的具体化。在经济教育领域，相关的法律、法规决定了经济素养教育活动的开展，体现了经济素养教育的顶层设计。

---

① 李宏葱：《关于高校思想政治教育实践基地体系构建顶层设计的思考》，《湖北文理学院学报》2015年第8期。

一 《卓越经济教育规划》设计经济素养教育实施蓝图

（一）《卓越经济教育规划》实施机构

《卓越经济教育规划》（以下简称《规划》）的总目标是提升 K-12 学生的经济素养水平，使他们成为有较强的生产能力的信息化公民，是普及经济知识、提高全民经济应用能力、塑造适应复杂经济环境的未来公民的有力措施。项目的实施机构主要包括创立机构、一级实施机构、二级实施机构、二级实施机构的合作组织等。

1.《规划》创立机构

创新与发展办公室是美国教育部的一个分支机构，由助理副部长道格·麦斯卡（Doug Mesecar）主管，主要职责是发展创业教育。《规划》是创新与发展办公室负责组织和管理的诸多项目之一。创新与发展办公室作为美国联邦教育部下属的重要分支机构，最初的职责是负责发展创业教育。由于经济素养与创业教育关系紧密，与其相关的《规划》就成为其管理的重要项目之一。《规划》秉承《不让一个孩子掉队》法案的精神宗旨，即主张鼓励非营利性教育组织参与学校教育过程，这一活动的主要负责机构就是创新与发展办公室。具体职责包括规划实施组织的选拔、公布结果、评估、总结等管理工作。

2.《规划》一级实施机构

国家经济教育委员会是全美权威的经济素养教育机构，一直致力于美国经济素养教育的发展，其目标是利用覆盖全国的经济素养教育网络（包括各州经济教育委员会和超过 200 所大学的经济素养教育中心）使全国正在受教育的学生和大部分公民都能凭借已有知识、理解力和技能对已知经济问题作出正确的决策；帮助学生建立和发展经济思维，并将这种思维方式运用于生活的方方面面，成为理性而成熟的消费者、储蓄者、投资者、工作者。委员会下设 501 个分支机构，董事会由来自教育、商业和劳工部的全国经济教育委员会的合作者组成，总部设在纽约。国家经济教育委员会将会和其他机构密切合作，以实现《规划》中的教师培训、提供学科教学资料、对学生学习效果的检测、组织各种学生活动或校本经济素养教育活动等；支持他们作为二级实施组织申请资助来扩展项目的业务范围或开发新的资助项目。在这些资助条件下，国家经济教育委员会将通过提供各种项目资助,加强并扩展同各州和地方的个人经济素养教育机构、提高创业能力教育机构的广泛联系。

3.《规划》二级实施机构及其合作组织

凡是国家非营利性、致力于 K-12 年级经济素养教育的教育组织都可提出申请成为二级项目的实施机构,符合申请资格的教育机构有州教育局、地方教育局、州或地方从事经济素养教育的机构、州或地方从事个人经济素养教育的机构、州或地方从事培养创业能力的教育机构、从事个人经济素养教育或培养创业能力的教育机构。符合申请资格的教育机构需要提供属于国家的非营利性组织的证明材料,所有的申请机构必须确定一个有资格作为合作机构的范围,共同实现申请书提出的项目目标,并准备与申请拨款等量的资产作为匹配资金,申请机构可以选择多个合作组织来满足匹配资产的要求,如图 3—1 所示。

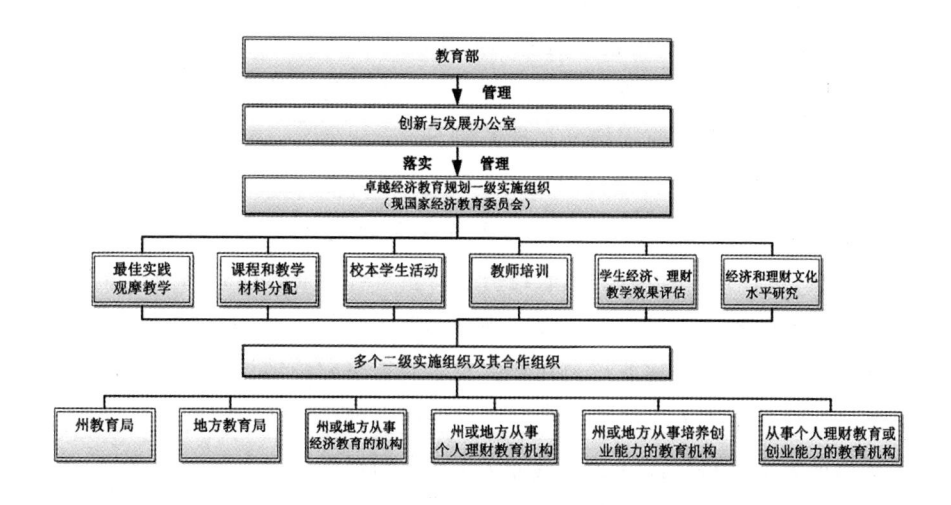

图 3—1 美国《卓越经济教育规划》结构

在图 3—1 中,有资格作为子项目合作组织的有公私合营实体、高校研究机构、州教育局、地方教育局、促进经济素养发展组织、促进教育卓越的组织、培养个人经济素养水平的教育组织。国家经济教育委员会还要求每一个申请组织与其合作组织说明他们是如何用等量的非联邦资产匹配联邦拨款的,这些匹配资产可以是现金或者是非现金方式,非现金包括工厂里的机器、仪器设备和服务,并需要经过公正的资产评估。所有这些资产必须用于补充而不是取代其他联邦政府、州政府和地方政府所拨的项目活动资金。

(二)《规划》运作程序

教育部创新与发展办公室被授权负责《规划》的管理工作,负责在全国范围内选拔一个全国性的最有实力的经济教育组织具体开展《规划》的各项工作。该组织必须属于非营利性教育组织,基本任务是提高学生个人对理财和经济的理解水平。创新与发展办公室负责发布选拔信息、收集申请资料、组织专家组评审申报材料、公布评审结果等。每年,教育部长要向国会提交《规划》法案的年度实施报告。美国国会向经过评选而胜出的非营利性教育组织提供拨款,此实施组织按照《规划》的要求开展工作,除直接开展的活动外,还负责二级实施组织的选拔工作,包括在全国范围内发布申请信息、收集申请资料、组织专家组评审申报材料、公布评审结果;还要汇总二级实施组织提交的各种活动资料和年度总结报告。

《规划》对资金如何使用有明确的规定,即拨款要确保一级实施组织直接开展的各项活动和各子项目活动,并要求所有实施组织在年度总结报告中详细说明资金的使用情况,具体如下。

1. 一级实施组织经费使用规划

一级实施组织要将年度拨款的25%用于直接开展各项活动。加强并扩展受奖组织同州和地方的个人经济素养教育、创业技能教育和经济素养教育组织的联系;支持并提升幼儿园到12年级经济科教师的培训水平,包括有效的教学实践技能培训和经济教学调查研究培训;鼓励有效教学实践的研究和学生个人经济素养和经济理解能力评估方法的研究;开发并推广适用的教学材料以促进学生经济文化水平的提高。

2. 受奖组织的经费使用权限

受奖组织要将年度项目拨款的15%下拨给二级实施组织。该款项要用于二级实施组织与一个或多个合作者共同实现以下一个或多个目标:合作开展并管理教师培训项目,使教师把有效的创新的方法用于经济、个人经济素养、创业技能的教学工作;向学区提供把经济类知识融入学校课程的教学材料;对经济素养教育成果进行评估;对经济认知教育进行研究;开发并管理校本学生活动来提高学生作为消费者的经济素质和个人经济素养教育水平,增强学生的经济意识,提高学生的经济成绩;组织教师参加最佳教学实践的观摩学习。需要特别注意的是，对二级实施组织而言，联邦拨款只能占子项目活动总开支的50%；另外50%是二级实施组织和合作组织所筹的等额资金，可以是现金或是其他方式，包括工厂、仪器设备或服务，但需要得到公平的资产评估。这笔资产用于补充其他的联邦政府、州政府和地方政府的拨款，以实现项目的目标。

3. 行政开支比例

一级实施组织和所有二级实施组织用于行政开支的资金不得超过年度所得资金的5%。如此详细的规定写进法律文本，从根本上保证了资金的规范使用和规划的顺利实施。尽管如此，资金也仅在资金紧张的情况下起作用，否则不直接影响学校是否优质，即优质学校更注重教师能力，而低质学校则重资金投入。[①] 由此，美国依旧把教师培训项目作为经济素养教育的中坚环节。

（三）《规划》成效与评价

通过十几年的《规划》的有效实施，美国中小学经济素养教育取得了显著的成绩。2012年全美理财能力研究（National Financial Capability Study）对高中生、大学生、社会从业者的理财能力状况进行了调研，以证实经济素养教育的重要性。研究结果表明，经济素养教育确实会对个体短期的经济行为产生影响，但这种短期经济行为的持续性还依赖于经济素养教育的持续性，经济素养教育的持续性对个体短期和长期的经济行为都有良性影响，尤其值得一提的是，经济素养水平低的人从经济素养教育中的获益最大。[②] 人们已经逐渐认识到经济素养教育对各个年龄段的人都意义重大，青少年时期形成的理财问题会持续影响到其日后的发展。青少年和儿童是未来潜在的消费群体，经济素养教育对其日后的经济决定有重要影响。2014年奥萨塔（Asarta）、希尔（Hill）和梅萨罗斯（Meszaros）三位学者使用"理财成功课程"作为评价高中生理财能力的重要手段。这一课程是由经济教育研究中心发起的"理财健康生活"发展而来，包括

---

① ［美］约翰·E. 丘伯、泰力·M. 默：《政治、市场和学校》，蒋衡等译，教育科学出版社2003年版，第158页。

② Jamie Frances Wagner, *An Analysis of The Effects of Financial Education on Financial Literacy and Financial Behaviors*, In Partial Fulfillment of Requirements For the Degree of Doctor of Philosophy, 2015（5）, p.11.

学习、赚钱和投资、可操作性的金钱管理技巧、虚拟经济4.0以及一些金钱理财课程,如高中学生经典经济学课程、特拉华州经济素养与企业家精神课程。这些课程的主要贡献是在测试前后学生的经济知识水平提升了61%,其中最大的变化是对信用历史和信用卡的使用方面,以及作为消费者、投资者和信用卡使用者的权利和责任意识有了很大的提升,并且在此过程中教师和学生的兴趣都很高涨。国家经济教育委员会发布了一项全美最新的经济素养教育调查,对2004年和2014年经济素养教育在全美各州取得的成绩进行了发布,如表3—1所示。

表3—1　　　　2004年与2014年经济素养教育状况对比

	2004（州数目）	2014（州数目）
要求将理财课程纳入州课程标准	38	43
理财课程标准需要在实践中兑现	21	35
要求高中课程中渗透经济素养内容	8	19
要求高中提供标准的经济素养课程	7	17
需要接受检查的州	9	7

资料来源:Jamie Frances Wagner, An Analysis of The Effects of Financial Education on Financial Literacy and Financial Behaviors, In Partial Fulfillment of Requirements For the Degree of Doctor of Philosophy, 2015 (5):12。

表3—1表明,出于美国社会经济的发展和经济生活的日益复杂化以及美国参与国际竞争的需要,越来越多的地区将经济素养教育的理论和实践内容纳入教学体系中。

二　经济素养教育立法提供经费和制度保障

美国联邦政府和州政府十分重视通过立法保障经济素养教育的开展和实施。伴随着《不让一个孩子掉队》法案的出台,全美掀起了经济素养教育的高潮,随后在公立学校课程中全面推行经济素养教育内容,并通过各种方式向家庭和社会号召以提升学校经济素养教育的吸引力。

（一）联邦政府经济素养教育立法

1965年4月9日,时任美国总统克林顿·约翰逊签发《中小学教育法案》，法案涉及基础教育阶段重视社会科中经济学教学和对学生家长进行经济素养知识培训，后者使家长不但自己具备充足的经济素养能力，而且可以有效地对其子女进行经济素养方面的家庭教育。自此，美国经济素养教育开始进入正规化阶段，虽然力度不是很大，但足以表明联邦政府的重视程度在逐步加强。出台于1983年4月26日的《国家处在危机之中》报告又是美国联邦教育部针对基础教育的"亮剑行动"，此报告是由里根政府委任"蓝带委员会"制定并颁布的。报告指出，教育机构目前正在被一股不断增长的平庸之流慢慢侵蚀，而这股平庸之流正威胁着整个国家和人民的未来。考试的分数不断下降、学校对学生的要求越来越低，美国的学校在同他国同行的竞争中越来越居后。[1] 因此，一个基于标准的体系应运而生，并支配着所学课程的考试内容。经济素养教育作为数学和阅读标准和评价的一部分，确保了它在课程中的重要地位。1994年联邦《中小学教育法案修正案》正式将经济素养知识教育纳入课程安排中。

玛丽·弗兰西斯·艾格罗（Mary Frances Agnello）和托马斯·卢西分析了《不让一个孩子掉队》法案和《力争上游计划》法案对经济素养教育的影响。《不让一个孩子掉队》对经济学任课教师的教学提出了进一步要求，即教学应致力于从关注学生的经济知识过渡到产生经济行为，进而提升到经济决策有效性的转变上来；《力争上游计划》则是通过最大的财政拨款制度提升学校的效率和基于市场逻辑的价值选择。可见，公平、效率、优异和选择的公共价值取向深深地扎根于美国的教育政策中，同时也是经济素养教育的主旋律。[2]《不让一个孩子掉队》法案试图借助法律保障，实现基础教育在效率与公平上的两全，从而实现基础教育平等的终极目标。此法案还第一次通过《规划》把经济素养教育作为整个教育体系中的一个重要组成部分，并且规定在中小学设立"格兰特创新基金"，为27个教育创新项目提供资金援助，这些资金将会渗入到当地校区，最终由主管人决定哪个教育项目或联合项目被资助，当地的主管人至少要利用

---

[1] Sandra Braunstein, Carolyn Welch, "Financial Literacy: An Overview of Practice, Research and Policy", http://www.federalreserve.gov/pubs/bulletin/2002/11021ead.pdf.

[2] Mary Frances Agnello and Thomas A., Lucy, Toward A Critical Economic Literacy: Preparing K-12 Learners To Be Economically Literate Adults, *Doing Democracy: Striving for political literacy and social justice*, 2008, pp. 247-265.

其中的一部分资金支持经济素养教育活动，顺利地将经济素养教育整合进基础教育中去，从法律形式上确认了学校开展经济素养教育的重要性。这不但表明了联邦政府的态度，还从根本上保证了各项要求和规定得以顺利实施。《规划》详细阐述了规划的总目标和分目标、实施主体、申请组织的资格、资金的使用、子项目的目标、拨款的分配比例、子项目的申请资格、合作组织资格等，并成立了国家经济教育委员会，命令该机构在财政部金融办公室的协助下，负责制定提高中小学生经济素养能力的政策。

美国前联邦储备局主席艾伦·格林斯邦说，所有学习都应该在早期开始并贯穿于生命的整个过程，经济素养教育也不例外。[①] 2003 年，美国国会为响应 2002 年通过的《贷款事务法案》中的第五款"提高经济素养能力和经济素养教育"，依据法案成立国家经济教育委员会。联邦银行代理处（FBA）、联邦储备系统管理部（FRB）、联邦保险机关（FDIC）、安全交流委员会（SEC）等都是委员会的重要合作者。为确保法案的有效推行，国会委派联邦财政部定期向国家经济教育委员会提供专项财政支持，并拟定具体方案和实施策略，财政大臣要对此事负责，并号召社会各界力量参与其中，并有义务向委员会提供有效的经济素养教育的建议和方案。为了获得来自大众更多和更细节的信息，委员会通过召开特别部门的公开会议，研究经济素养教育的原则和策略。国会责令委员会运用国家发展策略来提高中小学生的经济素养能力，并要求每年都要对经济素养教育状况进行重新审查，这代表了旨在提高中小学经济素养能力和改进国家经济素养教育的国家策略从起草到修改成框架迈出了第一步。2005 年 4 月，国会重新修订了《青少年经济素养教育法》，完善了《中小学教育法》的薄弱环节，并在此基础上对经济素养教育进行了详细说明，主要就如何向公立和私立中小学校进行经费资助进行了具体部署，同时重点对从事经济素养教育的教师和教学管理者进行培训资助。[②]

（二）州政府经济素养教育立法

1957—2005 年，有 29 个州相继采用立法形式责令中小学实施经济素

---

① Taking Ownership of the Future: The National Strategy for Financial Education, Newyork, *U.S Government Financial Literacy and Education Commission*, 2006, p.14.

② Lois A. Vitt, Goodbye to Complacency Financial education in the US. 2000 - 2005, http://www.aarp.org/research/financiaUinvesting/sep - OS - Financial_ literacy aducation. html.

养教育。例如，亚拉巴马州、康涅狄格州和佛罗里达州规定了课程标准；阿拉斯加州、加利福尼亚州要求在考试中渗透经济素养知识；伊利诺伊州和纽约州规定了专门的经济素养课程和考试要求。以下是几个典型的州政府经济素养教育法案。

田纳西州于 2006 年 6 月 2 日由美国田纳西州总督签署了代码为 SB3741/HB3753 号的法案。此法案要求在公立中学普及经济素养教育项目，包括教导学生学习如何平衡支票收益、完成贷款申请、管理债务、存款和投资，并要求有关部门把经济素养项目融入中学的学习标准中。

弗吉尼亚州于 2005 年 3 月 26 日由弗吉尼亚州总署通过了第 SB950 Chapter741 号法案。法案要求在 6—12 年级开展经济素养教育，将经济素养教育目标、教学内容和评估体系等环节进一步完善，并与职业技术教育进行有机对接，将经济素养教育理论与实践有机结合。

堪萨斯州于 2003 年 7 月 1 日通过了《个人经济素养教育的发展与执行》法案。法案要求地方教育委员会要积极援助学校开展的经济素养教育，负责提供免费的课程材料、经费赞助和鼓励那些选择渗透经济素养教育主题的教材的学区或学校，并尽力为校方提供尽可能丰富的经济素养教育课程资源。

得克萨斯州于 2005 年 9 月 1 日通过了代码为 HB492-2005 的《促进有效的个人经济素养教育》法案。此法案要求高中毕业生必须至少学习一门个人经济素养课程。

目前，美国有 23 个州把 4 月作为青年人经济素养教育月，以加强他们对理财素养的重视。2005 年 4 月 27 日，议员乔恩·约翰逊（Jon S. Corzine's）向总统布什提交了一份"年轻人经济素养教育法案的声明"：要求设立青少年经济素养教育立法。如果美国州教育委员会没有出台与中学经济素养教育相关的法规，难以想象美国中学生学习经济学的人数比例会有如此大幅增长。

三　政府推进经济素养教育标准化

2002 年 10 月，美国政府颁发《经济素养教育与学校课程整合》白皮书，强调把经济素养教育按一定标准渗透到教学和阅读课程中去的优势，在此基础上整合出适合美国中小学的经济素养教育课程。把经济素养教育理念融入各学科的关键就是制定好经济素养教育课程标准，而内容和目标标准化又是经济素养教育标准化的核心。课程标准化是课程设计、课程目标、课程内容、课程管理和课程评价的整个体系的科学化、系统化，应体现出彼此之间的内在衔接和协调一致，即课程评价要遵循课程设计的最初理念，而课程设计也要为如何能展开科学的课程评价提供依据和指导。如果经济素养教育的评价方式与课程教学内容与方式不能很好对接，无论其课程目标和课程管理如何进行，其整个经济素养教学体系都是不完善的，更是不标准的。但如果标准没能特别意识到经济素养教育的重要性，那么这类知识将不可能被包含进课程。即使标准要求要应用到现实生活中，也不能保证经济素养教育作为课程的一部分。因为标准中模棱两可的要求不能让学校课程开发者看出现实生活应用和经济素养教育之间的联系。除课本外，学校还可以利用其他能接触到经济素养教育知识的各种教材，与科目保持一致，这对教材的编写者会产生重要影响。同时课本可以包含各种概念，运用其中的概念来促使学生对经济素养概念的认识。例如，一本历史课本在谈到维斯基的税收叛乱时，可以讲解"什么是消费税"以及"消费税的功能"，使学生更好地了解起义原因，又让学生明白消费税的相关知识。

总之，《规划》项目的实施、经济素养教育立法、财政部发布的经济素养教育政策等环节完成了美国中小学经济素养教育的顶层设计，在此基础上，也为学校、家庭和社会的经济素养教育的开展提供了规划蓝图和指导思想。

第二节　经济素养教育目标体系结构

美国中小学经济素养教育经过多年发展，已经形成相对完整的教育体系，本书将美国中小学经济素养教育体系分为目标子系统、内容子系统、过程子系统和评价子系统四个环节，并以文化背景和理论基础为分析的切入点对每个系统进行分析，如图3—2所示。

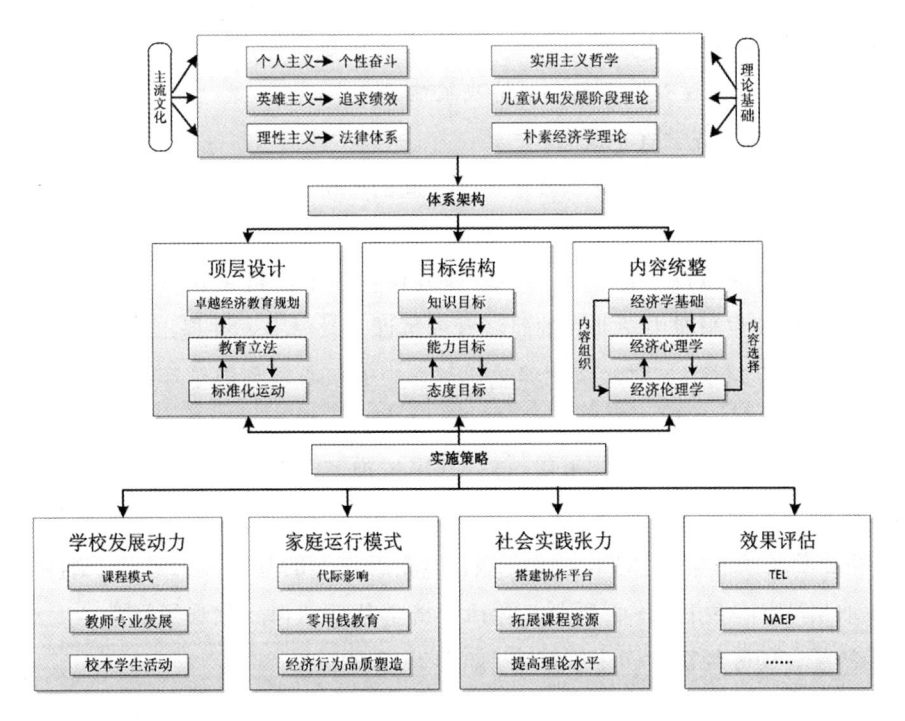

图 3—2　美国中小学生经济素养教育结构

图 3—2 为美国中小学生经济素养教育的实施蓝图，为美国中小学生经济素养教育的实施提供了指南。著名小学经济素养教育专家马克·库格（Mack C. Schug）说，经济素养教育就是要帮助年轻人理解基本的经济观念，并能在他们决策时运用经济学概念做出经济抉择，还可以发展学生的批判性思维能力，使其具有做出明智决定和正确公共决策的能力。这是对美国中小学经济素养教育目标的明确概括。美国著名心理学家 B. S. 布鲁姆将教育目标划分为三个领域，即认知领域、动作技能领域和情感领域。基于此，笔者试图从美国知识目标、能力目标和态度目标三个层面剖析美国中小学经济素养教育目标，并在此基础上构建起美国中小学经济素养教育体系。

一　知识目标：培养经济理解力

美国中小学经济素养教育的知识目标是能力目标和态度目标的前提和

基础,其实现程度直接影响着后两者的进度和有效性,它们之间在相互影响和相互制约的基础上完成着经济素养教育的重要使命。

(一)掌握核心概念储备经济决策能力

1. 掌握经济学核心概念

核心概念是课程目标和教学内容之间的桥梁和纽带,没有核心概念作为支点,课程目标将难以进行清晰的表示和实现。1961 年"改进中学经济素养教育的建议"由国家经济素养教育特别工作组正式发表,直接将工作重点放在当时中学薄弱的经济素养类课程教学上,并提出了影响深远的"十二点建议",对经济素养教学过程中的核心概念教学产生了重大影响。1977 年,汉森(Hansen)、贝奇(Bach)、桑德斯(Saunders)等提出《经济学教学框架:基本概念》,其中梳理了中小学阶段经济学概念结构框架。此书分别于 1984 年和 1995 年进行了两次重修,并再次定名为《经济学教学框架》,对 K-12 年级涉及的经济学的基本概念进行了细化,提取出 21 个经济学核心概念,囊括经济学基础知识、微观经济学、宏观经济学、国际经济学四个领域,[①] 如表 3—2 所示。

表 3—2　　　　　　　　　　基本经济概念及内容

概念范围	基本内容
经济基本概念	资源稀缺、机会成本和平衡、生产能力、经济体系、经济机构的激励机制、汇兑、货币和相互依存
微观经济概念	市场和价格、供给和需求、竞争和市场结构、收入分配、市场失控、政府角色
宏观经济概念	国民生产总值、总供给和总需求、失业、通货膨胀和通货紧缩、金融政策、财政政策
国际经济概念	贸易的绝对和相对优势与劣势、汇率和收支平衡、国际增长和稳定

资料来源:Phillip Saundersand June Gilliard A Frameworkfor Teaching Basic Economic Concepts With Scope and Sequence Guidelines, K-12, 1995。

[①] Phillip Saunders and June Gilliard, "A Framework for Teaching Basic Economic Concepts: With Scope and Sequence Guidelines, K-12", http://www.educ.uidaho.edu/bustech/Economics/frmk.pdf 2010-03-22.

表3—2是各州中小学校制定经济素养教学大纲的理论参考，也为创造性地开展经济素养教育活动提供了重要指导。我们在NCEE网站上传的"经济素养在线课程"中可以看出教师在"经济学教学框架"指引下对经济学概念和原理的生动解读。国家经济教育委员会在20世纪末颁布了《全美自愿性经济学内容标准》。这是美国第一个关于K-12年级经济素养教育的国家课程标准，对中小学经济素养教育内容做了详细阐述：一是要理解基本的经济学概念，如消费、劳动分工、市场、需求、供给、资源等，并了解国家经济生活中常见的经济现象，如通货膨胀、失业、利率调整等；二是在能够对市场价格影响因素进行理性分析的基础上，应对现实生活中的消费、存储和投资等经济问题，并能做出明智的经济抉择；三是通过宏观经济学和微观经济学理论学习，领会市场经济运行机制及其对居民生活的影响，从而提高学生的经济素养水平。以上内容有助于学生从经济现象的认识中不断总结经验，摸索出背后隐藏的经济规律。《全美自愿性经济学内容标准》包含20个核心概念，这些概念共涉及三个研究领域：一是个体如何能做出科学的决策；二是交易是如何发生的以及人与人之间如何能够达成交易；三是经济运行遵循的基本规律以及经济运行规律与国家经济发展之间的内在联系。[①] 这些内容是个体参与社会经济生活、促进社会经济发展过程中必须内化的核心要素。由此可知，历经对《经济学教学框架：基本概念》的完善与创新，《全美自愿性经济学内容标准》的颁布将经济学基本原理的引领作用与经济素养实践教学之间进行了有效衔接，使得经济素养教学框架更加清晰和完善，但这些内容如何能在不同学科之间得以有效体现，还需要经济素养教育内容进一步具体化。

2. 理解现实经济活动

《经济学教学框架：基本概念》第一次从核心概念的视角对经济学教学框架进行了系统梳理，分层次、分阶段地将这些概念渗透进中小学生的日常教学，不仅为教师教学提供了理论依据，同时也为经济素养教育的开展描绘了蓝图。只有构建起经济学概念之间的内在联系才能使经济素养教

---

① National Council, "Economic Education. Voluntary national content standards in economics", 1997, pp. 1-39.

育有血有肉，经济学教学框架的完善还任重而道远。

　　由于社会经验、生产能力和生理年龄等因素的影响和制约，中小学生在经济生活中通常是以消费者的身份出现的，伴随其内部和外部影响因素的不断成熟，他们会逐步演变为生产者、投资者、经营者等多种经济角色。伴随其经济角色的逐步多元化，经济活动的领域也随之不断扩大和深入，从家庭开始走向社会，甚至会影响整个世界。与此同时，参与社会经济生活的方式也开始越来越多地借助社会金融机构和市场经济的内部规律来运作，个体经济素养水平也在此过程中得到了极大的提升。可见，个体成长的整个过程离不开经济活动的影响和干预，不具备经济意识、缺乏经济理解力就会丧失经济决策能力，从而在激烈的市场经济中缺乏竞争力。① 比如，从个人的角度来讲，有可能面临消费欺诈问题，或因无计划的消费或投资而可能面临丧失资产或增加负债的风险，甚至还可能导致破产；从社会的角度来讲，政府对于经济政策也有可能做出错误的选择，导致国民的经济状态出现恶化，使之丧失提高生活水平的机会。核心概念是经济素养教育中最核心、最重要的内容，开展在社会力量和家庭资源支持下的学校经济素养教育，通过与学生身心发展相吻合的方式将经济素养的核心概念传递给学生，可以让人们规避经济风险，在经济选择方面做出正确判断。

（二）把握经济政策引领现实经济行为

　　经济政策的核心作用是贯彻物质利益原则，通过各种具体的经济措施不断调整各行为主体的经济利益关系，限制负外部性行为，奖励正外部性活动，把行为主体的局部利益、短期利益同全社会的共同利益、长期利益有机结合起来，赋予行为主体自主寻找最低成本实现最高效能消费行为的同时，使得行为者最终做出的决策和行为方式选择服务于可持续发展的需要。②

　　经济政策历来是经济发展的风向标，伴随着整个经济发展范式的转

---

① 尹秀艳、浅野忠克、徐丽：《中日普通高中经济教育比较：现状、内容及效果》，《全球教育展望》2014 年第 10 期。

② 郭琪：《公众节能行为的经济分析及政策引导研究》，博士学位论文，山东大学，2007 年。

变，新的经济业态不断出现，信息技术的发展也带来了颠覆性的革命，在错综复杂的形势下，透过经济政策来引领现实的经济行为难度加大。经济政策是促进国家经济发展的总纲领，是实现国家经济未来发展宏伟蓝图的大政方针，也是解决市场良性竞争、充分就业、价格稳定、收支平衡、福利提升等经济问题的指导原则和实施策略的总称。通过经济素养教育，提升经济素养水平，我们才能更好地理解经济政策的导向作用，顺应经济发展趋势，做出科学、理性的经济决策，促进自身及社会经济健康、有序发展。

（三）透视经济现象挖掘经济规律

透过经济现象把握经济规律是经济素养教育的重要内容。由于经济现象较为抽象，而儿童的思维又具体形象。因此，经济素养教育应还原于生活，让儿童在生活中实现教育目的。[1] 基于此，经济素养教育既要体现经济现象的特殊性，又要关注儿童的成长规律。

1. 社会科课程形成经济推理思维

经济学作为一门具有高度抽象性的课程曾经一度没有立足之地，数学、英语、外语、体育、音乐等课程已填满了小学有限的课程时间，社会科课程成为连接学生与生活的有效桥梁。美国小学阶段的经济素养教育没有单列科目，而是与历史教育、地理教育和政治教育融合在一起，通过"社会科课程"的形式体现出来。尽管不是独立体系的学科设置，却与小学阶段学生的认知水平相得益彰，但到初中和高中阶段经济素养教育就开始逐步分化成独立学科。下面以美国社会科教科书中使用率较高的版本哈特·米福林版（简称HM）为例进行说明。美国HM版教科书以《全美自愿性经济学内容标准》为蓝本，吸取其中适合中小学经济认知水平的基本概念和原理，从时间和空间两个维度去剖析经济素养涵盖的基本技能，如"个人如何做出明智决策？如何进行有效交易？技术层面如何相互依存"。在此基础上，美国HM版教科书通过促使学生掌握经济学概念、形成经济学推理思维、做出明智的经济决策来形成公民必备的经济素养。

社会科教科书将学生的经济推理能力渗透在了"知识与理解力""公

---

[1] 李宝敏：《儿童网络素养研究》，博士学位论文，华东师范大学，2012年，第262页。

民理解力与价值观""技能"（skills）三大环节，以"知识与理解力"为例，共包含五个方面的内容：其一是关于需求、稀缺性、机会成本、劳动力市场等基本的经济学概念；其二是能就交易体系的历史演变过程进行清晰描述，并在分析不同时期时代价值的基础上进行比较分析；其三是对于交易体系相对应的三个问题进行合理解答，它们分别是生产什么以及生产的数量如何，通过什么方式生产，产品如何进行合理分配；其四是领会国际经济发展过程中的内在关联；其五是科学技术对经济发展的影响方式和程度。美国社会科教科书通过以上方式将经济知识与技能，经济知识学习的过程与方法以及情感、态度和价值观传递给发展中的中小学生。社会科课程是人文科学和社会科学的有机融合，以培养未来合格公民为根本目的，试图通过课程教学使未来公民能够在全球经济一体化背景下拥有理性处理经济事务的知识和能力。经济学作为社会科课程必不可少的内容来源之一，同样承担着公民教育的责任，经济素养教育是公民教育的重要组成部分。经济素养教育的这一贡献服务于公民教育，这使其能够在社会科课程中立足。因此，社会科课程在自身发展的同时，无疑为经济素养教育在小学有效开展提供了更广阔的发展空间。

2. 实用性课程提高经济分析能力

实用主义哲学为美国中小学课程设置提供了哲学基础，尤其自20世纪初期开始，美国小学课程设置在其影响下发生了翻天覆地的变化。以读写算为核心的传统课程所占比重逐步让位于以美术、音乐、户外活动为主的综合实践活动课程，后者所占比重还有逐年增加的势头。伴随着社会科课程在美国基础教育课程体系中地位的逐步提升，经济素养类课程在此过程中也有了发展的空间和时间。中学课程也受到实用主义哲学的影响，从原有的学术性传统逐步向实用性、技能性过渡。与此同时，伴随第二次世界大战后美国社会发展重心从"战争状态"向"经济建设"过渡，社会对从业人员应对社会发展和经济生活的实践能力要求越来越高，在中小学课堂教育中的主要体现就是借助社会科课程将这种发展理念渗透给发展中的未来一代。当然，除了社会科课程外，其他学科在教学中也承担着传递经济发展的相关理念的责任。成立于1946年的"青年生活适应教育委员会"是在美国联邦教育总署的倡导下成立的，提出了"生活要适应教育"

的口号，并相继发起了同名的教育运动。① 在实用主义哲学的深刻影响下，社会科进一步得到加强和重视，其中经济科知识更加贴近生活需要，如消费习惯、经济素养常识等。美国中小学课程设置的整个氛围为经济素养教育提供了极大的必要性和可行性，通过实用性课程的渗透和影响不断引领学生走向职业训练。重书本、轻能力的传统教育培养方式由于对知识存储量的过分关注，使学生的洞察力、想象力和批判精神过于薄弱，难以激发学生的学习热情和创造力，在这种模式下培养起来的学生面对市场经济竞争的压力可谓不堪重负。

知识经济时代要求个体对知识具有高度整合和创新的能力，这建立在对实践中所涉猎的领域知识的充分把握和分析的基础之上。美国中小学教育注重学科知识的融合，注重以问题为核心的研究型教学模式，充分调动了学生在问题发展、问题分析和问题解决过程中的探索意识和批判精神，最大限度地激发了学生学习的兴趣和创造力。在各学科领域中，经济学科是最接近社会生活的，也是最能够在实践中发挥创造力和能动性的学科，通过经济素养教学可以将传统学科进行有机融合与衔接，让中小学生在拥有广博的学科知识基础上具备创新型的经济能力。知识经济的发展对传统教育方式提出了挑战，我们要适时调整经济学相关课程设置，以学科融合为基础，努力实现自然科学、技术科学、人文社会科学之间的相互渗透和沟通，注重对人才的包括经济素养教育在内的综合素质的培养。

二　能力目标：提升经济决策与经营能力

（一）激发兴趣为主旨的自主学习能力

美国的中小学经济素养教育十分注重培养学生的自主学习能力，他们认为学生们在课堂上学到的知识总是有限的，因此，鼓励学生自主学习和探索，教师以此激发学生兴趣。正如伯纳德（Bodnar）所说，你要放手让他们去实践，让他们自己管理他们的钱。看到钱化光了，看到他们的钱包和存钱罐空了，他们才知道钱总是有限的。关键是这样既可以培养学生的探究意识，又能兼顾其继续学习的能力，学会不断汲取新的知识来充实完

---

① 许云昭：《超越差距——中美基础教育课程比较》，湖南教育出版社2006年版，第20—21页。

善自己，终身从学习中不断获益。经济素养教育指向每一个年轻人必须接受的经济抉择能力、批判性思维能力，这些都是民主公民的基本技能。

家庭以特有的"亲子之间的情感纽带资源"成为教育孩子的主要场所，甚至在一定程度上可以弥补制度化学校教育的缺失，成为孩子自主学习能力培养的沃土。美国家庭更是看中这一优质资源，将经济素养教育于儿童早期就扎根在家庭之中，甚至开启了"从3岁开始的幸福人生计划"，引导孩子处理一些包括金钱认识、管理、消费和分享在内的一系列经济问题：3岁能够将纸币和硬币区分开来；4岁能够独自在商店进行比较、选择、付款等环节的经济活动；5岁能够建立劳动和金钱回报之间的关联，并试图尝试去实践；6岁能够根据已有的数学知识认清硬币的数目；7岁能够对商品定价一目了然；8岁能够力所能及地"打工"赚钱，并形成初步的存储意识；9岁能够产生金钱管理规划意识，出现机会成本核算萌芽；10岁懂得节约是一种良好的经济品质；11岁开始关注媒介广告等大众传媒中有关经济问题的分析；12岁能够借助银行等金融机构来计划自己较长时间内的收支计划；13岁能够自主制定短期的财务目标；17岁能够对金融市场上的透支方式、风险投资、股票债券等问题从理论和实践两个方面进行认识和分析。谢丽·卢卡斯（Cheri Lucas）建议父母带领孩子进行消费时应该这样做：①区别想要和需要；②比较商品；③给孩子谈论税收和费用；④讲解节日的负面作用；⑤分辨诱惑性广告；⑥说出自己已有的东西。珍妮特·博德纳尔认为，无论孩子年龄大小，让孩子对使用钱有一种责任感是"神奇的"，这不仅能使孩子在此过程中练就一套经济处理能力，同时也提升了孩子以兴趣为主旨的自主学习能力。

（二）培养理性公民为核心的选择能力

经济素养教育的实质是公民教育。培养未来公民具备经济知识、经济意识和理性的经济分析能力以及合格的经济品质是美国中小学经济素养教育的核心目标。实现这些目标的个体就是能够推动美国经济发展的好公民。[①] 美国中小学经济素养教育目标向人们澄清，经济素养教育并非以培养经济学家、金融从业者、大企业家为目的，而是能够做出明智经济决策

---

① 舒健、沈晓敏：《美国初等教育阶段的经济素养教育——基于全美课标和主流教材的分析》，《比较教育研究》2009年第2期。

的社会公民。恰如德国著名经济学家舒格（Schug，1982）所言，经济素养教育的目的不仅是让个体掌握经济概念，形成经济思维能力和经济批判能力，而是要为培养美国经济社会发展所需要的公民明智的经济决策能力服务。小学经济素养教育内容包括了微观经济学和宏观经济学等基础知识，其倡导的理性经济分析框架及推理方式，可以帮助人们做出理性选择，这种理性选择能力可以帮助学生现在甚至将来更好地参与社会经济活动。

在纷繁复杂的经济社会中，具有良好的选择能力成为公民必备的能力之一。从经济素养的课程内容和学习要求来看，除了基本的经济概念和经济知识的学习之外，培养受教育者科学、客观、理性的选择能力是经济素养课程培养的目标之一。"科学"是指做出的选择要符合一定的经济学原理，这是选择的基础；"客观"是指做出的选择是在分析各种影响因素的基础上做出的决定，避免主观因素影响选择结果；"理性"是指要学会分析选择带来的结果，用机会成本的思想，分析做出选择带来的后果，并且要知道正确的经济选择可以带来良好的后续结果，而失败的选择会导致糟糕的结果。将经济选择能力的提升作为经济素养教育的一个目标，其实也是在关注受教育者的反思能力和批判性思维能力，这种能力的提升，可以让人们在纷繁复杂的经济现象中保持冷静的思考，权衡利弊得失，最后做出科学、客观、理性的选择。同时，这种能力的培养不仅能够促进公民自身经济素养的提高，也能够使整个社会以一种理性的方式运行。经济学研究如何更有效地利用资源来达到为个人和社会服务？[①] 经济素养教育就是教育人们在有限资源的情况下，利用经济学相关知识，进行正确的选择，使得自身或社会利益最大化。因此，经济素养教育要培养人们对备选的情况进行定量的科学分析，权衡不同选择带来的成本和收益，最终确定收益最大化的选择。从这一角度来看，经济素养教育要让学生获得经济学基本知识，形成经济学思维方式，使他们成为能做出理性选择的公民。因此，以培养选择能力为目标的经济素养教育同时具有公民教育的功能。

---

① ［美］琼·R. 蔡平：《中学社会科学课程实用指南》，朱墨主译，江苏教育出版社2006年版，第156页。

(三) 提升效率为理念的经济管理能力

1. 金钱管理能力

美国家长以为社会输送优质的经济管理人才为己任，很关注儿童早期独立的经济意识和经济行为能力的培养，并充分借用社会和学校的有利资源为孩子的经济素养水平提升服务。[①] 目前，通过账本记账的传统习惯在美国家庭已经被"现金流动表"等更高端的资金控制系统所代替，其在家庭中的广泛使用也会影响到对经济活动十分好奇的孩子，这些耳濡目染的影响会传递给他们更先进的金钱管理方案，从而使其主动尝试去运用这些系统进行早期的金钱管理预热性训练。通过一系列的应用和家长指点，孩子从中增强了对资产、债务概念的理解，提升了金钱管理能力。孩子在学习管理金钱的同时，也在学习自我管理。当孩子发现自己想要的东西很多，但是钱又很有限的时候，他需要做出取舍，并为想要的东西排出先后顺序。在决定和取舍之间，孩子可以更了解自己想要什么、喜欢什么，使他今后不容易受到物质的诱惑，也不会因为冲动而盲目购买东西；可以提高孩子等待的能力，这种延迟满足能力能够增强孩子的自信心，提高自我约束能力。

2. 时间管理能力

美国心理学之父威廉·詹姆士利用时间行为学的研究结果将个体的"时间态度观"归纳为两个方面：一种是"这件工作必须完成，它实在讨厌，所以我能拖便尽量拖"；另一种是"这不是件令人愉快的工作，但它必须完成，所以我得马上动手，好让自己能早些摆脱它"。鲁迅先生说，时间，每天得到的都是24小时，可是一天的时间给勤勉的人带来智慧与力量，给懒散的人却只能留下一片悔恨。可见，时间管理成效直接影响个体或组织工作的效率和质量。由于时间管理是以概念、方法等抽象方式出现的，又在个体的生活工作的具体时间中展开，因此加强对时间管理的研究具有一定的复杂性和艰巨性。一方面，我们可以通过时间管理理论的深入研究，针对不同职业领域和发展阶段采用不同的时间管理方案；另一方面，在实践中加强对时间管理方案的评估与反馈分析，尝试根据实际情况

---

① 李毅强：《知识经济时代管理科学的哲学初探》，博士学位论文，中国社会科学院，2001年，第31页。

发掘出时间管理在现实经济生活中的价值和有效策略。

要创造更大的经济价值，没有对时间的科学管理是徒劳的，时间管理的虚拟性又使个体很难形成明确的时间管理概念。将时间管理作为一个完整的体系来研究，并将其运用于个体的日常经济生活是经济素养教育的重要内容，时间管理作为一项重要的经济素养能力要通过系统的培训才能获取。

3. 信用管理能力

信用制度是将系统内部的信用关系制度化，即通过约束个体信用活动中的行为规则来确保彼此合作过程中经济关系的规范和保证。通过正式或是非正式的信用制度的确立，个体在经济活动中的自我约束和管理能力会得到极大的提升。随着商品生产和商品交换活动的高度发达，信用的地位变得越来越重要。美国是一个高度重视个体或组织信用管理能力的国度。为保障整个国民的根本经济利益，美国社会一直将商品交易中的信用问题作为法律问题的重要组成部分。个人信用管理不仅是市场经济的重要基础，也是公民整体经济素养水平的重要体现。诚实守信是诸多国家的美德和文化主流，但同时也是制约各国市场经济发展的"瓶颈"。信用管理能力的培养是一项长期的工作，美国社会借助于自身制度化的隐性文化对学生产生持久的影响，同时学校教育中的相关课程渗透也是一个重要方面，尤其是经济素养教育类课程会让学生更加频繁地接触到经济与信用制度的关系问题，成为培养学生信用管理能力的重要方面。

总之，经济素养教育目标是基于经济知识的获取、处理、运用的能力，主要通过金钱管理能力、时间管理能力和信用管理能力来实现的。经济素养能力目标是知识目标的拓展，同时又是态度目标的归宿，在整个经济素养教育目标体系中处于承上启下的地位。

三 态度目标：孕育经济智慧与市场竞争价值观

经济态度是个体在社会经济运行过程、日常经济活动中通过亲身体验到的经济关系而产生的心理活动过程，表现为个体在经济问题发现、分析和解决过程中体现出来的一种稳定的观念。全体国民整体的经济态度是国家经济运行的晴雨表，也是经济政策制定过程中重要的参考依据。态度目标是针对经济素养教育主体而形成的较为完善、庞大的目标体系，具有一定的层次结构性，而且彼此之间在现实生活中互相联系。美国中小学经济素养教育将经济态度作为重要的培养目标，以便通过稳定、明智的经济态度使经济知识和经济能力在学校教育中得到最大限度的结合。

（一）金钱意识取向

基督教深刻地影响着美国社会，也影响着美国社会的金钱意识取向，基督教的金钱意识可总结如下：合法赚钱、不贪钱、善用钱。美国社会的主流金钱观也是如此。例如美国有句俗语："只有钱才是真的贫穷。"美国的父母认为，只有通过自己的辛苦劳动得到的钱才是最有价值的，让孩子不劳而获得到大笔资产，其实是害了孩子。美国家长对于孩子能力的培养有一个共同的认识，要想孩子将来过上幸福的生活，高财商必不可少。因此，家长十分重视从小对孩子进行经济素养教育，从小培养孩子正确的金钱意识。金钱意识主要有以下三方面内容：如何看待金钱，如何赚取金钱，如何使用金钱。金钱本是一个客观存在，本身不具备感情色彩。如何看待金钱决定了赚取金钱和使用金钱的态度，应当以平常心看待金钱，做金钱的主人，而不要成为金钱的奴隶；关于如何赚取金钱，要教育孩子用合法的手段赚钱，通过自己的劳动得到的钱才是最有价值的；要善于使用金钱，除了满足自身的基本生活需要，还要回报社会，多做公益活动，让更多的人从中受益，这样才能使金钱发挥最大价值。

"财富"或"金钱"本身是中性词，但由于个体对其的态度观念和获取方式的差异，财富在不同的情境下也存在不同的倾向性。一方面，我们应通过勤劳和智慧获得的劳动成果是人类生活赖以生存的物质基础，会得到社会的尊重、国家法律的保护，也是国家经济发展不可或缺的重要来源。通过积极创业，创造财富，在实现个人致富的同时，促进国家的经济发展和社会稳定。另一方面，建立在破坏环境、不择手段、奢侈浪费、环境污染等基础上的财富获取是以放弃自然资源的可持续发展为代价的，这种财富的积累与国家经济的发展是背道而驰的，也是迟早要为之付出代价的。金钱只是我们生活的工具，没有善恶。[①] 关键是要培养个体科学的金钱意识取向。美国社会有着明确的金钱意识取向，在如何看待金钱、赚取金钱和使用金钱方面有着制度化的规则，这些都是开展中小学经济素养教

---

① 王晶：《紧急补课——当代大学生财商教育》，《办公室业务》2013 年第 17 期。

育的重要态度。

（二）市场意识取向

作为人类活动中最基本、最重要的活动形式，经济活动已经遍及人类生活的每一个角落，人们无时无刻不受经济活动的影响和控制。市场经济以其资源配置的高效性，在国家经济运行和个体经济生活中扮演了不可替代的角色。[①] 这就使得市场经济体系的一系列内容、原则和策略都应该成为国民教育的必修课，同时也对生活在其中的青年一代提出了更高标准的素质要求。美国中小学经济素养教育着力将此内容作为重要组成部分来培养学生的市场经济意识。美国市场经济相当完善，人才已成为最重要的资源，作为后备人才资源主力军的中小学生只有树立正确的市场意识，才能自觉按照市场的要求调整自己、发展自己，成为社会有用之才。这种市场意识其实质是创新意识、效益意识、风险意识、环保意识及质量意识等共同发展的结果。

市场意识的实质是能够根据市场经济规律、遵循产品质量标准，按需求谋发展的经济策略，并以此树立品牌形象，争取最大的经济利益和社会回报。同时需要注意的是获取最大的经济利益并非市场意识的核心，更好地为消费者提供优质的服务才是正确的市场意识。为培养正确的市场意识，美国中小学通过经济素养类课程中所涉及的核心经济学概念和应具备的经济品质等内容展开学生市场意识的培养，即将经济学专业知识与素养类知识相得益彰，在经济素养教学实践中使其更好地发挥作用。投资理财训练是培养学生市场意识的有效环节，能够让学生借助于金融工具、信用关系、机会成本等经济概念在市场经济中将经济知识的传输、经济行为能力的训练落实到具体的经济活动中，从而使学生将个人的经济生活与社会经济运行整体机制密切联系起来，从而促进其市场意识的提升。

1. 有效互动的经济关系网构建

知识经济是在经济国际化的大背景下发展起来的，这一经济形态要求社会培养出能在世界经济舞台上有竞争力的国际精英，因此，培养具有国际化视野和眼光、适应国际经济风云变幻的人力资源是知识经济背景下的教育诉求。在借鉴的基础上，充分整合资源优势，缩短差距，才能真正做

---

① 曹辉：《经济素养：当代大学素质教育的新课题》，《现代教育管理》2009 年第 5 期。

到在竞争中独占鳌头。知识经济伴随着经济全球化渗透到社会生活的各个领域，无论发达国家还是发展中国家在此过程中都会迎来诸多发展机会，但同时也面临着严峻的挑战。因此，从复杂的经济问题背后能以最快的速度分析出应对措施和解决思路，从更广阔的视角寻求问题的解决不失为明智选择。但这一行动的前提条件是通过认清世界经济运行的趋势和规律，获取优质资源和信息，把握住推动经济发展的有效时机和动力。美国已经逐步摆脱了以内向型经济为主导的传统经济模式，不断加强国家合作，形成了与世界各国保持高效经济往来的关系网。这一完备系统的内在动力就是具有国际经济竞争力的优质人力资源储备，即能应对开放经济的外向型国际化经济人才。在世界经济一体化背景下，这些人力资源在经贸、科技、教育、文化等领域所具备的基本能力成为知识经济时代经济素养的重要组成部分和后发动力。

2. 国际经济治理的本土化思维

国际经济问题的出现，类似于市场活动中的"市场失灵"或者"集体行动困境"（collective action dilemma）。国际经济治理是为了弥补"市场失灵"，最终目的是达成集体行动，促进整体福利的改善，于是也可以把国际经济治理看成是在促成集体行动后，为全球提供了一种"全球公共产品"。按照经济学的逻辑，公共品的提供自然是不足的，原因有很多，比如受到集体行动的逻辑、经费等限制。同时，每个民族国家在面对国际经济问题时，是无法依靠自身的实力去解决的，于是各个国家希望通过"国际经济治理"这件公共物品来改善自身福利，但因为"国际经济治理"是件公共物品，那么它就必须满足公共物品的基本经济学属性：非排他性和非竞争性，自然就导致每个民族国家试图搭上别国的"便车"，而不希望其他国家搭自己的"便车"，这便构成了国际经济治理中公共产品提供的不足，也许正是这样的原因，才进一步产生了更多的国际经济问题。从另一个层面来说，创造一个"国际经济治理"的公共物品，民族国家也是需要投入的。[①] 为了实现国际经济治理，民族国家往往要让渡一定利益，比如要么在外交上做出让步，要么牺牲一定的国内经济利益，或放弃一定的政治权利和利益。而民族国家之所以愿意让渡这些权利

---

① 裴长洪：《全球经济治理、公共品与中国扩大开放》，《经济研究》2014年第3期。

和利益，其根源在于，民族国家也希望在创造"国际经济治理"这个公共物品后，能分享到此物品的收益，改善自身的福利水平。

（三）竞争意识取向

随着知识经济的发展，社会对人才素质提出了更高的要求，不仅要求其具备广博的基础知识和文化修养，也要求其具备强烈的竞争意识。竞争精神是发挥个体潜在能力的催化剂，通过竞争意识个体内在的自力更生、奋发有为的自强精神会在工作中充分绽放。处于发展中的中小学生是未来经济生活中竞争的主力军，积极的进取精神和竞争意识是应对激烈挑战的必备素质，也是国际上人才竞争的关键节点，学生只有树立"爱拼才会赢"的竞争意识才能立足社会、获得发展。竞争无处不在，社会文化会将这种竞争氛围通过各个层面渗透给生活在其中的个体，作为最易受环境影响的中小学生也势必会在这种氛围中不断调整自己的观念和行为。伴随其生活技能和学术文化水平的提升，这种竞争意识逐渐从个人认知发展的感性层面上升到理性层面。没有竞争，市场就失去活力，经济就不能健康发展，社会也难以进步。

独立性是竞争意识的重要前提。美国社会注重通过独立精神的培养达成个体的竞争意识取向。个体某一良好习惯和能力的养成，不可能单单是由于某一个人，或某一件事，主要靠他所处的环境、氛围以及被整个社会认可并通行的行为方式的教育和熏陶。美国人的这种做法让孩子懂得，花钱要靠自己，钱是不会从天上掉下来的。在美国大学里，当被问到"家里每月给你多少钱？"他们听后都显得茫然，或者弄不懂。因为他们根本就没有上大学要靠家里给钱的意识。美国大学生的经济来源大多是靠奖学金，或利用课余时间打工赚钱，靠父母是被人瞧不起的。经济素养教育目标承认孩子从小就富有创造的才能，能够通过教育与整个社会和谐共处，家长、教师和社会的尊重对于孩子的创造力有很大的影响。经济素养教育在认知基础上发展学生情感、态度、价值观，使其成为具有独立思考能力、判断能力和选择能力的智慧公民。至20世纪90年代时，国家、各州及学校都已承认经济学在公民教育中所扮演的重要角色。[①] 美国人对独立

---

① Donald R Wentworth, Mack C. Schug, "Fate VS Choice: what economic reasoning cart contribute to social studies", *Social Studies*, 1993 (1-2), p.23.

生活能力非常看重，在经济和钱财问题上尤其如此，这使他们很自然地将经济素养教育早早地影响给孩子，并很牢固地凝结成社会传统和通行法则，为竞争意识的形成奠定了坚实基础。

1. 竞争成为市场经济的基本共识

从1602年英国殖民者第一次踏上美洲大陆开始，在这片广袤的土地上，竞争意识就伴随着荒凉、陌生和艰苦在美洲大地上生根发芽，这是一种必须要做出的选择，也是一种环境赋予个体的本能。特殊的发展经历给了美国人特殊的精神财富，竞争意识已成为美国社会宝贵的文化传统，它作为美国人的一种人生哲学渗透在美国人生活的方方面面，成为推动社会发展、促进经济繁荣的重要价值标准。中国学者费孝通在《美国人的性格》一书中写道，"美国的历史其实就是一部不靠祖宗余荫，靠自己，不买账，拼命、刻苦创造出来的记录"。正是这种竞争意识，当面临世界经济环境变化带给美国的巨大冲击时，他们才能够迅速寻求出路。美国经济学家们意识到学校教育将这种竞争意识保存下来，并将国际经济变化等经济学知识教授给学生的重要性，即精神是理性和理解力的结合。[①] 正如美国著名经济学家威廉·鲍莫尔（William J. Baumol）所说，"学生接受中等教育后迈入社会时，如果学校教育忽略关于世界经济格局变化等内容的经济素养教育，将使他们在参与社会时感到困惑（incomprehensible）"。经济学家感到真正恐慌的是，在面临激烈的国内外经济竞争时，公民的经济判断和经济决策显示出无力，那时就触碰了经济素养教育的底线。因此，他们提出"经济素养教育有义务为学生提供一个分析框架，使之能够有效地理解整个经济世界"。2007年，新委员会（The New Commission）提出要创设一个两层制的世界经济格局，其中最优秀、最聪明的美国人从事的是研发、设计、营销、销售和供应链管理等一系列创造性工作，而既不需要革新，也不需要创意的工作，则交给欠发达的国家来完成。[②] 其中明显渗透着美国人时刻领跑世界的竞争意识。

[①] [印] 阿玛蒂亚·森：《伦理学与经济学》，王宇、王文玉译，商务印书馆2014年版，第27页。

[②] James Andrews, *Financial Literacy Education in the United States: Analyzing How the Jumpstart Assessment Measures Knowledge that Creates Wealth*, Submitted in Partial Fulfillment of the Requirements for the Degree of Doctor of Education, 2011 (7), p. 83.

由于美国是世界上最大的移民国家，各民族和种族在美国社会大熔炉中力求保持各自特点，发展各自文化，因此，形成了开放性、宽容性和兼容并蓄的特点。这种多元文化彼此平等、充分竞争。体现竞争意识的教育法案在美国层出不穷，如20世纪50年代的《国防教育法》、60年代的《中小学教育法》、70年代的"生计教育"和"返回基础运动"、80年代的《国家处于危机中——教育改革势在必行》、90年代的《美国2000年：教育战略》等都试图通过联邦政府立法、经费资助培养基础教育阶段的学生具备竞争力，尤其以2007年的《为有意义地促进一流的技术、教育与科学创造机会法》又被称为"竞争力法案"，其对竞争意识的重视更为突出。伴随着这些法案的出台，竞争意识和文化传统在基础教育过程中得到了充分的释放，美国中小学经济素养教育与其他学科之间的融合也在这一趋势下更为有序，竞争意识传统成为美国经济素养教育重要的文化背景。

2. 竞争中培养合作意识和合作精神

当今世界，信息以几何级数激增，信息的不对称会带来高昂的成本代价，要在激烈的经济竞争中占有绝对优势，许多人将信息获取作为实现经济效益提升的重要砝码。尽管代价高昂、布满荆棘，但对于追求自由发展和财富积累的人们来讲，这是实现其奋斗目标的必经之路。没有任何其他系统能像竞争市场机制那样有效而迅速地传播知识，也没有任何其他系统能如此多地动员随之而来的知识搜寻行动。竞争的全过程会对寻找和实验有用知识的行动造成很强的激励。因为竞争者们冒险投入了自己的私人财产，并要对他们的行动和错误负责。竞争的强度取决于市场中供求双方投入交易成本的倾向以及保护竞争的制度。[①] 在此过程中，合作意识和合作精神弥足珍贵。知识经济时代是竞争的时代，更是合作的时代。经济和社会的发展将更多地依靠合作来完成，仅仅依靠个人的力量将很难解决各种复杂的问题。在知识经济时代，各学科、各领域出现了高度综合化、融合化的趋势，个人与个人、团队与团队，甚至是国家与国家的合作就显得格外重要，合作在经济社会发展中起着越来越重要的作用，特别是在创新性

---

① ［德］柯武刚、史漫飞：《制度经济学——社会秩序与公共政策》，商务印书馆2000年版，第274—278页。

工作中发挥着重要的作用。团队合作能力也成为知识经济时代人才的基本能力。正如中国著名科学家钱学森所言，"现代的科技研究，不能单靠一个人的劳动，百分之九十五的科技要靠集体，不能单干，单干没有生命力"。

3. 把握经济责任和个性独立之间的内在联系

经济学家彼得·巴塞尔（Peter Passell）认为，在过去的 20 年中，美国经济生活最本质的改变之一就是财政风险从机构转到个人头上，这意味着如果你不能管理自己的财政安全，你将远离好运。个体应在一定程度上学会编织自己的财政安全网。许多父母当年就体会过做这件事情的艰难，而对于如今的孩子同样也是非常艰难的。[①] 帮助孩子发展成为一个成熟的对家庭和社会都有贡献的人，这个愿望在任何经济层面上都是一样的。许多父母喜欢孩子住在富人区，而事实上，这样的家庭剥夺了孩子发展独立生活本领的权利，会对孩子造成长期的伤害。杂志《不仅仅是金钱》的撰稿人安·斯里皮恩（Ann Slepian）和孩子之间的对话示范了如何通过高水平的谈话建立起孩子的经济责任感与个性独立之间的内在联系。如案例 3—1 所示。

案例 3—1

当我对我儿子想买什么或者想做什么说"不"的时候，我会引导他来询问我"怎样才能使你同意？"我边想边说："一方面，我希望你学习如何对你的钱进行预算，学会为你真正需要的东西而存钱。这是对你一生都很重要的技能，是一项甚至许多大人都没有掌握好的技能。这是我为什么要你再三考虑这件事是否真正值得花钱。另一方面，如果真的是可以帮助你成长的东西，你真的想要，我愿意为你承担一半的费用。但是如果你没有聪明地妥善用这笔钱，我希望你把这些钱还给我。"有时，通过这种边想边说，我找到一些有创意的方法来表达我刚开始说"不"时的真正想法。其他时候这个方法似乎没什么用，因为答案就是"不"。我儿子对我很生气，但是他知道我不是专制。把谈话的层次从一场意气之争转化到寻找解决问题的协作之路，可以帮助孩子认识到解决问题的力量所在，这

[①] 贾琳·格弗瑞：《我家小孩会理财》，郑璇、陈超译，上海华东师范大学出版社 2008 年版，第 97 页。

也是最有效地帮助他们在发展自身独立性的时候形成正确判断力的方式。引导孩子认真思考这个问题，是帮助他探索选择和财务影响之间关系的好办法。

案例3—1表明，要引导孩子形成经济智慧并具有市场竞争意识，就要掌握正确的经济素养方法和形成良好的经济素养习惯，这离不开基本品质的培养。良好的基本品质可以为孩子掌握正确的方法学习提供动力和引导方向。经济素养教育目的并不仅仅是让孩子去学会经商或攒钱，而是让他成长为一个能干的、健全的、真正的人。总之，金钱意识取向、市场意识取向、竞争意识取向可以培养中小学生良好的经济素养态度，与经济素养知识目标、能力目标形成合力，共同致力于中小学生经济素养水平的提升，使未来的社会公民能够在激烈的市场竞争中运用经济智慧推动社会经济的发展。

第三节　经济素养教育内容统整

美国中小学经济素养教育内容以消费者经济学和个人经济学为主：消费者经济学主要教授怎样成为一个明智、谨慎的购买者；个人经济学主要向学生传授经济素养技能，如个人预算、储蓄账户的管理以及支票簿平衡。经济素养教育以消费者经济学和个人经济学的基本概念、原理为教学核心，尽量使内容适合中小学生学习，目的是为从小培养学生在日常生活中明智消费并形成基本的经济行为能力。随着经济的不断发展，美国中小学经济素养教育内容的范围不断扩大，包括在原有基础上让学生了解整个国家经济运行的基本情况，了解国家的经济政策，以及对简单经济现象进行分析。[①] 美国中小学的经济素养教育课程隶属于社会学，其内容选取以学生容易理解、接触广泛的基本经济概念和原理为主，以培养学生的经济学素养以及参与经济生活的能力。为实现美国经济素养教育内容的合理化、科学化，美国经济素养教育研究联合会专门制定了经济素养教育内容标准、基本经济学概念教学框架等，为帮助国家及各州选择更为合理、恰

---

① ［美］萨维奇·T. V. 和阿姆斯特朗·D. G.：《小学社会科课程的有效教学》，廖珊、罗静等译，中国轻工业出版社2003年版，第82页。

当的经济学内容提供借鉴。

一 经济素养教育主要内容

经济素养是指人们对经济的理解及现实运用经济知识的程度和水平，它包括经济知识素养、经济道德素养和经济能力素养三个基本的维度，①即经济素养教育可以理解为对人们进行经济知识的传播和经济技能的培养，增强人们的经济意识，提升人们的经济品质的教育。经济素养教育的主要内容可以从知识、道德和能力三个维度展开讨论。

（一）知识维：中小学生必须掌握的经济知识

知识经济时代对于公民经济素养提出了新的要求，对中小学生的经济素养教育也提出了新的要求，学校要通过多种途径，以灵活的方式展开经济素养教育。在教学内容上，既要考虑到时代背景的特点，又要考虑到中小学生学习阶段的特点和学习目标的要求，选择合适的教学内容。

第一，经济学的基本核心概念。中小学生能够在相应的学习阶段对社会经济活动领域的基本概念，例如生产、交换、货币、通货膨胀等概念有基本的认识，并且能够结合经济现象进行简单的分析，以便更好地理解这些概念。

第二，掌握经济领域的相关政策及知识前沿。通过金融、企业、政府等部门的专家做相关领域的讲座，让学生对于经济素养的了解能从静态的教材扩展到现实社会，从更广泛的视角理解经济现象，了解经济发展的前沿，开阔经济视野，为学生学习经济知识打下良好的基础。

第三，能够分析经济现象背后隐藏的经济规律。结合中小学阶段的学习特点，采用生活体验为主，理论分析为辅的方式让学生学会分析经济现象背后隐藏的经济规律。对于不同学习阶段的学生，可以采用不同的方式来分析经济规律。例如在学习基本概念的基础上，对于低年级的学生，可以通过购物、交换等方式使其更深入地理解商品、价格、价值等概念，了解决定价格的因素，理解价格涨跌的规律等；对于高年级的学生，可以安排学生参与社会经济生活，例如参观工厂、打工、义卖等，使学生在实践中体会工厂、生产、工资等经济现象，还可以安排进行一些基本的金融活

---

① 曹辉：《经济素养：当代大学素质教育的新课题》，《现代教育管理》2009 年第 5 期。

动,例如理财、股票等,使学生了解现代金融系统的基本运行模式,在纷繁复杂的经济现象中找到背后隐藏的经济规律。

(二)道德维:中小学生应遵循的经济道德原则

经济素养教育不仅仅是经济知识的教育,更是一种道德教育、品质教育。经济素养教育的目的也不仅仅是让人们拥有财富,还要教育人们在获取财富、看待财富、使用财富的过程中应遵循什么样的道德标准。经济道德是指人们在发生与经济有关的行为时应遵守的道德标准,是经济社会的一种道德规范,应该并且能够通过教育的方法培养人的人格、品德。[①] 经济道德的培养也是经济素养教育的一项重要内容,主要包括以下几个方面。

第一,诚信教育。在知识经济时代,在参与经济活动时,人们会有更多的选择机会,同时也会面临更多的诱惑,诚信是人们参与社会经济生活的基本要求,也是无形的财富。

第二,勤俭教育。知识经济时代强调经济与自然环境的和谐发展,强调经济的绿色发展。在对待财富的态度上,我们要合理消费财富,做到不奢靡浪费,用之有度。例如垃圾分类,实现废旧物品的循环再利用。

第三,公益教育。在财富的使用上,在满足自身基本生活需要的基础上,我们要懂得回报社会,让财富发挥更大的作用。例如参加公益活动,一方面使自身的价值获得了最大化的体现,另一方面也使财富获得了最大的价值体现。

(三)能力维:中小学生需要提升的经济素养能力

知识经济时代就是智力竞争的时代,最后的赢家并非只是能够赢得竞争,而是要超越竞争,这样才能获得真正的自由,这就是经济素养的至高境界。在经济活动高度发达的今天,经济活动已经融入生活的每个角落,成为社会最基本、最重要的活动。知识经济作为目前经济发展的新形态,在经济增长方式、资源配置方式、经济管理模式等方面都明显区别于以往经济形态的特征。为了在新的经济形态下更好地参与社会经济活动,更好地适应新的经济发展形势,我们需要的不仅仅是知识本身,更重要的是经济素养能力的提升。经济素养教育不仅仅是经济学知识的掌握,更是经济

[①] [伊朗]拉塞克、[罗马尼亚]维迪努:《从现在到2000年教育内容发展的全球展望》,马胜利等译,教育科学出版社1996年版,第172页。

能力的提升，将经济学的知识与生活实际联系起来，将固化的知识转换为自身的能力，为未来更好地适应经济社会生活做好准备，是知识经济时代对公民的要求，更是公民享受品质生活的必备素养。

苏联教育家瓦·阿·苏霍姆林斯基一再强调，只有激发学生进行自我教育的教育才是真正的教育。而一直致力于探讨人的内在自我的德国哲学家卡尔·奥西多·雅思贝尔斯也说过，教育的过程是要让受教育者在实践中自我练习、自我学习和成长。经济素养教育是个体经济思维和经济行为习惯的养成教育，它不是一种说教教育，而应该是通过自我教育实现不教而教。自我教育法则的运用过程通过四个环节来实现，具体落实到经济素养教育中可以分析为以下四点。第一，通过自我认识培养自信的经济品质。正确的自我认识是自我教育的前提和基础。有什么样的自我认识，就会推动自己怎样的经济行动，就会对自己提出相匹配的要求。第二，通过自我要求培养自强的经济品质。自我要求是自我教育中的重要一环，这一环也是最为薄弱的。"错误的自我要求"会导致自身无法激起自我教育的愿望和动机。第三，通过自我践行培养自利的经济品质。自我践行是自我教育实践过程中的超前表象，它包括行动的方案、步骤、过程管理、方法和措施等内容，是为了达到目标对实践过程的一种预设。第四，自我评价培养自尊的经济品质。如果将自我教育过程比作一个螺旋上升的链条，那么自我评价就是具有特殊意义的一环，这一环将决定自我教育过程在进入下一周期时驶入哪一个轨道。不教而教是以养为道的教养法则，它遵循三分教、七分养的原则理念。①

总之，经济素养教育重在以"生产、分配、交换和消费"四大领域经济学知识为核心展开经济素养教育，关注学生经济知识素养、经济道德素养和经济能力素养的全面提升，教育学生在经济生活中运用经济假设、机会成本分析和最大边际效用等方法对各种选择进行科学分析，从而做出合理选择。

二　经济素养教育内容选择依据

杜威指出，由于社会生活发展得更为复杂，教育内容在数量上和意义

---

① 张景彪：《素养教育》，清华大学出版社2012年版，第87—89页。

上也随之增加，对这些材料需要加以特别的选择、表征和组织，使之能适当地传授给新的一代。① 学校教育在向学生传授科学知识、生活经验和社会技能时应合理选择和组织教育内容。关于教学内容选择，课程设计理论把学生状况、社会需求和学科发展作为基本依据。社会发展对学生素质提出了基本的要求，学生迟早都会步入社会并参与社会活动，学习并认识社会主流价值取向及思想意识是课程内容的主要任务；科学文化知识作为人类永恒传承的结晶，应成为课程内容选择时最基本的要素；学生身心的发展规律、水平和需要制约课程内容的选择，超越学生身心发展水平的课程内容会给学生造成负担，满足学生身心发展需要的课程内容能够促进学生个性的自由发展。在进行经济素养教育内容选择时，我们应注意三者之间的平衡与内在联系，片面强调任何一方都将造成课程内容选择的片面性。

（一）社会需求是经济素养教育内容选择的外在动力

1. 传统经济学内容无法满足社会发展需要

第三次工业科技革命不仅极大地推动了人类社会经济、政治、文化领域的变革，也影响了人类的生活方式和思维方式，使人类社会生活和现代化向更高境界发展。20 世纪 80 年代初，美国开始由工业化社会向信息化社会转型，以劳动密集型为主的工业生产逐渐向知识密集型转变。由此带来的美国经济最重要的特征并不仅仅是高科技飞速发展和生产率飞快提高，更在于高科技的发展促进了全社会的投资活动。美国经济素养教育的历史由来已久，但从中小学开始对学生进行相关教育不过百年而已。长期以来，以哈佛大学为代表的美国高校的经济类专业世界一流，培养了大批服务于美国经济理论研究和社会经济实践的精英力量，也对美国经济的发展起到了重要的作用。但是传统的经济学教育内容偏重于理论的讲解，更侧重培养经济领域的精英人才，并且没有涉及更多与其他学科的融合，其教育内容已经无法适应知识经济时代全体国民对于提高自身经济素养水平的要求。

2. 知识经济时代推动经济素养教育内容整合

随着知识经济时代的到来，单靠高等院校培养的经济类精英直接推动经济发展的模式已经远远不能满足经济发展的需求，具有雄厚的经济学知

---

① ［美］约翰·杜威：《民主主义与教育》，王承绪译，人民教育出版社 2007 年版，第 210 页。

识基础、敏锐的经济判断能力和明智经济决策能力的公民才能真正持续推动美国经济在世界舞台上独占鳌头。于是从中小学开始的经济素养教育如雨后春笋般发展壮大，经济素养教育的内容也从以往单一重视经济学知识向多学科交叉融合的方向发展。相关法律法规、各级机构组织、师资队伍建设、课程设置、社会资源利用等方面都为完善经济素养教育内容提供了保障，并促进了经济素养教育内容在新时代背景下进行新的选择。可见，社会需求是经济素养教育内容选择的外在动力。

（二）学科发展是经济素养教育内容选择的内在动力

1. 经济素养教育内容及学科体系

经济素养教育在充分考虑到社会对公民基本能力和基本素养要求的基础上，内容选择注重学科的系统性和全面性，确保知识的典型性和连贯性，为公民理解个体和国家经济活动提供了全面的知识，达到了帮助公民更好地形成经济思维能力和经济决策能力的目的。经济学的学科体系成为美国经济素养教育内容的一个重要选择依据，如图3—3所示。

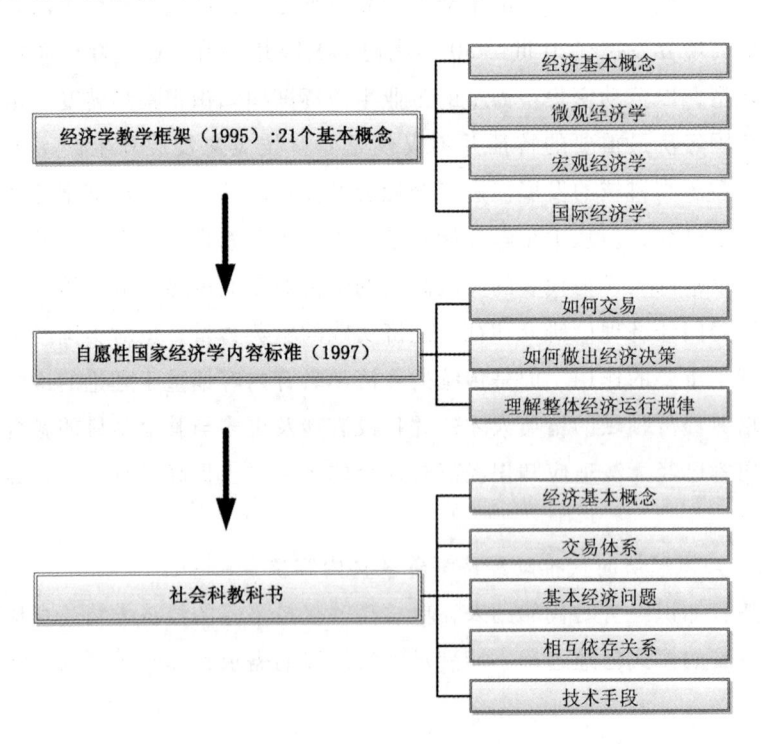

图3—3　美国中小学生经济素养教育内容及学科体系

图3—3表明，从《经济学教学框架》到《自愿性国家经济学内容标准》，再到社会科教科书，美国中小学生经济素养教育内容不断向纵深发展，学科体系不断完善，为经济素养教育内容的选择提供了依据和参考。

2. 注重多学科综合素养的融合

STEM 教育重在培养学生的四种素养，即科学素养、技术素养、工程素养和数学素养，四种素养彼此独立又存在紧密的内在联系。STEM 教育是一种后设学科，即这一学科的建立是基于不同学科之间的融合然后形成一个新的整体，将原本分散的学科形成一个整体，由此形成当今日趋受到重视的、跨领域的 STEM 教育。美国高度重视 STEM 教育的根本原因，在于其深刻认识到美国科学技术的滑坡在于其人才的严重短缺，这在美国近 10 余年来的大量文献中屡屡被提及。美国州长协会在 2011 年 12 月又针对 STEM 教育行动发布了《制定科学、技术、工程和数学教育议程：州级行动之更新》报告，分析了该协会 2007 年提出的行动议程中的弱势之处，重新提出了实施州级 STEM 议程的各项具体措施，以及在中小学实施 STEM 教育的主要目标：一是实现在 STEM 领域修习学生的低龄化，从而提升受众面，使包括经济素养在内的多种综合能力能够得到最大限度的发展；二是将 STEM 领域修习的参与者向女性和少数族裔等弱势群体倾斜，发挥其最大优势，促成教育对象的多元化；三是要将 STEM 领域的精神实质和培养方式向全社会推广，让更多群体参与其中并从中受益。STEM 教育是知识经济时代注重知识、管理和创新的真实写照，也是在追求效率、竞争背景下发展起来的基本素养。这些素养教育不仅为经济素养教育的开展提供了可借鉴的蓝本，同时也为经济素养教育的推行奠定了坚实的理论和实践基础。

（三）学生个体差异对经济素养教育内容选择的影响

个体在对待实际的货币和抽象的金钱概念上持有一套复杂的观念和态度。虽然人们对金钱的观点大不相同，但对金钱的态度和认识是可以测量的，这些迥异的观点与学生自身的性别、年龄、社会阶级以及心理发展等个人经历密切相关。金钱发展至今，已经演变为一种极具象征意义的概念，含有情感、道德和理论因素，增加了经济素养教育内容选择的复杂性和挑战性。

1. 性别因素要求内容选择注重公平性

经济素养教育内容选择在一定程度上受到性别因素影响。曼纽尔·布伊特拉戈（Manuel H. Buitrago）于《性别经济学》一书中，运用劳动经济学和人口学理论，解释经济活动中的性别差异，从劳动参与率、性别隔离、人力资本、补偿性工资和性别歧视等角度剖析了性别差异的原因，并从经济、社会和个性等层面具体描述了经济活动和家庭生产中的性别差异。[①] 丹尼斯·吉利兰（Dennis Gilliland）认为个体经济决策能力水平欠缺与数学水平关系密切，由于女性对数字缺乏敏感，影响其经济决策水平。卡洛·德·巴萨（Carlo de Bassa）借用2009年"理财能力研究"问卷在4500名25岁至34岁的年轻人中进行调研，结果发现经济素养在妇女、少数民族、低收入家庭和低学历人群中普遍较低，同时数学成绩好、理财知识完备者的经济境遇普遍较好，很少出现高贷款情况，他们都倾向于为退休、风险和危机准备经济储备。[②] 美国青少年理财专家贾琳·格弗瑞在其著作《我家小孩会理财》（Raising Financial Fit Kids）中指出美国社会同样存在根深蒂固的男主外女主内的传统观念，先入为主的性别观使男性对经济生活的失败有一种羞耻感，而女性经济素养意识和水平很薄弱。此研究通过开展"急救工具箱""母女投资俱乐部""女孩工作日"等活动来提高女孩的经济自救能力；通过鼓励孩子模糊性别角色、自立规矩、自担责任，以适应日益复杂、多元化的经济社会。[③] 可见，性别因素要求经济素养教育内容选择注重公平倾向。

2. 个性和能力因素要求内容选择注重稳定性

个性是个体在思想、性格、品质、意志、情感、态度等方面不同于其他人的特质，表现于外即是个体言语方式、行为方式和情感方式等。任何人都有个性，个性是人的存在方式。个性在形成过程中，时时处处都表现出对外界事物特有的动机、愿望、亲和力，并发展成为各自的态度体系和内心环境，形成独特的行为方式和个性倾向。2002年8月，露西·托马

[①] Dennis Gilliland, "Quantitative literacy at Michigan state university, 2: connection to financial literacy", *Advancing education in quantitative literacy*, 2011（4）, p.2.

[②] Carlo de Bassa, "Financial literacy and financial behavior among young adults: evidence and implications", *Advancing education in quantitative literacy*, 2013（6）, p.2.

[③] 贾琳·格弗瑞：《我家小孩会理财》，郑璇、陈超译，华东师范大学出版社2008年版。

斯·安德鲁（Lucy Thomas Andrew）在文章《小学四年级学生个性经济素养研究》中分析了小学四年级学生的经济素养与个性的内在相关度。其中高自尊心的学生好于低自尊心的学生。结果表明我们应该有大量的调查去研究那些不同文化背景的学生的个性差异，从而分析其对经济素养教育的影响。2004年，露西·托马鲁·安德森（Lucy Thomas Andrew）又在其博士论文《评价个性与能力对小学四年级学生经济素养教育的影响——多元文化的整合》中谈道，个性等非智力因素在经济素养教育中的运用对学生有很大影响，并提出多元文化的整合概念以提升学生学习过程中的自尊心、自信心和相互理解。[①] 可见，个性和能力等个体因素已经影响经济素养教育内容的选择。

3. 心理发展的非理性因素要求内容选择弹性化

在经济概念的认知上，中小学生具备了复杂的金钱功能意识，即不仅认识到金钱的物质交换功能，而且认识到金钱的精神方面的功能和社会功能，同时也认识到买卖行为具有一定的自觉性和独立性，即中小学生群体对于金钱与成功、金钱与自由等深层次的话题能做出独立的判断，已经突破了弗恩海姆和阿盖尔的金钱意识发展理论，这一点可以归因于高度的经济社会化和发达的消费活动以及弥漫整个社会的商业气息。尽管中小学生在心理发展程度上已经能够与这一时期相应的经济素养教育内容相对接，但这并不代表他们在经济态度和经济决策等方面已经具备了与其所学内容对应的经济行为能力。调查显示，经济学知识水平达标的学生在实际的经济问题上表现出非理性的经济行为，即已有的认知水平与相应的行为能力之间存在一定距离。缩小这一距离也正是美国中小学经济素养教育试图努力的方向，这一现象要求学校经济素养教育在内容选择上要体现出一定的弹性化，即尽量选择与现实生活紧密衔接的经济问题作为主题开展教学，让学生能够在相对真实的情境中去领会经济学的相关概念和原理。大多数初中生群体都倾向于否定金钱可以买来友谊，但他们在看待金钱时依然保留原始的虚荣感。家庭收入和零用钱的多少都会对初中生在金钱问题上的自

[①] Lucy Thomas Andrew, "Assessing Character and Technology as Conponents of A Financial Education. Curriculum for Grades K-4: A Multi-cultural Interpretation", *The University of Memphis EDD*: 2004, pp. 89-90.

卑感和优越感产生显著影响，他们认为财富可以带来优越感。从这个意义上讲，初中生群体对待金钱的意识是处于一种认识上的理性和行动上的非理性状态，心理发展的非理性因素要求经济素养教育内容选择体现弹性化。

（四）经济学流派对经济素养教育内容选择的影响

20世纪以前主张经济自由的古典学派一直位于西方经济学正统地位，直至20世纪初期国家干预主义经济学取代了经济自由主义流派长期的统领地位。20世纪60年代，在凯恩斯经济学不能完全有效解决经济问题的背景下，经济自由主义卷土重来。一时间，经济自由主义与国家干预主义形成了两相对峙局面，学校教育必然要对这一形势进行解读，而美国经济素养教育正是在这一时期正式发展起来的，因此它必然受到两大流派的共同影响。

1. 自由主义经济学理论对内容选择的影响

《全美自愿性经济学内容标准》《社会科国家课程标准》和HM社会科教材等中的经济学内容既涉及微观经济学，又包括宏观经济学，这些内容大部分是以经济自由主义流派的理论为基础而建构的。以《全美自愿性经济学内容标准》为例。第一条：资源是稀缺的，在想要和需要之间要做出权衡，具备在选择此物时放弃彼物的能力。这一观点与自由主义经济流派不谋而合，都强调经济学研究的出发点应该是需要，需要是人类经济活动的基础。第二条：明智决策的前提是对成本和收益进行理性分析和权衡。这一观点与自由主义经济流派提出的边际效用理论不谋而合。HM社会科教材中的基本概念也基于"需要"而扩展，这在一定程度上说明了经济自由主义流派理论是经济素养教育内容的根本基础。

2. 国家干预主义经济学理论对内容选择的影响

除经济自由主义以外，美国经济素养教育同时吸纳了国家干预主义理论的主张，如《全美自愿性经济学内容标准》第十六条：政府是社会经济发展的总舵手，宏观调控时期在经济发展中扮演着关键角色。政府主要通过巩固国防、加强环保、投资教育等方面的措施进行社会资源的重新分配。政府并不直接干预经济事件，但其立法和大政方针要时刻与社会经济发展进行对接。HM八年级社会科教科书经济内容在"经济学基本问题"内容要素中包括了"分析政府在经济决策中的作用"，肯定并接纳了凯恩斯主义理论的基本主张。不难看出，经济素养教育课程标准中肯定了政府的重要作用，国家干预主义理论对内容选择产生重要影响。

总之，经济素养教育内容选择具有复杂性，只有充分考虑了社会经济发展需求、学科发展、不同的经济学流派以及学生个体差异等诸多因素的相互作用，才能确保内容选择的科学性、合理性，为经济素养教育的开展提供理论框架。

三 经济素养教育内容组织原则

教育内容的组织是在范围和序列两个组织维度上安排相关课程要素，使之整体和谐地促使学习达到最大累积效应。"范围"强调课程内容的横向组织（horizontal organization），即内容涵盖的广度和宽度；"序列"强调课程内容的纵向垂直组织（vertical organization），即运用教育心理学基本理论使课程内容在学科发展与学生发展之间进行调和，并保证内容编排的顺序性和连续性。[①]

伴随经济素养教育在中小学阶段不断深入开展，教师和研究人员发现有很大一部分学生无法正确理解经济知识。美国经济教育家将其归咎于教师教学，他们假设教师可以把自身经济学能力转化到课堂教学中，通过研讨班和讲习班等形式重点提升教师从事经济素养教学的基本技能。随后，经济素养教育家逐渐认识到，教师的教学技能水平并非影响学生经济素养提升的直接因素，学生缺乏对经济学概念的正确理解才是影响其将所学知识转化成经济意识、经济思维，转化成相应的经济行为的关键环节。于是，美国中小学经济素养教育开始注重经济学概念的纵向递进和螺旋上升的编排原则，采取循序渐进的方式展开，并逐步确立了经济素养教育在小学阶段的基础性作用。

（一）纵向递进原则

经济学本身涉及社会中关于生产、分配、交换和消费的相关知识，对经济素养教育内容的合理组织是经济素养教育有效开展的关键步骤。将教学内容渗透到其他学科课程之中是美国初等教育阶段经济素养教育的重要特点，这类课程通常以问题为核心展开研讨。认知心理学家皮亚杰认为，智力的发展从一个阶段向另一个阶段的转化过程是一个新的阶段逐渐积

---

① 钟启泉：《课程论》，教育科学出版社2007年版，第171页。

累,旧的阶段逐渐衰退的过程,这种质的转变是以平稳、持续的方式进行的,是通过渐变完成的。[1] 布鲁纳也认为,智力的成长并非平稳渐进,是先突进而后巩固的。[2] 无论是皮亚杰所谓的积累渐变过程,还是布鲁纳的突变巩固过程,都说明了教育目标要体现阶段性和递进性特点,这是遵循儿童认知发展的基本规律。内容的阶段性特点表现为不同年龄阶段学生有不同的学习要求;内容的递进性特点表现为在不同阶段反复出现相同的内容要素,而学习水平则呈现出螺旋上升的结构趋势。《经济学国家课程标准》和《社会科国家课程标准》是美国中小学经济素养教育内容的重要参考标准。《经济学国家课程标准》对不同年级学生应该达到的经济素养水平作出了明确的规定,并按照低、中、高三个层次进行了系统划分,充分体现出了阶段性特点。《社会科国家课程标准》也充分体现了经济素养教育内容的纵向递进特点,以"商品和服务"两个概念为例:低年级阶段此概念对学生的要求是"能够对私人物品及服务与公共物品及服务进行识别";中年级阶段对学生的要求是"能够对私人物品及服务与公共物品及服务进行差异性分析";高年级阶段对学生的要求是"能够对现实社会中的公私物品及服务进行成本收益的比较分析"。

教材通常有严密的逻辑组织体系,每一主题单元或主题单元下设的单元内容都会关注社会领域中的典型问题,通过情景生动的主题将学生引入"社会生活",同时在潜移默化中将宏观经济学、微观经济学等相关概念和理论进行有机整合与衔接。经济素养类教材通过经济素养内容为问题解决提供了经济视角,这样学生不仅能够了解相应的经济知识和经济行为,同时也会对不同的社会问题保持一定的经济敏锐性。当然,学科的逻辑体系要在教学实践中有效贯彻,还要与儿童的身心发展规律相适应。美国中小学经济素养教育注重从学生的实际需要出发,引导其对现实经济活动进行理性思考,形成有关机会成本、权衡取舍、比较优势等经济学知识。同时,同一经济学知识会按照由浅入深的表现方式在不同的年龄阶段出现,

---

[1] 张立红:《皮亚杰与布鲁纳儿童认知智力发展学说之比较》,《外国教育资料》1992年第3期。

[2] [美]布鲁纳:《布鲁纳教育论著选》,邵瑞珍等译,人民教育出版社1987年版,第285页。

从而使经济素养教学按照学生的身心发展阶段以纵向递进的序列展开,如表 3—3 所示。

表 3—3　　　　HM 社会科教科书一年级至八年级主题名

年级	一年级	二年级	三年级	四年级	五年级	六年级	七年级	八年级
主题	我知道的一个地方	我认识的一些人	从东海岸到西海岸	哦,加利福尼亚	美国将成为……	来自过去的信息	诸世纪以来	一个越来越美好的联邦

资料来源:Houghton Mifflin, Social Studies, Some People I Know, Teacher's Edition, Boston: Mifflin Company, 1997。

从表 3—3 中可以看出,HM 社会科教材按照由近及远、由易到难的顺序在时间和空间两个维度对教学内容进行组织安排。在空间维度上,HM 社会科教材按照年级的增长由近及远、由具体到抽象的形式不断扩大空间的范围。例如从一年级"我知道的地方",到三年级的"西海岸",到五年级的"美国"。在时间维度上,HM 社会科教材按照由现在(例如一年级讲现在发生在我身边的事情)到过去(例如六年级讲发生在过去的事情),再到未来(例如八年级讲未来的事情)的顺序安排内容。关于经济素养教育的内容,教育科教材一共安排了 29 个教学环节,其中直接以经济学概念命名的 3 个环节,例如《经济选择——人类的需要与需求》等。其他环节虽然没有直接以经济学的概念进行命名,但其内容或多或少都与经济素养教育有关。[①] 而且教材的内容在组织上都体现了不同学习阶段之间的连续性和递进性。教育目标的阶段性和递进性特点也体现出美国经济素养教育课程依据了儿童认知发展特点的基本规律。

(二) 螺旋上升原则

朴素理论研究成果证明,学生学习基本概念后可以更有利于理解更复

[①] Houghton Mifflin, "Social Studies: I know a place, Teacher's 1997", T42 Boston: Houghton Mifflin Company.

杂的因果机制及其原理。① 美国经济素养教育专家和社会工作者进行了大量的理论与实践探索，如儿童经济认知发展研究、基本经济概念研究等，最后确定了"螺旋式排列"编排方式，将同一内容按深度、广度的不同层次安排在不同阶段出现，不断提升学生在知识、技能和态度等方面的实际能力。"螺旋式排列"编排方式的实现是众多参与方共同努力的结果，其中经济学专家和社会科工作者的努力首当其冲。经济学家要根据学生的身心发展特点整合出适合不同年龄阶段学习的基本概念和原理，社会科工作者要在经济学家的建议和参与下将其整合成可以进入课堂的学习资料。这些工作不仅遵循了中小学生的经济认知特点，同时也为经济学教学内容的科学化编排提供了理论支撑。塔巴认为，为了达到积累性学习效果，需要以深广的理念去理解、联结、应用日益复杂的材料，培养更精细的态度和敏感性，在不同阶段循序渐进地从事不同的学习任务，发展不同的能力，提高抽象的层次，学以致用、螺旋上升。② 课程从范围和序列两个组织向度上安排相关课程要素，其目的是促使学习达到最大累积效应。美国经济素养教育内容采用螺旋式编排方式，同时兼顾经济学学科体系的逻辑性和儿童经济认知发展规律，具有严密的连续性和顺序性，可以科学合理地促进学生达到经济学学习的最大累积效应。

对于教学内容的安排，教材都是按照循序渐进、由易到难的顺序来进行的，先安排简单的基本的概念，然后是相对复杂的经济现象和经济理论的分析。社会科的课程都是依据若干主题轴来安排设计的，即将课程以主题轴为核心，按照同心圆的方式对教学内容和教学要求进行扩展，以此来安排 K-12 年级的课程。主题轴要贯穿整个 K-12 阶段，不同的同心圆则表示了不同的学习内容和学习要求。例如在整个学习阶段，将经济素养教育分为商品生产、产品分配、商品交换等微观经济学环节，也包括进出口、债券债务等经济整体运行的知识内容，这些内容按照一定的原则被安排在 K-8 年级的社会科教材中。教学内容的安排原则体现了相同的教学

---

① Douglas R. Thompson and Robert S. Siegler, "Buy low, sell high: the development of an informal theory of economics", *Child Development*, 2000 (5-6), p. 669

② 钟启泉:《课程论》，教育科学出版社 2007 年版，第 191 页。

内容在不同学习阶段螺旋上升的原则，即不同的学习阶段学习内容有相同的地方，学习要求呈现逐渐递增的趋势，体现了学习环节之间的紧密相连，有逐级深入的关系，如图3—4所示。

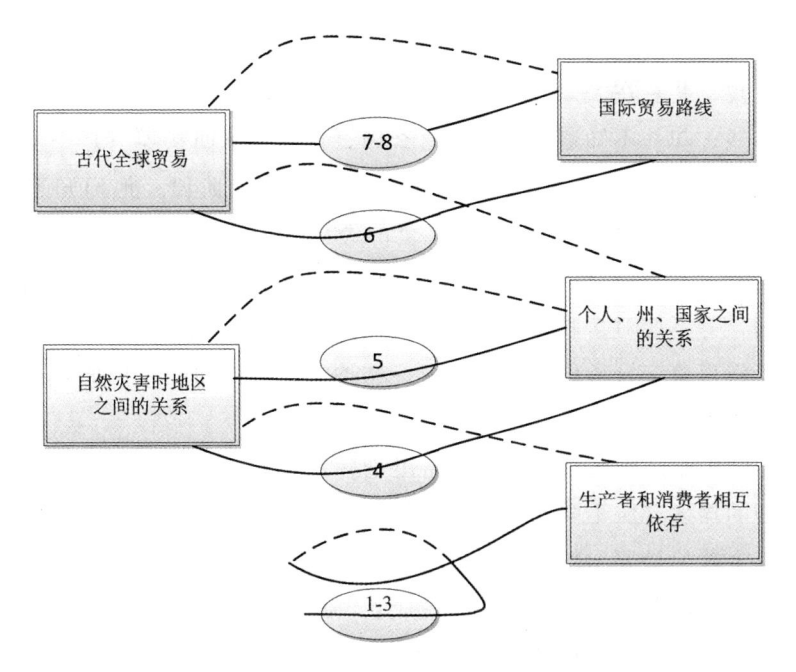

图3—4　1—8年级社会科教科书经济学内容螺旋上升

图3—4表明，HM社会科教科书一年级至八年级都安排了"相互依存"学习内容，教科书编写者围绕"相互依存"，根据"同心圆扩大"顺序，从低年级到高年级依次展现个体与个体之间（一年级至三年级）、地区与地区之间（四年级）、人—地区—国家之间（五年级）、国家与国家之间（六年级至八年级）的相互依存关系，即从个体到国家，再到世界范围内所存在的"相互依存"方式，这种螺旋式编排方式一方面逐步深化和扩展了"相互依存"的含义，另一方面使学生在一年级至八年级能够反复接触这一概念，并借助主题学习，提升对这一概念的理解。

(三) 经济素养教育内容组织的理论基础

1. 经济认知发展理论为内容分阶段组织提供依据

皮亚杰的认知发展阶段理论为研究儿童经济认知发展提供了理论基

础，很多学者利用皮亚杰理论对儿童经济认知阶段的发展理论进行研究。例如福克斯（Fox）和舒（Schu）研究发现了许多关于儿童经济认知的特点，交换、价值等的认识具有不连续性等。丹齐格（Danziger）、萨顿（Sutton）、弗比（Furby）、福斯（Furth）等学者也以皮亚杰理论为基础对儿童的经济认知水平发展阶段进行了研究。以现金交易为例，研究发现，儿童在5—6岁甚至更早期就能在商店付钱买东西，并拿回找的零钱，却并不知道为什么要这么做，付钱和拿回找零只是一个交易程序；7—8岁儿童的经济认知水平发展到了第二阶段，他们知道金钱可以作为交换的手段；9—10岁儿童的经济认知水平进入第三阶段，此阶段儿童对于金钱交换有了深入的认识，但这时候的认识基本还是相对孤立的，并不能对多种经济现象进行综合考虑。11岁以后的儿童能将多种经济现象综合考虑，能够思考一些抽象的经济问题，例如知道商品的定价依据，知道工资的来源等。

　　借助皮亚杰的儿童认知发展阶段论，不同的研究者对于儿童经济概念发展的描述有所不同。斯特劳斯认为，"钱可以用来购买东西"是儿童对于金钱的最原始的判断，正是这一判断开启了儿童逐步走入经济社会的旅程，经济现象伴随着儿童的成长已经从鲜活的事实演变成抽象的经济规律，尤其当儿童处于青春期时，其经济概念已经接近成人水平，即已经具备了初步独立的经济判断和决策能力。萨顿对于儿童经济素养认知的研究也表明，6—13岁的儿童在生理和心理两方面都已具备对经济现象和经济概念的理解与认识，但不同年龄段认识水平存在差异。尽管不同研究者的研究方法和研究结论的表达方式存在差异，但都与皮亚杰的儿童经济素养概念的发展观点相吻合。同时，儿童早期的经济经历和体验是其经济认知发展过程中重要的影响因素，甚至给其日后的经济选择和经济决策带来持续性影响，尤其是来自家庭成员的行为诱导或言语劝说。关于经济意识发展理论最为完备的学说来自英国教育心理学家弗恩海姆和阿盖尔，他们从六个层面分析了个体的经济意识发展阶段，[①] 如表3—4所示。

---

① 弗恩海姆、阿盖尔：《金钱心理学》，新华出版社2001年版，第88页。

表 3—4　　　　　　　　　　金钱意识发展层次

金钱意识发展层次	表现
第一个层次（0—3 岁）	没有金钱功能概念，即金钱无异于玩具和纸张。
第二个层次（3—7 岁）	朦胧的金钱功能意识，即知道钱可以兑换商品，但买卖行为没有自觉性。
第三个层次（7—11 岁）	简单的金钱功能意识，即对钱产生了数目概念，自觉买卖行为开始出现。
第四个层次（11—14 岁）	复杂的金钱功能意识，即领会金钱的多重价值属性，买卖行为在自觉性的基础上产生了一定的独立性。
第五个层次（14—17 岁）	全面的金钱功能意识，即能认识到金钱的物质功能、精神功能和社会功能。
第六个层次（18 岁以上）	创新的金钱功能意识，即具备了运用金钱进行金钱增值的自觉意识。

资料来源：弗恩海姆、阿盖尔：《金钱心理学》，新华出版社 2001 年版，第 88 页。

表 3—4 表明，儿童会主动构建对经济学世界的理解而非被动接受成人的信息，且他们对经济学的认知呈现阶段性发展趋势。在此类研究中，以贝尔蒂（Berti）和邦比（Bombi）的研究较为全面系统，他们一致认为，理解社会经济制度比物理现象难，因为它是抽象的，不像物理实体那样可以操纵，只有通过思维才能掌握。[1] 他们把儿童的经济学认知划分为以下几个阶段。

（1）经济概念的前认知阶段（3—6 岁）

相关的研究表明此阶段的儿童并不具备基本的经济学概念，他们对于经济现象的认识极大程度地受到其生活经验的限制。他们没有商品和生产的概念，不了解货币的含义。例如他们认为只有商店里的东西才能出售，而不理解土地、房子这类商品也是可以出售的；他们也不知道为什么购买物品一定要付钱，简单地把付钱理解为一种习惯；他们也没有购买商品时货币需要与商品等值的概念；他们不了解商品是如何生产出来的，只是简单地认为商品是商店自动产生的，或者是从别的地方买来的，或者它们已

---

[1] Berti A. E., Bombi A. S., "The child's construction of economics", *New York*: Cambridge University Press, 1988.

经是存在的,因为人们需要它们。这个阶段的儿童对于经济现象的理解也受到其智力发展水平的限制,他们不能完成相对复杂的逻辑分析,在面对一些经济现象时,只考虑结果而不去分析原因。他们对于贫穷和富裕只有绝对的概念,而不能区别不同程度的贫穷和富裕。① 他们认为购买商品时售货员找给零钱是出于礼貌或者是为了不让顾客把钱花完,他们不理解工作和劳动报酬之间的关系,认为工作就是为了给大家服务。这个阶段的儿童对于经济概念的理解与皮亚杰描述的儿童对于自然现象的理解是一致的。

(2) 经济概念的直觉认识阶段(6—7岁)

相对于前一阶段,该阶段的儿童对于经济概念和经济现象开始有了一些直觉的认识。他们能够认识不同类型的货币,知道商品是有价值高低的区分的,知道了在购买商品过程中付钱的含义,他们也了解到工资的含义,知道工资是工作的劳动所得,能够识别几种常见的工作类型,但还不清楚工作的性质。在这个阶段,儿童已经通过自己的认知能力构建了自己的经济现象规则。

(3) 经济概念的具体认知阶段(7—10岁)

此阶段儿童对于商品、交换、生产、工作等概念有了更进一步的认识。对于商品的范围不再局限于商店出售的物品,认为房子、土地等也可以作为商品进行买卖。对于购买行为,儿童完全理解了简单购买行为的过程,知道购买时要付给等价值的货币,也理解了找零的概念;对于生产也有了更深入的认识,知道产品是由工厂生产的,而不是原来就存在的,但对于生产产品和修理产品还不能够明确区分;也知道了工作不是单纯地为大家服务的,工作是要获得劳动报酬的,工资就是对于工作的报酬;他们能够区分生产者和消费者,也知道生产和消费之间还需要运输、批发等环节,但对于生产、流通、消费过程中的一些涉及价值的概念还不能很好的认识。② 例如他们不理解商品的价格是由生产成本确定的,不理解商店的物品的价格究竟是如何确定的,也不了解工人的工资是从哪里来的,只是简单地认为工资是老板给发的,而发工资的钱从哪里来却并不知道。

---

① 朱莉琪、皇甫刚:《儿童经济学认知的发展》,《心理学动态》2001年第3期。

② 同上。

这一阶段的儿童对于经济概念和现象的认识克服了以自身为中心的缺点，能够把自己的想法和别人的想法区别开来。此阶段的儿童对于显性的经济因素已经有了相对完整的认识，但对于一些隐性的，其实是十分重要的因素没有清楚的概念。例如在构建劳动报酬的概念时，儿童能够明确劳动时间、劳动强度等概念，但对于工作类型、提供的智力服务等因素没有明确的概念。具体认知阶段的特点是儿童能够对单一的经济现象进行认识和理解，却不能将结果不同的经济现象联系起来，例如他们认为银行是人们存钱的地方，也会把钱借给需要的人，但这是两个完全独立的环节。人们把自己的钱放在这个安全的地方，直到需要的时候来取，这个钱一直都被放在银行，银行也会提供贷款，但贷款的钱是银行另外想办法拿到的，而不是使用存款人的钱。

（4）经济概念的形式认知阶段（11—14岁）

在形式认知阶段，儿童能够系统、综合地应用之前一些零散的、片面的经济学知识，对一些经济概念和经济现象进行分析。[①] 他们知道了商品的价格由原材料成本、工人工资和利润等构成；知道决定工资水平的因素，知道商品生产的概念，知道商品生产是对原材料加工的结果，也充分了解了在银行存款、贷款等行为的含义。对于知识的综合应用，使他们能够更加抽象地分析经济概念。

有学者研究了儿童经济认知水平的不同层次间转换的机理，并试图以教育的方式加以干预。例如贝尔蒂（Berti）研究了在不同的外界教育干预下，儿童"利润"概念的不同认知水平的变化。[②] 贝尔蒂（Berti）还研究了教育干预前后儿童对于银行的理解的变化。[③] 有些学者则将儿童的经济学认知研究和其他能力的研究联系起来，例如与逻辑能力、分类能力等的关系。

2. 朴素理论为内容组织提供前科学知识框架

朴素理论（Naive Theory）是儿童在一些领域获得的非正式的、前科

[①] 朱莉琪、皇甫刚：《儿童经济学认知的发展》，《心理学动态》2001年第3期。

[②] Bern A. E., Bombi A. S., De Beni R., "Acquiring economic notions: profit", *International Journal of Behavior Development*, 1981 (9), pp. 15 – 29.

[③] Bern A. E., "Fifrh – graders' ideas on bank functions and interest before and afrer a lesson on banking", *European Journal of Psychology of Education*, 1993 (2), pp. 183 – 193.

学的知识框架，具有零散性、内聚性特点，教育者要重视儿童朴素心理理论发展的关键期。朴素理论认为，儿童思维发展的差异就体现在儿童所形成的世界内部理论上，获得这些知识对儿童特定领域内的问题解决和其他信息加工活动具有重大而普遍的影响。儿童的朴素理论是一种框架性理论，儿童有着他们对世界的理解，这便是儿童的理论，这些理论与严格意义上的科学理论存在差异。[①] 儿童认知的发展变化，实质上是儿童朴素理论的发展变化。在具体内容和细节上，儿童的朴素理论并不一定具有文化认同的科学性，但在认知结构、体系构成等方面与科学理论是相似的。儿童的认知的发展变化是朴素理论的发展变化的过程。我们要承认儿童有他们的理论、他们的精神世界、他们的文化，这种承认不是一种施舍、怜悯，而是基于对多元性的认识。儿童理论合法性的确认不仅仅是对儿童和儿童发展规律的尊重，也是对人类认知做出的贡献。

朴素经济学研究内容包括儿童对经济学现象的理解、经济学推理及经济态度。朴素经济学研究发现，尽管各国儿童由于所在国家的文化传统和政治制度等原因导致经济素养水平存在差异，但是伴随年龄的增长，其经济素养水平向纵深发展、经济态度逐步走向稳定的趋势是一致的。例如莱泽尔试图在此研究基础上对儿童经济素养教育进行多维度考量，尤其是关注儿童所处的自然环境和社会环境是如何对发展中个体的经济意识和经济行为形成影响的。西格尔（Siegl）和汤普森（Thompson）的研究探查了4—10岁儿童如何理解产品的需求、产品的供应（竞争）、销售者的销售动机、无关情境中销售者的道德行为以及产品容器的颜色五个变量对销量的影响。其中，需求和供应的变化直接影响销量，动机和道德的变化不影响或间接影响销量，容器颜色的变化不会对销量产生一致性的影响。戈普里克（Gopnik，1996）指出，科学家是大儿童，而不是儿童是小科学家。[②] 教师应善于利用儿童的朴素理论，而不是仇恨、想方设法排除、拒斥儿童的朴素理论的发展变化。特别是要善待那些与科学理论不一致的朴素理论。教师首先是理论的学习者，即教师应像学习其他理论一样，认真地学习儿童的朴素理论，搞清楚儿童的朴素理论是什么、有些什么类型、

[①] 鄢超云：《儿童的朴素理论及其学前教育意义》，《上海教育科研》2003年第4期。
[②] Copnik A., The Seientist as child. philosophy of science, Vol. 63, 1996, pp. 485 – 514.

特点，理论内部的概念关系是什么。其次，教师必须亲自体验儿童的这些朴素理论，并在此基础上加以运用。

总之，以《规划》为核心的顶层设计为经济素养教育目标体系构建和经济素养教育内容统整奠定了法律基础。美国中小学经济素养教育充分考虑到了社会需求、学科发展和学生状况等多方面因素，使经济素养教育在社会科课程中能够循序渐进加以实施，使学生学习达到最大累积效应。同时，儿童认知发展理论、朴素理论等构成了经济素养教育内容选择的重要理论基础，为美国中小学经济素养教育的实施提供了理论支撑。美国把经济学领域关于经济活动本质和规律的知识作为选择经济素养教育内容的重要依据，通过让学生学习经济知识、形成经济素养，使之成为能做出明智抉择的智慧公民，为美国中小学生经济素养教育的顺利开展奠定了坚实基础。

第 四 章

美国中小学生经济素养教育实施与评价

埃尔伯特·班杜拉（Albert Bandura）提出的社会学习理论从观察学习、强化学习和三元交互决定说、自我效能等角度说明了个体是如何在特定的社会环境下进行学习的，进而形成其特有的性格特点。[1] 这些理论都为研究经济素养教育的开展提供了丰富理论指导。观察学习理论认为，儿童的学习行为首先是在日常生活的观察和模仿中获得的，观察和模仿是认知和行为综合作用的结果，可分为对对象的注意过程、模仿的维持过程、模仿的重现过程和动机过程四个密切关联的环节。[2] 生活中大部分的行为习惯和技能都是通过观察和模仿来获得的，强化学习则是学习社会规范的重要机理。经济素养作为儿童社会化过程中重要的组成部分，教师和家长不仅要给青少年树立榜样，而且在对待金钱、消费问题时，成人应为孩子展现正确的观念、合理的行为，对孩子正确的做法应给予适当的强化，使孩子得以保持良好的习惯，为其幸福生活奠定长远基础。

1990年，盖洛普对公立学校的民意调查显示，有59%的公众认为商业教育对于准备考大学的学生是必不可少的科目；63%的公众认为商业教育对于不准备考大学的学生是必不可少的；60%的公众认为学校应该给予

---

[1] 韩云龙：《班杜拉的社会学习理论对幼儿社会教育的启示》，《教育导刊》2008年第11期。

[2] 陈虎强：《班图拉社会学习理论对幼儿教育的启示》，《学前教育研究》1998年第6期。

商业教育课程更多的重视。① 可见,公众对于中学生开展商业教育的认可程度是很高的。

第一节　学校经济素养教育发展动力

　　课程模式变迁、教师专业发展和校本学生活动是学校经济素养教育的发展动力。早在1976年,盖洛普对公立学校的民意调查就显示,80%的公众认为公立教育应该重视中学阶段的生涯教育,培训毕业生为未来工作做好准备的能力;52%的公众认为小学课程中应该包含关于工作和职业的信息。② 之后的民意调查也都显示出公众对于学校开展生涯教育的强烈期待,这些意愿都为经济素养教育在学校的开展奠定了基础。

一　课程模式变迁与经济素养教育结构转变

　　课程教学是提高学生经济素养教育的最有效途径。考里尔斯基对96名5—6岁儿童的一项有关经济素养教育的调查结果显示,经过课程教学后的学生对短缺、生产、消费、分配、供需等经济学相关概念的领会比教学前的认识更加深刻。考里尔斯基同时发现,教育培训或课程辅导对于经济素养水平的促进作用比单纯依靠年龄递增来促进其发展的作用更大。③ 因此,对中小学生进行经济概念的课程教学是有必要的。经济学理论对于中小学学生来说是抽象和生僻的,如何让他们更好地理解掌握这些知识,激发学生对经济学知识学习的主动性是开展经济素养课程教育的一大难题。

　　全球化使管理模式从以往的垂直分工的机械模式向生物模式过渡,进而转变为现代化水平分工的社会模式,这正迎合了科学技术成果转化为生产力的需要。这是一种复杂的社会过程,这一过程要求人力资源、文化设计、制度安排、科学成果、财政保障等要素整合起来,最终使人力资源在

---

　　① 范国睿、刘涛、王佳佳:《美国公众眼中的公立学校》,教育科学出版社2009年版,第524—525页。
　　② 同上书,第154—155页。
　　③ 弗恩海姆、阿盖尔:《金钱心理学》,新华出版社2001年版,第118页。

整体组合协同的关系中发挥最大效能。课程教学作为教师遵循教育目标和计划、在相对固定的时间和场所内对学生开展的专门教育活动，是社会活动的缩影，深受管理模式转变的影响。学校经济素养教育课程模式也经历了相应的三次蜕变：经济类课程传递经济学知识的机械模式；学科渗透课程实现经济素养教育内容的整合的生物模式；体现知识经济时代课堂话语的对话性社会模式。

（一）机械模式——经济类课程构建经济素养教育内容框架

机械模式有两个独一无二的特征：一是组织是一个无意志的体系，其存在是为了服务于机器以外的某个东西，如你想驾车撞墙的话，车是不会拒绝的，但马会；二是在机械模式中，因果关系是严格确定了的，是不变的。[1] 这也正符合了业界人士通常认为的经济学经常被称作"沉闷的科学"，充斥着复杂模型和抽象图表的经济学教科书似乎只应当在大学的课堂里出现的观点。在这种机械模式影响下，中小学生的经济素养教育长期沉寂，直至 20 世纪 60 年代才逐渐得到改观。据美国教育统计中心于 2006 年展开的调查显示，接受高等教育之前，美国学生已经不同程度地接受过经济素养方面的教育，如修习过大学预修课（Advanced Placement，AP）经济学，即大学先修经济学课程的学生占到 12%；修习过与经济学相关课程的学生占到 49%；还有 23% 的学生尽管没有修习过经济类的相关课程，但从其他学科中接触过经济学方面的资料和信息。将经济素养教育作为一门单独的学科，整合进学校的课程体系，这种模式的优点在于能够将经济素养教育相关问题纳入一个连贯的体系，并使其从一开始就能获得与其他学科同等的地位。

（二）生物模式——学科渗透课程实现经济素养教育内容整合

随着机械模式向生物模式的转变，还发生了另一个变化：在各个部分履行各自的职能时，我们必须给予它们比在机械模式中更多的灵活性。[2] 由于人们不再愿意像齿轮杠杆般工作，全球化使管理模式从以往的垂直分工的机械模式转变为现代化的水平分工的社会模式。以往那种机械的反应

---

[1] 李毅强：《知识经济时代管理科学的哲学初探》，博士学位论文，中国社会科学院，2001 年，第 33 页。

[2] 同上。

式管理向一种有机的响应式管理模式转变。不仅专门设计的经济素养教材可以促进学生在这方面的知识增长，而且在原有教材和课程中有意识地整合进经济素养教育方面的内容对中小学生经济素养教育也不失为有益的做法。1994年，《社会科国家课程标准》由全美社会科协会制定并颁布，其中经济素养课程作为学科整合的重要成果正式成为社会科课程的组成部分。

1. 社会科课程成为经济素养教育的主要载体

（1）社会科课程中的两种经济素养教育模式

在相当长的一段时间内，美国小学课程结构缺少灵活性，有限的时间内学生要学习地理、历史、数学等多门学科，如若再加入经济学课程，给学校课程安排等方面都会带来一定的困难。因此，在其他课程中渗透经济学的教学内容，就成了比较好的选择，如表4—1所示。

表4—1反映了阿肯色州学科课程中渗透的经济学内容所占的时间比例，括号中数字代表参与者所占的整体数量比例，也显示出教师修习大学经济学课程的平均数量，平均来看，每位教师都会在所任的课程中或多或少地渗透经济类教学内容。基于此，美国发展出两种经济素养教育模式，即"教学的注入式"与"内容的整合式"。1965年，美国经济教育联合委员会开展了经济素养教育发展项目，采集了1375所学校的1500万学生作为被试对象进行实验（Miller，1988）。调查显示，"教学的注入式"是经济素养教育开展过程中最高效的策略。由于经济问题已经遍及社会生活的每一个领域，因此，在相应的学科领域中也会出现"经济"的影子。教师如果能充分运用这些"经济存在"，经济素养教育成效必将得到极大提升。与此同时，这种高效的教学方式也对教师的教学水平提出了极高的要求，教师不仅要对教学过程的把握游刃有余，同时也要求教师要有敏锐的经济思维，能在经济学科与所任学科之间建立衔接点，并以此切入，将两门学科进行有机衔接。"内容的整合式"最有代表性的学科就是美国中小学阶段的社会课课程，这门课程使经济素养教育内容在经济学科内容体系与学生的认知发展之间的连接达到了最优化，也使经济素养教育内容在中小学阶段实现纵向递进、螺旋上升成为可能，社会课任课教师也成为潜在的经济素养教师。

表 4—1　　　　　经济学内容在社会科课程中所占的时间比例

学科	经济学内容占学科课程的时间比 （参与者数量比例（%））	教师修习大学经济学课程平均数量
公民学	12.5:25（52.8）	1.67
时事政治	26:33（58.5）	1.68
工商学	12.5:25（55.3）	2.34
地理学	12.5:25（51.2）	1.51
政府学	26:33（62.5）	1.50
语言艺术学	12.5:25（55.8）	1.06
数学	26:33（57.1）	1.34
心理学	少于 12.5（72）	1.68
阅读	26:33（50.0）	1.20
社会学	少于 12.5（60）	1.72
社会研究	26:33（56.1）	1.38
美国历史	26:33（69.1）	1.32
世界史	26:33（79.6）	1.63
其他	12.5:25（63）	1.62

（其他主要指阿肯色州的历史、家庭和消费者科学、外语、个人理财等。）

资料来源：June Marie Freund, Economic Literacy, Measuring the Economic Human Capital of Arkansas K-12 Teachers, Doctor of Philosophy in Curriculum and Instruction of University of Arkansas, 2015（6）：62。

（2）社会科课程中经济素养教育内容的编排方式

第一，集中式内容编排。集中式内容编排是一种比较高效的教育内容编排方式，有助于在短时期内掌握经济学的基本概念和基本观点，训练用经济学的眼光考察分析社会现象，培养经济学的思维能力，如表 4—2 所示。

在表 4—2 中，比较典型的是一年级社会科教材"人们在工作"单元。该单元包含了较多经济学内容。HM 社会科教材中经济学领域的内容要素及教学内容的年级分布为分布式内容安排提供了条件。

表 4—2　　　HM 社会科教材中经济学领域的内容要素及
教学内容的年级分布一览表

经济学	幼儿园	一年级	二年级	三年级	四年级
1. 基本概念	需要和想要	讨论怎样满足需要；区分并讨论社区内的工作		比较在过去时空中需要是如何得到满足的	过去的需要是如何满足的；历史上的商业
2. 交易体制	角色扮演	剩余物品交换	交易体制如何形成和变化	美印第安人的交易方式	实物交换；追踪货币的流动
3. 基本经济问题	商品从生产到销售的过程		生产和分配		经济周期
4. 相互依赖性	无	生产者和消费者的相互依赖；在生产中的发明；社区的形成			区域内部与区域间的自然灾害的影响
5. 技术	无	无	无	生产和运输	第二次世界大战后的发展和污染

第二，分布式内容编排。分布式内容编排指针对同一问题或现象，运用诸多社会学科的知识和视角进行考察和分析，有助于培养学生的多维视角和综合分析能力，充分体现了社会科的综合化特点。[1] 在 HM 社会科教材中，经济学内容经常与历史、地理结合，分布在这些学科的相应单元中。通过各个学科内容的整合，教学内容深入浅出，符合学生不同阶段的接受水平，可以潜移默化地引导学生学习和思考经济素养的知识，例如 HM2 年级社会科"了解你的家庭"的教学内容就安排了有关货币的经济学知识，如案例 4—1 所示。

案例 4—1

HM 2 年级社会科教材在第 2 单元安排有"了解你的家庭"内容，借助作者柬埔寨祖先家族的经济发展状况来引导学生对家庭经济的了解和把握。柬埔寨是一个典型的农业国家，以大米和玉米为主要的粮食作物，但

---

[1] 舒健、沈晓敏：《美国初等教育阶段的经济学教育——基于全美课标和主流教材的分析》，《比较教育研究》2009 年第 2 期。

粮食紧缺严重。课文从美国与柬埔寨人民所使用的货币差异引发学生的经济学思考：如果在别国使用本国的货币购物将会出现哪些困难，又将如何解决这些困难呢？

案例4—1表明，分布式内容编排保证了经济素养教育内容的基本需要，同时又最大限度地促成了学科的融合。为体现分布式内容编排的特点，经济素养类课程在确保系统性和连续性的基础上，根据学生身心发展的特点，对不同年级阶段编排不同的课程：小学阶段主要借助情景训练让学生掌握基本的经济学概念；初中阶段利用学生抽象思维的发展提升其对概念的理性认识；到了高中阶段，学生可以学习更多经济学内容，经济学成为一门独立的课程。

2. 儿童文学渗透经济素养教育价值观

（1）儿童文学渗透经济素养教育案例分析

儿童文学是文学的一个分支，孩子们通过解读文学作品，感悟文学作品对性情的陶冶，使其对社会有一个积极的认知态度，有一颗对弱者的同情心，使孩子们形成社会道德感和积极的社会心态。同时，儿童文学作品在传递经济素养知识、养成良好经济行为习惯和培养优秀经济品质等方面都有重要作用。杰奎琳·戴维斯是美国当代著名的童书作家，她的长篇儿童小说"柠檬水大战"系列作品曾荣获"美国银行街最佳童书奖""美国加利福尼亚童书奖""美国马萨诸塞州图书荣誉奖""美国康涅狄格州肉豆蔻奖"等奖项，被誉为"富爸爸穷爸爸"都想和孩子共读的财商小说，风靡全世界。① 这些儿童文学作品以一对兄妹在生活中遇到的各种与经济相关的事件为故事主线，在讲述故事的同时教给了小学生经济学知识并培养了其良好的经济品质，如案例4—2所示。

案例4—2　从《柠檬水变摇钱树》到《谁偷走了大笨钟》

在《柠檬水变摇钱树》中，因为妹妹杰茜即将转入哥哥埃文所在的班级，埃文压力倍增，以冷落杰茜来宣泄不满。于是，兄妹俩各自找到盟友，展开了一场"你死我活"的售卖柠檬水的"战争"。他们像企业家那样精心谋划、运营，选择最佳售卖场、制作创意广告、促销经销分销……

---

① 张国龙：《"财商教育"视阈中的"成长"书写——儿童小说"柠檬水大战"系列读解》，《中国图书评论》2015年第5期。

为了打败竞争对手甚至不择手段。杰茜兄妹俩在卖柠檬水赚钱的实战中学会了经济学意义上的诸多商品经营法则，诸如低迷、解体、联合经营、合伙、竞争、低价促销、谈判、货品全损、危机管理、调和等，具备了这些连成年人都不容易拥有的能力之后，他们自然而然地提升了处理其他相关问题的能力。

到了《神秘失踪的钱》，埃文和杰茜兄妹俩耗费了整个假期冒着酷暑挣来的钱不翼而飞，这对于他们来说无异于灭顶之灾。更令他们如芒在背的是，明明知道窃贼是谁却苦于没有确凿的证据而不能让丢失的"巨款"失而复得。懊丧、捶胸顿足之后，他们没有号啕大哭、方寸大乱，而是静下心来寻找破案良策。他们仔细阅读相关法律条款，并明察暗访，动员知情的同班同学建立了儿童"经济法庭"。在这个模拟法庭上，法官、律师、原告、被告、陪审团各就各位，各司其职，无论是举证还是抗辩，既像模像样又妙趣横生。最终，兄妹俩凭借智慧和勇敢找回了属于自己的钱，在捍卫经济利益的同时，也捍卫了正义和公正。提升了"赚钱"和"追回巨款"的经济素养，埃文和杰茜兄妹俩处理其他棘手问题的能力突飞猛进。

在《谁偷走了大笨钟》中，埃文兄妹俩跟着妈妈去外婆家过新年，年迈的外婆出现老年痴呆病症，不慎烧掉了自己的房子，甚至不认得埃文兄妹；更令他们忧惧的是，那口镇守村庄、无异于外婆的命根的大笨钟不见了；雪上加霜，暴风雪呼啸的黄昏，外婆外出失踪……但兄妹俩并未惊慌失措、束手无策，而是冷静、机智地寻找到了万全之策，最终依靠智慧和爱心，不但找到了丢失的外婆，还找到了那口丢失的大笨钟。

案例4—2表明，儿童文学作品要能够透过成长中孩子的视角去看世界，并能用孩子的方式去发现问题、分析问题和解决问题，"儿童本位"是其取得良好效果的关键所在。这样就使儿童文学不仅仅是一部小说，甚至成为引导孩子健康成长的"教育宝典"。利用文学作品或与其相关的案例展开教学在美国学校十分常见。不仅在中小学阶段，甚至美国大学也将故事教学法运用于课堂教学，即案例教学法，可见其对不同年龄阶段学生发展的深远影响。"柠檬水大战"系列作品是对中小学进行经济素养教育的良好教材，通过对作品的解读，不仅使成长中的中小学生学会了如何赚钱、理财等一系列经济问题，同时还引发了他们对于诚信、效率、合作等经济品质的深入思考。利用儿童文学对中小学生进行经济素养教育需要教师做好一定的准备工作：课堂教学前，教师要收集好与经济素养教育素材相关的儿童文学作品，并对其进行分类整理，使其与经济素养课程内容相互衔接和吻合；然后推荐给学生阅读，并在阅读的基础上由教师和学生共同讨论其中值得挖掘的经济现象和问题；最后由教师把其中的经济学概念和原理展示给学生。例如用"你给老鼠饼干吃"的故事来讲解"稀缺""欲望""选择""成本"等经济概念，如案例4—3所示。

案例4—3 你给老鼠饼干吃

经济学概念十分抽象，为将"稀缺""欲望""选择""成本"等经济学概念让中小学生在了解、理解、领会的基础上加以运用，儿童文学是一种有效途径。其中"如果你给老鼠饼干吃"的故事，可以让学生对以上概念有更清晰的认识。故事是这样展开的：吃完饼干的老鼠会跟你要奶喝，且要配上吸管……甚至在此基础上，它的欲望和要求都是无止境的。如此生动的故事，经过教师的引导，学生就会很容易将老鼠的行为与"欲望""稀缺""选择""成本"等建立起联系，并在兴趣的指引下，通过与教师和同学交流、网上查阅资料等方式在经济知识、经济思维、经济态度和经济能力等方面都会有显著的提升。

案例4—3表明，教师在讲解一些对于小学生来说十分抽象的经济学概念时，利用儿童文学的方式进行讲解，可以提高小学生学习知识的兴趣，同时提升学习效果。

（2）儿童文学教学法的实施过程分析

儿童文学课堂教学通常都很活跃，学生们仿佛置身其中成为主人公在故事中穿行，通过歌唱、游戏和角色扮演等形式走进儿童文学的经济角色。对学生而言，既熟悉又陌生的经济生活让其在课堂教学中变得如此亲切，这种感觉是以往课堂教室难以企及的，主动学习和参与讨论的热情油然而生，这种隐性的课堂氛围是儿童文学教学法特有的一笔宝贵财富。但同时，美国教师很注重经济素养教学过程中学生的兴趣问题。伴随着学生对经济问题兴趣的逐步提升和稳定，教师在利用儿童文学进行经济素养教学时，可以先将与故事相关的经济学概念出示给学生，从而引导其边阅读、边思考，防止在阅读过程中忽略对教学重点的掌握。

(3) 儿童文学作品的开发

儿童文学教学法开展经济素养教育摆脱了以往经济学知识和原理传递的枯燥性和抽象性弊端，采取让学生主动"走进去"的策略来降低传统课堂教学成本，在此过程中并真正促进了学生经济素养水平的全面提升，也大大提升了教师专业发展的空间和能力。伴随美国联邦政府、教育部和州政府对经济素养的逐步关注，目前美国儿童文学中渗透经济素养教育内容的书目不断增多，也为教师经济素养教学和校本课程开发创造了便利条件。目前美国已经开发出350多本涵盖经济素养内容的优质图书，它们将文学精华、故事情节、经济学要素、个体角色等环节融会贯通，对内容的难易程度、结构层次等问题都进行了缜密的思考。由于有联邦政府和社会相关的经济素养教育组织的赞助和大力支持，图书从设计、撰写、排版到发行等一系列环节都有专项经费，无论其学术质量还是技术质量都非常优秀。另外，图书还应具有很强的可获取性，即学生在学校或社区图书馆、实体书店、网上书店等处皆可购买，同时所有书目在指定的网络上都应可以方便获取。

国家经济教育委员会（NCEE）联合"标准性能评估公司出版社"专门为列在书目中的儿童文学作品开发出详细的课程计划，以方便教师在教学活动中直接使用，并为这些课程计划的开发和教师教学提供经费资助。同时，在儿童文学作品的编撰方面也应遵循以下三个阶段：第一阶段应由学校主管领导和部分老师对编写的提纲、体例、风格等进行数次讨论，并最终确定；第二阶段的工作重心是将经济学学科知识与学生的真实生活进行有机结合，并能在其认知基础上对所选择的经济学内容，如货币、知识产权、慈善、收藏品、理财产品、汇率、保险、黄金等进行系统整合；第三阶段要根据所撰写的儿童文学作品的定位，即是经济素养教师教科书还是经济素养类的课外读物，来安排具体版面设计和相关的插图等细节。总之，对于相关图书和教材的开发，无论在理论上还是在实践上都是对经济素养教育进行的有益探索。

3. 学科课程激发学生经济素养学习兴趣

经济素养教育与其他领域的知识密切相关，美国中小学特定年龄段的经济素养教育渗透课程形成了一套完整、科学的体系。① 比如对货币的认知需要以数字的认知为基础；对资源有限性的认识需要以自然资源的认知为基础。无论是主题活动的开展，还是其他领域知识的渗透，通过学科课程渗透经济素养教育可以集中、明确地实现经济素养教育目标。数学是渗透经济素养教育的最便利的学科，其中蕴含的数理逻辑和运算规律是经济素养教育的基础内容。玛丽·安娜（Mary anna）博士运用"金融数学"理论 FMTs 分析了数学课程在进行经济素养教育渗透过程中的重要作用，并对三个年级数学教材进行了系统分析，把与经济素养教育相关的内容从知识、教学和评估等多个层面进行了研究，明确提出数学教材是提高经济素养水平的重要工具，并试图找到通过数学课程进行经济素养教育的最佳途径。但由于中学生的社会阅历有限，利用金融工具分析数学问题时所需的抽象思维能力，还需要教师进一步的引导和辅导。如在小学二年级学习"加法"运算时，教师可以选择"钱币"作为教具，让学生认识钱的面值和数目；在初中阶段有关"百分比"的教学时，教师可以引申出"利息率"等经济学概念，并让学生了解相应的市场经济环境。

除社会科课程、儿童文学课程和数学课程外，伴随"基于标准的改良运动"发展空间的进一步扩大，尤其是《不让一个孩子掉队》的出台，经济素养教育在多门学科中的渗透逐渐发展成为一种常态。丹·奥特（Dan Otter）博士对教师教学过程中经济素养内容的渗透进行了调研，选择了来自两个州、两个学区的1120名公立学校教师作为被试对象。问卷的反馈率为16%，即共有116位教师参与调研，② 如表4—3所示。

---

① Schools and Parents Can and Cannot Do. Jump start Coalition for Personal Financial Literacy, http://www.jumpstartcoalition.org.

② Dan Otte, "Teaching Financial Literacy in K-12 School: A Survey of Teacher Beliefs and Knowledge", *the Degree of Doctor of Philosophy The University of New Mexico Albuquerque*, New Mexico, 2010 (5), p.5.

表 4—3　　　单科渗透经济素养教育的人数和百分比（N=116）

单科渗透经济素养教育	人数	所占比例（%）
语言艺术	25	21.6
数学	18	15.5
科学	10	8.6
社会研究	10	8.6
特殊教育	6	5.2
图书馆学	5	4.3
体育课	4	3.4
阅读课	4	3.4
音乐课	3	2.6
戏剧课	2	1.7
世界语言	2	1.7
其他	27	23.3

资料来源：Dan Otte, Teaching Financial Literacy in K-12 School: A Survey of Teacher Beliefs and Knowledge, The Degree of Doctor of Philosophy The University of New Mexico Albuquerque, New Mexico, 2010 (5): 81。

经济素养教育渗透在其他学科中，最早出现于 20 世纪 70 年代的美国弗吉尼亚州，随后才逐步扩散到整个美国。[①]"工艺和设计"课也是教师进行经济素养教育的有效平台，教师引导学生理解供给的不同形式、比较不同材料价格，发展学生的经济素养能力；在家庭经济课程的"环境研究"内容上，教师可以让学生比较农村地区公共交通闭塞和城市中交通堵塞现象，并权衡这两种情况对于个体和社会整体经济状况的影响，并分析其成本收益情况，从而让学生做出居住选择；"个人和社会教育"课程教师可以选择典型的社会现象，如吸烟问题来引导学生分析其对个人和社会的投资收益成本，并让其做出是否选择吸烟的判断；"历史课"教师可以借助"经济大萧条"内容引导学生认识在此背景下金融机构或社会保障部分应采取什么措施来挽救危机或做出明智的经济选择。学科渗透整合

---

① Karen P. Varcoe, Allen Martin, Zana Devitto, Charles Go, Using A Financial Education Curriculum For Teens. *Financial Education For Teens*, 2005 (1), p.18.

不仅能促进诸如数学、阅读科目的教学，还能避免经济素养教育由于地方学校财政的减少或课程经费的变更导致的课程终止情况，这种创造性的方式使得学生收获终身受益的经济素养技能，极大地提高了学生的经济素养学习兴趣。

4. 隐性课程促进学生经济素养教育内化

追求质量、高效的美国课堂本身就为学生经济素养水平的提升创造了良好的隐性环境。在美国中小学课堂上，话语权把握在学生手中，即课堂讨论的问题大多是学生根据先前的阅读或生活经验结合课堂教学目标而提出的。来自于学生自己思考后的问题一定是他们关注的、费解的，也是想急于知道答案的，此时教师的讲解和辅导的教学效率不言而喻。发现问题、分析问题和解决问题的教学思路提升了课程教学的有效性和可行性，也最大限度地保全了发展中个体的想象力和创造力。这种理念与中国"让学生带着问题走进教室，解决好了问题走出教室"的理念相对照，后者尽管在短期内会迅速提高学生的笔试成绩，但其长远的洞察力、判断力、创造力的发展显然会出现严重短板。因此，经济素养教育一方面要依靠学校与经济素养类课程相关的显性课程设置加以实施，另一方面学校文化的滋养和孕育也是不可忽视的经济素养教育隐性资源。

大众传媒是经济素养教育重要的隐性文化媒介。得益于赞助商和社会公共部门的支持，美国中小学校为教师和学生提供加强经济素养教育的日报，内容包括从报纸中精选的经济类文章，报道商界每天的变化，试图用新闻和商界变化的趋势向学生传授最新的经济动态，成为美国中小学经济素养教育的重要媒介。同时，以互联网为核心的网络学习平台以其便捷、快速、高效的信息获取和交流途径不仅成为美国中小学经济素养教育的重要工具，同时也提供了经济素养教育的隐性文化；不仅开阔了学生视野，也传递给学生获取经济信息的有效途径，这些对于提升学生的经济素养教育都大有裨益。近年来，随着网络的普及，各种经济素养教育组织纷纷建立网站，设立网上课堂、开发教学软件和游戏软件等，传播经济和经济素养知识，为教师和学生提供更便利的学习条件，并成为经济素养教育重要的隐性文化。

（三）社会模式——活动课程体现知识经济时代课堂交往的对话性

社会模式下的经济素养教育强调水平分工的平等性，强调课堂交往的对话性。在传统课堂上，由于知识本位和制度的束缚，师生话语交往中教师因为拥有知识而拥有权威，独白和单一声音成为教师话语霸权的重要特征，学生因无知演变为教师权威话语的接受者和教师真言的期待者，驯从和盲从使学生流失了探索和质疑精神。[1] 教师话语霸权的泛化限制了师生之间的平等对话。教师之所以会控制课堂教学的话语权，是因为传统课堂的知识主要来自教师以及只有教师才有的教学参考书，从而将教师推到了课堂权威的高地。当教师控制了课堂的话语权，学生自然也找到了自己应有的位置，即听众。原本具有生成性的课堂教学变成了教师一个人的独角戏。伴随着信息技术的飞速发展，知识经济迎面而来，由于学生获取知识的途径和方式达到了与教师平等的水平，教师的课堂教学话语权逐步受到瓦解。知识经济时代，社会需要能够通过加强对知识的管理以实现知识创新的优质人才。课堂教学方式的转变顺应了知识经济时代的人才培养需求，同时也根本转变了教学过程中的师生关系，真正实现了教师式学生和学生式教师。[2] 抽象、生僻的经济学概念只有蕴含于学生的活动中才能真正生根发芽，因此，活动课程成为美国中小学经济素养教育课程的常用方法。如何让学生更好地理解经济学概念，如何让这些概念可以为他们所接受和与他们现有的认知水平建立有效的连接，合理地安排实践活动是一个行之有效的办法。教师通过活动模拟简单的经济生活，设置特殊的活动环境、人物关系，借助简单的实物帮助学生理解简单的经济学概念。

活动课程其实质是一种整合课程，是一种真正将理论和实践相结合的课程。活动课程目标多、任务重、历时长，还具有一定的迟效性。这就要求教师不仅要明确课程目标、过程和方法，同时要能够真正融入课程之中，作为学生的一分子参与其中，形成一种与学生平等的身份和位置，深入观察学生在经济素养活动课堂上对经济学概念和原理的掌握情况以及参与活动的程度等问题。游戏活动是开展儿童经济素养教育的一种重要方式，它能够有效改善课堂教学枯燥乏味的弊端并激发学生学习经济素养知

---

[1] 孙茂华、童晓波：《从霸权到共享：知识经济时代课堂话语的对话性》，《现代教育管理》2014年第2期。

[2] 朱慕菊：《走进新课程——与课程实施者对话》，北京师范大学出版社2002年版，第25页。

识的积极性，例如以下几种常见的活动课程形式。

1. 橡皮泥经济

橡皮泥经济是一种操作简单、变化多样、通过情景教学方法传递经济学知识的一种教学方式，适合在教室中开展。在教学的过程中，老师把橡皮泥分发给学生，根据课程内容的安排制作各种各样的可用于交换的物品，然后在学生之间模拟生产、买卖等经济活动。配合老师适当的讲解，通常可以在简单的活动中让学生懂得深奥的经济学知识。美国小学有关经济素养所涉及的基础概念和相关知识都安排在小学一年级，例如关于经济生活中的劳动、资源、资本等概念。为了将这些基础而又抽象的概念准确地传达给低年级学生，采用这种参与性极强的课堂活动是特别合适的方法。老师可以把全班同学分为若干组，每组小朋友使用橡皮泥作为原材料制作汉堡，做好后在小朋友之间进行分配或交换，在整个制作的过程中，帮助小朋友理解原材料资源（用橡皮泥模拟的面粉、鸡蛋等）、人力资源（每个小组的同学）、劳动（汉堡制作过程中大家的工作）等经济活动中的基础概念。在讲解原材料资源和人力资源的重要性时，对于原材料资源和人力资源，教师可以在分组时做出差异性的设定。

橡皮泥经济使角色扮演的教学方法寓教于乐，避免了枯燥的讲解，可以让小学生在游戏中学习经济学的知识，潜移默化地提高经济素养。在具体的操作中，老师可以利用教室模拟工厂、超市、银行等社会环境，小学生则用橡皮泥制作经济生活中需要的道具，并且扮演各种各样的社会角色，在不同的角色扮演中体会获得真实的经济活动的参与感受，获取经济学的相关知识，提高经济素养水平。中小学生对事物的好奇心体现在感性认识上，对抽象的经济学理论学习存在较大难度。经济素养教育取得成功的关键是将培养目标与学生的身心发展规律有机吻合，最大限度地利用中小学生强烈的好奇心和对新事物的无限求知欲，激发其对经济活动的主动学习热情，从而为学校和家庭经济素养教育内容的开展奠定良好的思想基础。

2. 教室迷你经济

教室迷你经济是一种在教室进行的经济模拟活动。在这个活动中，教室是一个微型社会，由同学们分组扮演银行、企业、政府等部门中的社会经济角色。学生们根据课程设定的经济环境，模拟真实的经济社会生活，学习不同经济部门的运行机制。例如关于工作职位的申请,学生书写个人求职信,去公司进行面试,以获得一份工作;面试达成一致后,公司企业就要和面试人员签订劳动协议,付给薪水,而且要为员工购买相应的社会保险等;也可以模拟出现劳动争端时,公司员工如何与公司进行协调解决,如何到政府相应管理部门进行仲裁申请等;企业还可以模拟申请贷款,用于扩大生产或进行生产设备的升级改造,并要向税务部门交税等;员工也可以把自己的薪水用于消费或存入银行等经济活动。这种课堂活动能够帮助学生更全面地学习社会经济生活的方方面面,知道各主要经济部门是如何运行的,帮助他们理解经济现象,学会在复杂的经济环境中做出正确的决策。教室迷你经济适合年龄稍大一点的孩子,他们对社会经济生活的运行已经有了初步的认识,能够顺利地投入到预设的经济环境中;另外也需要指导老师课前对于经济活动环节的精心准备和活动内容的精心设计。

3. 特色经济活动

早在1978年,盖洛普对公立学校的民意调查就显示,87%的受访者希望中学生通过为社区提供服务(例如,在医院或者康乐中心工作,美化公园或者协助执法官员工作)来获得课程学分。[①] 无论是学生家长还是无子女上学者,对此都持相同的观点。可见,美国公众对于特色经济活动的热情十分高涨。

为了培养孩子在社会经济生活中的竞争意识和危机意识,认识到现实经济生活的残酷性,帮助他们学习经济生活中的生存技巧,学校会组织一些更加接近真实经济生活的特色经济活动,把经济素养教育从书本、课堂知识的学习转移到社会真实的环境之中。例如,可以举办拍卖会,学生们将自己不用的物品,例如玩具、书籍、工艺品等进行出售、交换等,培养学生的商品价值、商品交换等概念;可以以班级的名义在银行开设班级理财账户,同学们平时回收一些废旧物品,将所得的钱存至银行账户,由全班同学讨论决定资金的用途;对于高年级的同学,可以举行一些社会参与性更强的活动,例如将同学们分为若干组,每组分发相同的原始资本,可

---

① 范国睿、刘涛、王佳佳:《美国公众眼中的公立学校》,教育科学出版社2009年版,第219页。

以是资金,也可以是报纸、食品等实物,在设定的情景下,看在规定的时间内哪组同学获得的收益更大。例如有的同学分工合作开设一家创意糖果制作公司,将分得的糖果制作成各种创意形状,到大街上销售,在分工上,有人负责产品设计、有人负责销售、有人负责统一协调,大家齐心协力,共同出谋划策经营好公司。这种活动接近真实的社会经济生活,更能激发同学们的创造力和想象力,也更能够让他们接触到真实的经济生活。

机械模式、生物模式和社会模式三种不同的课程形式体现了自身的特点,揭示了不同时期人们对经济素养教育课程的理解,促进了经济素养教育的大发展。同时我们需要注意到,课程的实施和开展离不开社会的支持,学校也应致力于把经济素养知识融入当地学区,使学校和社区之间形成良性互动。

二 教师专业发展路径与教师角色转变

美国在 20 世纪 70 年代就为小学教师规范了经济学课程材料,美国国家儿童经济教育中心发行的《基础经济学家》杂志中也包含给小学教师的经济学教学建议。教师面对的是成长中不断发展的个体,其劳动具有复杂性,经济素养教育尤其要关注教师专业发展路径与教师角色转变。

(一)通过技能培训成为合格教师

2015 年,朱恩·玛利亚·弗洛因得(June Marie Freund)的一份调查显示,绝大多数教师会通过修习经济学课程、参加经济素养教育研讨会的方式获取各种资格证书,以提高自身经济素养,如表 4—4、表 4—5 所示。

表 4—4　　通过证书形式完成经济学课程的参与者的百分比

证书/资格认证	完成经济学(%)	未修习经济学(%)
3—4 岁任职资格证书	73	27
商业技术资格证书	95	5
职业规划资格证书	95	5
小学教育资格证书	52	48
家庭消费科学资格证书	88	12
K–12 天赋研究资格证书	59	41

续表

证书/资格认证	完成经济学（%）	未修习经济学（%）
市场学资格证书	100	0
妇幼保健社会研究资格证书	74	26
童年中期教育资格证书（4-8）	57	43
社会化研究证书（7-12）	93	7
特殊教育资格证书（K-12）	82	18
其他	52	48

注："其他"包括艺术（K-12）、职业取向（K-12）、戏剧、地球科学、英语语言艺术、新闻、媒体库、生命科学、数学、物理教育（K-12）、演讲等。

资料来源：June Marie Freund. Economic Literacy," Measuring the Economic Human Capital of Arkansas K-12 Teachers", *Doctor of Philosophy in Curriculum and Instruction of University of Arkansas*, 2015 (6), p. 65。

表4—5　　参加"经济学教育专业发展研讨会"的教师人数

年级	是	否
K—6	61	7
7—9	35	12
10—12	53	14

资料来源：June Marie Freund," Economic Literacy: Measuring the Economic Human Capital of Arkansas K-12 Teachers ", *Doctor of Philosophy in Curriculum and Instruction of University of Arkansas*, 2015 (6), p. 68。

在表4—5中，共有149位教师参加了"经济学教育专业发展研讨会"，相对于修习大学经济类课程，教师专业发展研讨会是推进教师课堂教学从学生体验的课程走向理想课程的有效途径，教师通过与同行和专家之间的对话和交流，进行教学反思；教师专业发展研讨会搭建了教师课堂教学与教学评估反馈的桥梁和纽带，是促进教师专业发展的重要环节。从表4—5中可见，专业发展研讨会对教师发展具有很大吸引力，K-6年级有61位教师参与了专业发展研讨会，7—9年级有35位教师参与了专业发展研讨会，10—12年级有53位教师参与了专业发展研讨会。

（二）通过观摩学习成为优质教师

最佳实践观摩学习是《规划》的重要内容，是教师培训项目的组成部分，通过展示高水平的经济素养教学过程，引导教师对自身教学进行反思和重构，引导教师根据自身教学优势、结合教学对象特点进行有针对性的经济素养教学过程开发研究，并逐步形成一套统一性和灵活性相结合的经济素养教学模式，也给教师提供了更大的开发和创造空间。最佳实践观摩学习除向教师展示优质教学外，还通过经济素养教师教学经验交流探讨会、经济素养教育会议杂志、经济素养教育研究奖励项目等方式来提高教师参与活动的积极性和主动性，倡导各州要定期对这些活动进行资助和评估，以使活动成为教师提升经济素养教学技能的理想场所。下面是对教师经济素养教学方式的习得途径及其态度的调研结果，如表4—6、表4—7所示。

表4—6　　经济素养教学方式的习得途径调研结果（N = 181）

获取途径	人数	百分比（%）
阅读书目	9	5.0
研讨会	104	57.5
同行交流	24	13.3
网络学习	4	2.2
自学	6	3.3
以上皆不	1	0.6
不知道	11	6.1
其他	22	12.2

表4—7　　教师对于经济素养教育研讨会时间安排的态度调研结果[①]（N = 181）

结构	非常同意（人数/百分比（%））	同意（人数/百分比（%））	中立（人数/百分比（%））	反对（人数/百分比（%））	强烈反对（人数/百分比（%））
工作日开展	39/21.5	81/44.8	33/18.2	18/9.9	10/5.5

---

① Dan Otte, "Teaching Financial Literacy in K - 12 School: A Survey of Teacher Beliefs and Knowlege", *the Degree of Doctor of Philosophy The University of New Mexico Albuquerque*, New Mexico, 2010 (5), pp. 97 - 98.

续表

结构	非常同意（人数/百分比（%））	同意（人数/百分比（%））	中立（人数/百分比（%））	反对（人数/百分比（%））	强烈反对（人数/百分比（%））
周末开展	7/3.9	25/13.8	31/17.1	60/33.1	58/32.0
教师休假期间开展	18/9.9	42/23.2	43/23.8	33/18.2	45/24.9
开展时间不超过数周	23/12.7	73/40.3	49/27.1	27/14.9	9/5.0
开展时间至少两天	22/12.2	62/34.3	56/30.9	25/13.8	16/8.8
应安排同行之间的相互影响	44/22.7	90/49.7	35/19.3	10/5.5	5/2.8
应安排一些补充性的跟进培训	42/23.2	110/60.8	20/11.0	6.3.3/	3/1.7
设立持续支持的网络资源	42/23.2	106/58.6	24/13.3	4/2.2	5/2.8
参与教师应获得专业发展	71/39.2	85/47.0	19/10.5	4/2.2	2/1.1
参与者应该获得报酬	54/29.8	64/35.4	50/27.6	6/3.3	7/3.9

资料来源：Dan Otte, Teaching Financial Literacy in K‐12 School: A Survey of Teacher Beliefs and Knowledge. the Degree of Doctor of Philosophy The University of New Mexico Albuquerque, New Mexico, 2010 (5): 97-98。

从表4—6、表4—7中可以看出，研讨会是提升教师经济素养教学方式的主要途径，有57.5%的教师认为其经济素养教学方式是通过研讨会习得的。由此可见，学校和相关部门可以加大研讨会的数量和提升质量，确保教师教学的最大效益。同时教师对经济素养教育研讨会的态度也相当积极，并在开展时间、跟进培训、学术要求等方面提出了宝贵意见。通过增进教师合作频率这一内在发展机制提升学生经济素养水平，进而引起社会力量对于学校课堂教学的关注，这些就是教师合作的"黑匣子"。① 教育者扮演的领导角色应该引起注意，即当教室门关着时，正是老师及老师呈现给学生的知识决定了学生是否能达到或超过这些标准的关键节点。我们要明确并意识到教师作为领导者的这种重要性。为了给学生实施有效的经济素养教育，有必要教授教师对经济学和个人经济素养的整合技能，利用观摩学习培养专家型教师。

（三）通过专项经费资助发展成为专家型教师

原教育部部长代理汉森指出，应该让通过考核后具备一定资格的教师来担任经济素养教育课程，从而激发教师的工作热情，也能使其从中收益。《不让一个孩子掉队》法案提供专项经费致力于教师提升经济素养教学的努力，要求教师把标准转移进阅读、写作和数学等核心课程之中。要完成这个任务，教师必须进行专项培训，否则难以胜任。

教师是发挥学校教育主阵地作用的重要支撑，不论是学科渗透教学还是特色经济素养课程，最终都需要教师的知识传授、活动指导和研究探索，即教师的教学水平对经济素养教育最终的实效性起着至关重要的作用。② 如果教师培训有助于教师专业发展，有助于其教学技能水平的可持续发展，教师就能对这类活动产生浓厚的兴趣，认识其重要性，便会积极参与教师培训、广泛搜寻相关资料，充满热情地将其所学授予学生。经济素养教育有着跨学科的本质，因而如何将经济素养教育整合进学校的现有学科是摆在教师们面前的一道难题。很多教师都会对经济素养教育的纳入产生一种抵触情绪，这种情绪使教师无法打开思路、发挥创造力。只有通过师资培训、优质课观摩教学等活动才能充分激发教师的兴趣与教学热情，充分发挥其创造力与想象力，将经济素养教育有效整合进现有学科。上述所有活动的开展都需要有专项经费的资助，专项经费资助是使教师向专家型发展的有力保障。

---

① ［加］迈克尔·富兰：《变革的力量——透视教育改革》，教育科学出版社2004年版，第43—44页。

② 郭徽：《美国卓越经济素养教育规划研究》，硕士学位论文，河北大学，2008年，第22页。

三 校本学生活动拓展经济素养教育空间

校本学生活动是学校教育创造性的集中体现，其理论基础可以追溯到复杂性理论。复杂性理论阐释了事物之间的模糊性、非线性、不确定性关系，社会活动的构成要素之间存在着大量的矛盾冲突，在这些矛盾冲突发展到一定程度，即某一临界点时，打破原有范式的创新性活动就会产生，这一具有颠覆性的变化不仅会带来整个系统内部构成要素的重新组合，同时也会对系统内部的构成要素自身产生反馈功能。复杂性的矛盾之处在于它既使事物变得异常困难，又使解决问题的答案存在于事物的自然动态发展之中。[①] 而这些扑朔迷离的特征却是创造性存在的温床，我们只有为复杂性理论找到其现实社会存在的土壤，体会其巨大的能量。尤其在教育领域中，复杂性理论是开启教育创造性发展的金钥匙。教育对象是最具复杂性的发展中的个体，复杂性理论提醒我们要顺其自然，不要违背人发展的规律，更不要违背教育的规律去影响学生发展或左右教学过程。借助复杂性理论的威力去创造条件使原本就存在的奇迹在课堂上、在每一个学生的发展过程中展现。

美国中小学经济素养教育活动充分利用复杂性理论，把握住活动的每一个细节去发掘整个校园资源，使其形成巨大的合力能量，在提升学生经济知识储备、经济决策能力的基础上完成个体从自然人向社会人的平稳过渡。有意从事校本经济素养教育活动项目的组织必须具备创建和管理校本学生经济素养活动的资格。经济素养校本学生活动包括但并不局限于商业和股票市场模拟、教学竞赛、教育指导计划、社区活动。国家经济教育委员会对这一活动有明确的安排：申请单位出示明晰的校本经济素养教育活动目标和论证材料；学生活动的详细安排；目标等级标准；参与学生数量和学生选拔计划；活动如何提高学生作为消费者的经济素养和个人经济素养能力，如何增强学生的经济意识和提升学生的经济成就；解释说明如何对参与学生评估活动效果；提供开展该项目活动的时间期限；解释说明所有提出的计划实施的项目活动内容；在总结报告中要求项目实施组织要说

[①] [加]迈克尔·富兰：《变革的力量——透视教育改革》，教育科学出版社2004年版，第8—9页。

明活动的实践效果，例如，参与者的数量、名单、活动的价值等级、活动对象对活动效果的评估结果以及所有相关信息。"冷饮摊"是一种十分适合低年级小学生的活动形式，该活动易于组织，并且可以让小学生参与到真正的经济活动中，从而获得更好的经济生活体验，如案例4—4所示。

案例4—4　冷饮摊

夏天可以将冷饮摊的位置确定在街道边的草坪上，这样既不会影响行人通过，也不会因为设置得太远而给顾客造成不方便。为了吸引更多客源，可以利用条幅和气球等道具来进行气氛渲染，上面还可以标注上冷饮的口味和价位等信息，这样宣传比那些满大街喊口号的宣传方式要明智很多；为增加商品的美观程度，可以在冷饮上添加水果或冰块；为了确保卫生，可以选择一次性杯子作为冷饮的装置，这样既比玻璃杯方便（因为玻璃杯要不停地进行清洗），又让顾客在卫生方面很放心；还要把摊位布置得尽量整洁、卫生、有创意。

（还要附上以下内容）

√建议价格

每杯0.4—0.75美元

√提示

负责招揽顾客的成员要尽量通过奇装异服来吸引顾客注意力；

要由专人备好钱包和零钱，尽量方便找钱。

√工具

制作标牌广告需要：标语板、纸、颜料、笔、气球和横幅；

摊位用品：桌子、椅子、桌布、杯子、餐巾；

冷饮制作原料：茶、水果汁、冰块、水果。

√注意

摊位选择尽量避开较近的冷饮店，但如果能将其说服而合作共赢那就是最好的选择。

案例4—4表明，美国中小学校本经济素养教育活动的实质是经济素养教育的活动课程，此类课程的顺利开展是教师前期的充分准备以及来自家庭和社会组织的积极参与和支持的结果。此类延展于课堂之外的校本经济素养教育活动不仅增长了学生的经济学知识，锻炼了经济能力，同时也培养了学生多方面的经济品质。校本学生活动需要学校拥有真正的自主权，尤其是学校一级应能决定大部分所拨经费的使用。为促进活动的顺利开展，美国中小学校常设家长委员会和教师委员会，就经济素养教育活动协商各自的作用和角色，从而实现彼此之间的有效对话，学校也在此过程中及时汲取来自社会各界的反馈意见，随时调整活动方案和策略。

美国中小学校本经济素养教育活动的灵活性为其创造性提供了条件，课程可以随时根据学生需求、经济事件等因素进行调整，不鼓励使用固定教材成为校本课程的束缚，而是引导教师能够根据学校的办学理念、课程目标和学生特点在教师与学生互动的基础上共建经济素养教育课程模式，最终目的是使学生在增长经济知识、提升经济能力的基础上培养良好的经济品质。

第二节　家庭经济素养教育运行模式

早在1972年，盖洛普对公立学校的民意调查显示，57%的公众、53%的公立学校家长、67%的专业教育者认为，"孩子的家庭生活"，即家庭因素应该为孩子的不良行为负责，无论是受过较高等级教育的家长还是受过较少教育的家长都是如此。[①] 学校是制度化教育的主阵地，但在经济素养教育资源和情感沟通等方面，家庭具备了学校难以比拟的优势。因此，美国中小学生经济素养教育一直以来都将家长的培训作为经济素养教育的重要组成部分，充分发挥家庭经济资源优势，为孩子的经济意识和经济能力奠定了良好的基础。

一　借助代际关系促进个体经济社会化

塞恩（Shan）和米特（Mittal）借助经济社会化概念揭示了家庭经济行为和儿童经济社会化之间的关系：前者是后者发展的源泉，后者是前者的延续。同时家庭所孕育的经济社会化不仅体现在亲子之间，也体现在代际之间、夫妻之间。经济社会化具有持续性和连续性，应贯穿儿童成长的整个过程。塞恩和米特强调经济社会化的三点原则：模仿促使儿童社会

[①] 范国睿、刘涛、王佳佳：《美国公众眼中的公立学校》，教育科学出版社2009年版，第53页。

化；父母要试图影响孩子，而不是去控制孩子或是给孩子做示范；和谐的家庭成员关系是孩子经济社会化的肥沃土壤。沃德（Ward）用经济社会化这一概念来表示孩子学习经济知识的过程，他把经济社会化定义为孩子作为一个消费者在市场获得技能学习知识的过程，是个体借助家庭经济行为所形成的一整套有关经济的价值、态度、标准、规范和行为。布赖恩·格利·米勒（Bryan Gayle Miller）高度重视家庭经济素养教育对个体成年后经济行为能力的影响，并对大学生的经济素养水平与家庭早期经济素养教育的关系进行了跟踪研究，其结果显示两者之间关系十分紧密，其中以下家庭行为对个体经济素养形成的影响至关重要：一是面对经济问题时父母的关系状况；二是面对经济问题时，父母教育观点的一致性程度；三是在不同的年龄阶段，父母是否采取过不同的经济素养教育方式。① 这些都会成为将来预测孩子经济能力的重要因素。

父母要善于借助孩子成长的关键期，通过感性认识阶段的教育为理性认识阶段教育的展开奠定基础。玛丽亚·保拉（Maria Paula）在其博士论文中探讨了家长参与与学生经济素养水平之间的关系。前期研究已经证实儿童经济行为和经济态度是由他们的父母通过社会规范和社会价值传递而来的，大学本科生的经济素养水平与其家长参与程度呈正相关，但对于中小学生而言，学生的经济素养水平与其父母参与程度和父母水平并不直接相关。目前有40％的美国家长承认，由于缺少经济素养方面的相关知识，他们缺乏对孩子的金钱管理相关问题进行有效指导。伊丽莎白·迪斯德尔（Elizabeth·J·Tisdell）和爱德华·泰勒（Edward·W·Taylor）在文章《文化背景下基于社区的经济素养教育：教师信仰和教学实践研究》中选择了一个基础设施较差的社区展开研究，发现教育者的教学信仰、文化环境、经济收入与其教学实践活动之间关系密切，强调在教学实践中教育者要充分把握每一个学员与文化背景紧密联系的生活实践，激发学员尽力还原出家庭经济原型和具有典型意义的经济实践，让学员逐步感受其经济行为和经济态度的转变。

---

① Gayle Miller, "Early Family Experience and Financial Behavior of College Students. The Impact of Genderand Gamble", *A Dissertation for the Degree of Doctor Philosophy. Iowa State University*, Ames Iowa, 2001, p. 165.

现代成功学创始人卡耐基说，在每个家庭的孩子中都潜藏着我们渴望的未来企业家，问题全在于如何去发现、挖掘和培养他们。无论家庭多么富有，对孩子的经济素养教育都是孩子个体成长过程中必不可少的财富。如果没有对孩子进行经济素养教育，家长优秀的经济品质就不能被下一代继承下来，特别是现在的物质生活水平越来越高，很容易使孩子在优越的物质生活中丧失优秀的经济品质，洛克菲勒和儿子的故事就说明了这个问题，如案例4—5所示。

案例4—5

洛克菲勒是有名的大富豪，但其生活中的简朴也是一段佳话。每次外地出差，洛克菲勒都会选择普通酒店的普通房间入住。服务员曾向他询问：为何您的儿子每次都选择豪华酒店的豪华房间，而您却如此拮据呢？洛克菲勒的回答是，因为我没有一个像他父亲那样有钱的父亲。可见，洛克菲勒的回答意味深长，一方面表达了对儿子挥金如土的不满，另一方面也暗含了自己对儿子不成功的经济素养教育的讽刺。

案例4—5表明，我们应充分利用儿童的求知欲、好奇心和参与经济事务的主动性提升其经济能力，一旦家长错过或忽视这一关键的成长阶段，就会给孩子本人，甚至社会带来负面影响。美国家庭经济素养教育专家戈弗雷与爱德华兹在其著作《孩子，天上不会掉馅饼》中明确指出，我们的孩子融入社会生活的速度远远超出我们的想象，他们很快就会面临购买汽车、获得抵押借款、管理信用卡、偿还助学贷款、投资、赡养父母、合理安排自己的退休生活等问题。他们无须从幼儿园起就开始考虑上述问题，但是，哪怕再小的孩子都应该了解金钱及其价值。当孩子开始对周围的世界产生意识时，他（她）也开始对钱产生了兴趣。这意味着，你可以在孩子很小的时候就开始对他们进行经济素养教育。经济知识、经济能力和经济品质也是个体参与社会经济生活的重要资源。

二 利用零用钱培养个体金钱管理能力

中国旅美教育家黄全愈从家长的视角出发，认为学校经济素养教育对孩子的影响很小，且内容脱离生活实际，经济素养教育的主要阵地应该在家庭，主张让孩子通过比较同类商品的品牌、价位及适合程度来负责家庭购物，主张合理鼓励孩子做家务，这样就会让社会的蛋糕越做越大，不断发掘人的经济潜能。家庭教育应该担负起经济素养教育的重要责任,在家庭的经济素养教育中,零用钱是非常重要的教育内容。家长应该怎样给孩子零用钱?应该给多少零用钱?孩子的零用钱应该花在什么地方?关于零用钱的花销家长应该给予怎样的指导?这些问题都是家庭经济素养教育中不可回避的问题。

美国家庭不管经济条件如何,家长非常注意培养孩子的独立能力,大部分孩子从12岁起,已经开始自己赚零用钱。同时,中学生的经济素养水平与其自身管理和使用零用钱的经验直接相关,家长早期对于零用钱的正确指导对其日后的良好经济素养养成意义重大。零用钱对于孩子的意义并非在于零用钱本身,而是一个非常好的提升孩子经济素养水平的机会,利用好零用钱,可以帮助孩子提高自身的经济素养水平。

(一)零用钱获取途径

1. 打工赚取零用钱

布什上任美国总统后,宣布了一项1.6万亿美元的减税计划,包括取消遗产税,这样美国家庭就会有更多的遗产留给孩子,没想到这项计划遭到了120名富翁的联名上书,反对取消遗产税。因为美国家庭并不会把巨额财产留给子女,他们认为留给孩子太多的财富,孩子们没有通过自己的辛苦劳动就获得了巨额财富,这不利于他们健康财富观的建立。在经济高度发达的美国,人们从小受到商品经济的熏染,接受了靠自己的双手吃饭的观念。如果要获得财富,就必须付出辛苦的劳动,用自己的智慧去赚取财富。[①] 所以美国的家长都鼓励孩子通过自己的劳动赚取零用钱,不断锻炼孩子的独立精神,减少了孩子对家庭的依赖,也培养了孩子的责任心,并激发了他们的自信心。所以在美国很多大学生都是靠自己打工赚学费,很少伸手向家长索取。[②]

美国社会没有"重义轻财"的思想,家长也不避讳跟孩子们谈金钱问题。家长往往鼓励孩子通过自己的劳动、通过正当途径去挣钱,并且享受为他人提供服务的快乐。家长很少给孩子们灌输工作如何辛苦、生活如

---

① 王旭华:《告诉孩子钱不是树上结的》,《金融与经济》2001年第12期。
② 张景龙:《美国青少年经济素养教育研究》,硕士学位论文,河北大学,2015年,第29页。

何艰辛之类的观念,他们只是自己辛勤、诚实的劳动言传身教地告诉孩子"钱不会从天而降",要通过自己的劳动赚取钱财,而且教育他们在工作中享受生活,培养社会责任感。美国孩子学业压力很小,每年大约有300万中小学生在外打工,大学生打工的人数更多。十五六岁的孩子大多已能通过自己的劳动负担自己的日常开销,"要花钱自己挣"的观念已经深入美国家长和孩子的内心。提供给中小学生的打工机会多是一些服务性工作,比如给社区家庭送报纸、送牛奶,帮邻居割草坪、洗车等活动;家长也会帮忙联系一些能够赚到零用钱的临时性工作,尽可能地给孩子创造打工的机会;孩子们自己也会参与一些经济活动赚取零用钱,例如制作手工艺品到学校出售,在社区或学校组织小型拍卖会,拍卖书籍、玩具等不用的生活用品等,如案例4—6所示。

案例4—6[①]

一对夫妇均属于中产阶级,家境富裕。他们有两个孩子,儿子上高中女儿上初中。正值暑假,但他们却是早上7点就出门,直到天黑后才回来,天天如此。原来他们打工去了!儿子在一家麦当劳餐馆当招待,女儿则沿街卖报纸。问他们为何要这样做。儿子说,他要为上大学攒够一笔钱;女儿说,以后生活要靠自己,现在就得做准备。他们的父母从来都持支持的态度。他们并没有因为富有就娇惯儿女,儿女也没有因为父母富有就放任自己,把自己一切依靠在父母身上。这样的家庭教育在美国很普遍。

案例4—6表明,孩子们通过各种方式参与到社会经济生活中,在赚取零用钱的同时,更重要的是他们认识到经济上自己应该独立,并且培养了社会责任感,懂得了劳动在生活中的意义和价值,提高了自身的经济素养水平。

2. 家务活赚取零用钱

为培养孩子的经济素养意识和家庭经济责任感,家长通常会要求孩子做一些力所能及的家务劳动,也会付给孩子一定的劳动报酬。同时这种劳动也不是随意的,而是有一定的规则来进行约束,如家长会和孩子签订一份劳动协议,协议上明确写明家长和孩子双方的权利和义务,包括孩子为

---

① [美]周华薇:《美国人的少儿经济素养教育——从三岁开始实现的幸福人生计划》,中国法制出版社1998年版。

了得到零用钱每天或每周需要进行的家务劳动，每项劳动报酬的具体数额，以及没有做到时相应的解决方案等，如孩子们洗一桶衣服获得 3 美元，修整草坪获得 5 美元等。详细的经济约定便于规则的顺利实施，并且培养了孩子的契约精神，提高了孩子的经济素养水平。孩子用做家务的方式赚取零用钱在美国十分普遍，即使在总统的家庭，孩子们要想获得零用钱也必须通过付出自己的劳动，奥巴马和孩子们之间也有非常详细的关于家务的经济约定，并且双方都在严格的执行这份契约，如案例 4—7 所示。

案例 4—7[①]

奥巴马的两个女儿也是通过做家务才能得到零用钱。奥巴马曾经表示，他对两个女儿管教严厉，如果做家务，每星期能领得 1 美元的零用钱，家务包括布置餐桌，清洗碗盘，打扫自己的房间和衣柜等。第一夫人米歇尔说，女儿不许出现以下行为：抱怨、哭闹、争辩、纠缠和恶意嘲笑。另外，奥巴马的女儿还要自己整理床铺、自设闹钟、自己起床、自己穿衣服。奥巴马说："有一次我离家几星期，女儿玛莉亚对我说，嗨，你欠我 10 个星期零用钱啦！"有人开玩笑说，总统给女儿的工资太低，属于最低时薪，还敦促奥巴马为女儿提出"刺激财政方案"。

案例 4—7 表明，在一般的家庭，通过家务劳动赚取零用钱的范式十分常见。对于零用钱的用途，家长们会帮助孩子们做预算，但绝不会干涉孩子对于零用钱的绝对自主权。例如，孩子计划要买一个玩具汽车，家长会带孩子到超市考查玩具汽车的价格，根据现在孩子的零用钱水平计算多长时间能够买一辆，然后建议孩子做一份合理的储蓄计划，直到攒够足够的钱。让孩子独立制订财务计划，可以培养其经济独立性；如果孩子没有按计划进行储蓄，那就没办法买到想要的玩具，让孩子体会到错误的经济行为带来的后果，学会为自己的行为负责。

3. 家长定期发放零用钱

除了打工和做家务赚取零用钱外，家长也会定期定额给孩子发放零用钱。之所以定期定额给孩子零用钱，主要基于以下原因：一是作为家庭的成员，孩子也有权力享用家庭的收入，这是对孩子日常经济需要的肯定；二是通过发放零用钱培养孩子对于金钱的管理和实用能力；三是通过定期

[①] 孙柏：《英美法的财商教育》，《金融博览（财富）》2013 年第 6 期。

定额零用钱的发放让孩子更好地理解金钱的价值，培养自己的责任感。关于发放零用钱的数额，会由家长和孩子协商确定，一般遵循以下原则：一是视孩子的年龄而定，年龄小的孩子对金钱没有太多的概念，可以给的少一些，年龄大一些的孩子，对于金钱的管理能力有所提高，自身的经济需求也在提高，零用钱可以适当多一些；二是根据孩子对于金钱的控制能力而定，控制能力差的孩子开始要给的少一些，由家长加以引导，逐步培养其对金钱的管理能力，然后可以适当增加零用钱的数目；三是根据实际需要而定，如果孩子有外出活动或是突发性消费项目，家长可以和孩子商定预支一部分零用钱；四是根据孩子做家务的态度而定，如果孩子家务做得特别用心，可以多给些零用钱作为奖励，让孩子看到家长对其工作的认可，激发其参与劳动的积极性。[1] 在零用钱的支付方式上，对于年龄小的孩子，主要是以现金的方式支付，这种直观的方式可以帮助他们更好地理解付出的劳动和得到的报酬之间的关系；对于年龄大一点的孩子，可以通过设立银行账号的方式支付，这样一方面可以让他们主动参与银行提供的简单操作，另一方面也可以帮助他们更好地管理零用钱，提高自身的经济素养。

零用钱是家庭里最常用的对孩子进行经济素养教育的手段，同时也是最易被滥用的家庭矛盾制造者。零用钱不是一份薪水或是一种权利，它只是一个教孩子管理金钱的手段[2]。成年人对待金钱的退缩往往来自记忆深处儿时经历的消极事件。滥用零用钱来鼓励或者惩罚行为会使孩子偏离经济素养的形成，同样将零用钱与情感或行为的控制联系在一起，无益于孩子形成健康的经济行为习惯。因此，不要把零用钱当作一种行为控制手段，要明确零用钱只是提高孩子经济素养的一种途径，要善于利用零用钱提高孩子的经济素养。

（二）零用钱使用原则

1. 激发潜力的自主管理原则

赋予孩子管理零用钱的权利是美国家庭经济素养教育的第一步，拥有

---

[1] ［美］艾琳·加洛、乔恩·加洛：《富孩子——全美最新儿童经济素养教育指南》，中央编译出版社2003年版，第110页。

[2] 贾琳·格弗瑞：《我家小孩会理财》，郑璇、陈超译，华东师范大学出版社2008年版，第43—45页。

了可以自由支配的零用钱，孩子才能在此过程中形成独立的经济行为，也会使预算、节约、比较等消费概念成为推动个体经济素养水平提高的重要步骤。在此过程中美国家长也会主动为孩子的合理消费出谋划策，但不会去干预和控制。孩子的零用钱主要用于包括购买零食、日用品、玩具、文具等日常生活用品。家长会教孩子合理使用零用钱，让他们学会怎么购物性价比更高，并且自己做出消费的决定。家长虽然不直接管理孩子的零用钱，但会通过在日常经济生活中对孩子经济行为的悉心观察，及时给予必要的教育。一旦孩子在零用钱的处理上出现问题，如入不敷出等，家长也不会轻易出手相助，而是要跟孩子一起分析问题的根源，并让孩子自己去承担不良消费等经济行为带来的后果。父母会和子女讨论零用钱的去向问题，多余的零用钱会帮孩子在银行开户存储起来；美国家庭还根据孩子的年龄，在不同的时期有不同的经济素养教育特点。[①] 为了帮助孩子为未来生活做好准备，一些美国家庭还让孩子为自己的电话费和车费以及一部分家庭开支付账。孩子成熟后，家长常会翻开账本，告诉他家中的钱是怎么花的，以帮助孩子了解该如何掌管家庭的"财政"。美国孩子通过在日常生活中合理使用零用钱，获取经济学知识，提高了经济行为能力以及经济决策和判断能力。

2. 尊重理财风格的差异性原则

因个体先天禀赋不同，理财风格也形态多样，有囤积型、挥霍型、节俭型、慷慨型、讨要型、欺骗型和混沌型。对于中小学生来说，其未来的发展还具有很强的可塑性，家长没有理由低估其天生的才能，要根据孩子不同的理财风格，采取不同方式进行引导和教育。例如囤积型的孩子，家长就应该给孩子讲解金钱的价值，鼓励孩子进行合理消费，如案例4—8所示。

案例4—8

囤积型的孩子善于攒钱，会将自己的零用钱牢牢保存在自己的口袋里，不会轻易将它们花出去，他们认为这样会得到来自父母的赞许和奖励，以便会得到更多的零用钱。不难看出，这些孩子尽管保存下了钱，但

---

① 张景龙：《美国青少年经济素养教育研究》，硕士学位论文，河北大学，2015年，第28页。

是却丧失了在消费过程中积累起来的经济行为能力。囤积与节约不同,囤积是拒绝消费,而节约却是一种明智消费的选择。家长具有偏见性的引导是造成囤积型孩子的重要原因。家长计划一次特殊的旅行,为某些有价值的事情花些钱,或者为保护动物协会或儿童医院做捐助,可以更好地帮助孩子学习理财,用具体而积极的事例向囤积型孩子强调,金钱是用来管理的,而不是把它存起来。孩子每年都会有一笔零用钱,他应该承担更多的责任,家长可以趁机提供给孩子多种选择机会,如准备作为大学基金。无论数目多少,都将传递给孩子一个信息:你希望他能考上大学;或去消费最喜欢的运动、嗜好等。

案例4—8表明,零用钱是巩固家庭理财价值观体系的一种重要方法,零用钱管理方法的连贯性与理财观念相联系,零用钱教育是强调家庭经济价值观的重要机会。[①]

三 塑造理性经济行为和经济品质

美国父母会根据孩子的年龄阶段进行一定的经济意识和经济行为影响,他们会选择像摩根、洛克菲勒这样在世界经济舞台上运用经济智慧成功应对经济风险的成功人士作为典型经济题材向孩子进行投资理财教育,从小培养孩子的投资意识和投资热情;[②] 父母还会结合这些影响在现实生活中给孩子创造一些投资理财的机会,如让孩子去批发一些小商品,并运用自己已有的经济经验和经济知识去赚取回报;有条件的父母还会利用现实或网络资源,让孩子接触更多有关股票投资等相关知识,如案例4—9所示。

案例4—9 爸爸证券交易所[③]

爸爸证券交易所是在父亲的个人电脑上建立的一个虚拟证券交易所。为了处理孩子的投资,父亲还创办一个叫作爸爸有限责任公司的投资公

[①] 贾琳·格弗:《我家小孩会理财》,郑璇、陈超译,华东师范大学出版社2008年版,第34—96页。

[②] 温金燕:《美国中小学经济素养教育及其对中国的启示》,《外国中小学教育》2010年第9期。

[③] [美]欧文:《爸爸银行:培养经济素养高手积累一生财富》,九州出版社2004年版,第231页。

司，也同样建在电脑上，另外使用一个 Quicken 软件，即一种用来掌握储蓄情况的金融软件来为孩子开了一个账户，同时对孩子的账户保持记录。需要说明的是，在爸爸证券交易所的证券都是想象中的，即只存在于父亲的记录里，也就是说，证券交易委员会对此无权过问，而且所做的交易也不用上税，但是爸爸的股票在几乎所有的其他方面都和真正的股票一样，它们价格的上涨和下跌几乎和真正的股票同步。当孩子买这些股票时，用真钱来付款，当他们卖出股票时，收到的也是真钱。如果他们买得低而卖得高，那么他们获得真正的利润；如果他们买的高而卖的低，他们就要蒙受损失。父亲对所有的交易扮演一个全能的市场创造者的角色。当孩子买股票的时候，他们实际上只是从父亲这里买，当他们卖股票的时候，他们实际上是把它们卖回给父亲。在爸爸的股票交易市场上买卖的股票的价格，完全与真实的股票价格相一致，只有一个重要的例外，就是在爸爸证券交易所进行交易的股票，其单位是美分而不是美元。例如 IBM 的一只单股在纽约证券交易市场上卖到 95 美元时，在爸爸证券交易所，一只 IBM 的单股就卖 95 美分，正好是 1% 的价格。与此相似，在爸爸的股票交易市场，100 股麦当劳的股票可能要花 28.5 美元，这正好是一只麦当劳的单股在华尔街的价钱。这样以美分而不是美元为单位来命名股票是有用的，因为它把价格降下来了，降到了对那些主要收入来源是零用钱和打工的投资者来说，是一个合适且可以管理的水平，而同时他们与现实世界，又保持着一种既一致又显而易见的关系。孩子很容易就能通过上网或者看电视或者看报纸等追踪他们所持有的股票的价值。孩子只需记住把小数点向左移两位，这种方法在避免金融风险的同时，可以让孩子真实地参与到股票或基金投资活动中。

在案例 4—9 中，通过"爸爸证券交易所"，家长培养了孩子的经济能力和经济品质，引导孩子充分利用已有的经济知识进行经济问题分析，并在此基础上发挥自身的创造力和经济智慧去解决问题。这可以形成孩子投资失败后抗挫折的心理品质，并能够使之在下次投资过程中谨小慎微，尽量将风险降到最低。

第三节　社会经济素养教育的实践张力

《教育——财富蕴藏其中》提到，每个人均可在各种教育环境中学习，甚至可在教育社会中轮流充当学生和教员。由于毫不犹豫地把非正规教育和正规教育结合起来，教育已成为社会的经常性生产任务，全社会都应对教育负责，只有通过教育，社会才能面目一新[①]。美国公民有强烈地服务社会的意识，这一点在教育领域体现得更为明显。伴随着经济素养教育时代价值在全社会达成的广泛共识，包括金融从业者、企业家以及其他领域的成功人士也把资助经济素养教育作为一种回报社会经济发展的最佳途径。唐纳·赛兰特（Donna L. Cellante）在文章《基础商业/经济：所有学生的毕业要求》中认为，做好经济素养教育工作需要利益相关组织之间建立全国性的策略联盟，并制定合作策略，即只有立法者机构、商界、联邦政府、州和地方政府、教育团体之间通力合作，才能帮助年轻人建立稳定的未来财政，才能使经济学课程更好地为21世纪社会发展和工业进步提供人才储备。卡琳·斯布鲁通过对经济素养教育者和学习者的访谈、课堂观察和政策文件分析等实证研究，强调学校经济素养教育项目要以社区领导者为依托，构建一种和谐的社区文化，引导学习者提升经济素养意识和兴趣，并注重根据学习者的需要来营造和谐的经济素养教育社区；反过来，学习者经济素养水平的提升也能改变自身的经济行为或社区的经济面貌。

20世纪60年代以来，经济素养教育组织、金融机构以及高等院校经济类专业的逐步参与，让本就整装待发的中小学生经济素养教育迎来了发展的春天。这些机构和组织充分发挥自身优势在促进中小学生经济观念转变、市场行为规范、经济决策明智等方面发挥了巨大作用，不仅进一步促进了学校经济素养教育的体系化和课程结构的多元化，也为提升美国的经济实力培养了优秀的后备力量。2008年，时任美国总统布什创设了第一个金融知识咨询委员会（Advisory Council on Financial Literacy），建议国会和州议会关注K-12年级学生经济素养教育。委员会除了建议学校开

[①] 联合国教科文组织：《教育——财富蕴藏其中》，教育科学出版社1996年版，第101页。

设金融教育课程外，还号召社会各界也要向 K-12 年级学生提供财务知识和社会实践机会，以培养未来的社会经济精英。2010 年，时任美国总统奥巴马也表示，大力支持对全美国民进行经济素养教育，认为这是关系国计民生的大事，并直接影响到美国的国际经济地位。社会各界也提供了各种类型的经济素养教育资源，如案例 4—10 所示。

案例 4—10　《工业大亨》虚拟经营游戏[①]

这个游戏比中国流行的《大富翁》游戏要复杂得多，孩子不仅仅要在游戏中买卖股票和不动产，更要模拟近乎真实的世界，在游戏中经营自己的公司，游戏者必须从寻找及开采原始资源做起，逐步发展到生产制造产品，管理物流，并扩大生产能力和销售网络，提高产品的技术含量，降低生产成本。游戏甚至将季节等因素对商业活动的影响也纳入其中。伴随着商业环境的变化，游戏者需要随时调整自己企业的经营策略，生产真正符合市场需求的产品。游戏中的市场每年都会有新的产品出现，玩家若是能抢先研发出新的原料或商品，将能让企业更具有竞争力。游戏提供了 150 多种不同的产品，从矿石、民生用品、食品、纺织品到娱乐用品、电子产品，用滚动式功能表随时报告各种产品、原料在期货市场的最新资讯。

在案例 4—10 中，《工业大亨》虚拟经营游戏就是由经济素养教育组织开发并推广的。通过游戏的熏陶，孩子更懂得了在逛商店的时候留心研究商店中陈列的各种商品，从而在商品层面上判断其供应商、销售商的经营状况和业绩；同时，孩子们很早就建立了经济大气候的变化会影响投资收益的观念，从而开始尝试，即在最好的时候买入和卖出。尽管是虚拟世界，但孩子在此过程中全方位体验到了整个商业社会的经营流程，为其商业判断力和市场决策能力的敏感性提供了发展机会。

一　经济素养教育组织搭建协作平台

经济素养教育组织在美国中小学生经济素养教育上所起的作用举足轻重，虽然方式和任务各有侧重，但其目标是一致的。

[①] 吴采红：《美国家长教孩子学经济素养》，《教子有方》2006 年第 10 期。

（一）构建便利的经济素养教育资源获取平台

在提高经济素养能力过程中，至关重要的一个方面就是让所有美国人尤其是中小学生必须能便利地获取到各个州、地方及国家提供的优质教育资源，这一点美国做得尤为出色。联邦政府通过各种方式努力让青少年更加容易地获得经济素养资源，有效整合现有经济素养教育资源，避免重复使用资源。国家经济教育委员会设立信息分发的下属机构来帮助青少年意识到资源可获得，并通过建立"管理我的钱"网站呈现经济素养资料。此网站是由国家经济教育委员会成员建立的，包含了免费的经济素养教育材料，其宗旨是提供便利易理解的渠道去获得可信和免费的经济素养资源。为照顾到特殊地区或特殊人群，国家经济教育委员会在材料的针对性、分发渠道的多元性等方面做了大量工作，打通了经济素养教育的"最后一公里"。"经济素养教育资料中心源"也在委员会的极力倡导下得以建立，让经济素养教育的辐射范围和深度进一步延展。政府和社会相关机构会第一时间将精确、及时的经济事务信息发送给中心源，有效解决了信息不对称、更新速度慢等带来的经济素养教育阻力。

（二）加强不同经济素养教育组织间的合作

提高国民的经济素养能力仅仅依靠联邦政府是不够的。当今美国大多数经济素养教育活动是由私立部门主导的，他们的加入极大地提高了经济素养教育资源的合作效率。因此公立和私立部门、私立和私立部门合作在提升中小学生具备的经济素养技能中起着重要作用。对经济素养教育进行广泛而深入的研究有利于政策制定者的决策判断，也有助于涉足经济素养教育项目的公立或私立部门提高合作效率，因为成功的合作可以获得高质量和高效率的信息来源。为了唤起学术研究的意识，财政部召集了一批专门研究经济素养教育的研究人员重点调查美国当下经济素养教育状况及未来的发展趋势，并用定性研究和定量研究相结合的方式展开经济素养教育研究。

二 金融机构拓展经济素养教育课程资源

营利性的金融机构为扩展自己的业务，把普及经济知识作为回报社会以及吸引客源的方式。金融机构的经济素养教育计划多是在联邦政府和学校的共同协商下发展起来的。以联邦存款保险公司为例，主要通过对不同经济阶层公民制订不同的金融发展计划而展开业务，使成长中的孩子的父母一代成为其项目的积极参与者和终身受益者，并在此基础上积极开展针对12—20岁个体的经济素养教育，主要通过经济知识的传递、经济技能的培训，促使个体形成经济决策能力和经济行为品质等素养。计划不仅和美国50个州的教育标准相符，而且与国家经济教育委员会制定的经济素养教育标准接轨。

（一）典型经济素养教育课程开发

金融机构可以成为政府和学校进行经济素养教育的有力支持者和服务提供者，不仅为学生实践经济事务提供了舞台和场地，也是学生日后进入真实经济世界的实训场。金融机构开展经济素养教育计划并非闭门造车，而是与美国联邦政府的金融政策和相关法案紧密结合的，并在此基础上提出了金融机构参与经济素养教育计划的几点建议。一是金融机构为潜在学习者提供了不同类型的学习方式。由于个体发展之间的巨大差异，使其在经济素养教育问题上的需求和状态也会存在诸多差异，学校制度化的教育在影响个体的差异性方面存在诸多局限，社会组织的参与力量凸显。以联邦存款保险公司为例，公司通过对潜在学习者学习类型等问题的充分调研，开发出不同类型的学习方式：对于学术性知识有浓厚兴趣和研究热情的学生鼓励通过课堂教学的方式进行知识学习；为实践能力强、探索意识浓厚的学生提供更多实践操作平台，也可以让教师和学生结合电视广告等环节进行讨论，探讨消费与选择的内在联系；对于理论能力和实践能力都较为突出、又想进一步掌握更多经济发展前沿动态的学生，可以邀请金融机构的相关人士进入课堂，将行业知识、经济走势、股票行情等信息注入课堂。以上方式并非独立存在，而是彼此联系，互相影响的。金融机构通过为潜在学习者提供不同类型的学习方式，整合优质资源，共同推进中小学生经济素养教育的大发展。例如以下课程形式。

1. 股票游戏课程

"股票游戏课程"作为模拟华尔街的现实股票交易的课程形式于1977年被成功开发，并得到来自华尔街股票交易所的大力支持，如今已在美国50个州的4—12年级进行开设。该课程先将学生分配成若干个小组，并将1000万的模拟美元作为本金发放给每一个小组，小组通过商讨和对现实股市的了解最终在上百家企业中选择自己的投资对象；选择好投资对象后要填写股票代号并一同上交纽约证券交易所,纽约证券交易所再根据当时股市的真实情况对各小组买入和卖出的股票成交情况机打结果返回学校。[①]"股票游戏课程"作为经济素养教育的重要形式受到教师和学生的一致好评,不仅让学生了解到股市交易的风云变幻、不同企业的发展状况和投资策略,还培养了学生在经济生活中的风险意识、责任意识和诚信意识等经济品质。

2. 金钱对话课程

"金钱对话课程"是为处于13—18岁的中学生开设的时事经济通讯类课程,它将最新的经济类事件通过专门课程的形式传递给学生,内容包括金融政策、新商品推荐、银行理财、汽车销售等最新要闻,课后配合课堂的同步练习,并通过交互式测试或与所学主题相关的游戏环节让学生对所接触的案例或现象进行升华。为更好地将经济学原理与经济类事件有机结合,在经济素养教育组织的支持下,学校开发了与此课程配套的一系列教学指南。目前包括加利福尼亚州的114所学校实施了该课程。实施项目前,学生必须从他们父母那获得允许,同意参加此项研究,并在许可协议上签名。每位老师必须制订时间计划表,既可以在一周内讲完所有课程,也可以每周讲一部分内容。课程之初,学生被要求做一个测验,测验内容是关于学生的经济素养知识、经济素养习惯和态度。测验结束之后,教师开始进行课堂活动,给学生分发时事通讯,并且利用教学指南组织学生进行时事通讯中展示的活动。6个月后的数据结果发现,金钱对话课程确实增长了学生的经济素养知识,改进了其经济能力,使其学会了关于汽车保险、消费者购物决策的有效信息。同时,储蓄态度和消费行为发生了很大的变化。

3. 商业教育课程

商业教育类课程作为选修课,在从幼儿园至高中阶段开设,利用商业活动课程培养学生的商业意识和经营能力。课程不仅要教给学生工商业方面的知识,还要教学生如何组建公司、如何进行销售以及了解产品的供给与市场需求等。主要目的是使学生获得商业技能并锻炼经营本领,为未来的商业活动和职业生涯积累经验、奠定基础,并在其中为想中途辍学的学

[①] 李真:《美国中小学理财教育及课程研究》,硕士学位论文,华东师范大学,2008年。

生开辟"就业经济"专栏,通过向学生传递从事各种工作所需要的教育程度及报酬水平,提升其经济生活经验和能力。① 通过课堂中教师对理论知识的讲授和课外参与经济实践活动相结合的方式进行经济教学活动,可以有效激发学生对于经济学学习的积极性。通过对实际经济问题的简单分析,来强化对知识的运用能力,并且借助经济活动中学生的分析和反应的能力,检验理论知识的掌握程度,最终实现中小学生对经济学知识的不断学习、提高和巩固,这种以经济活动为教学依托、兼顾安排经济实践活动的课程不失为一种行之有效的方法。

此外,金融机构还要考虑经济素养教育内容对于青少年的适用性问题。联邦存款保险公司在经济素养教育推进过程中,充分考虑中小学生的身心发展特点以及经济学知识的适用性问题,各种活动的开展尽量吻合学生的实际发展需要。联邦存款保险公司在"青年财智金"(Money Smart for Young Adults)计划中选取了与学生发展紧密相关的金融知识,如"支票"进入了学生的视野,如表4—8所示。

表4—8　　　　　　　　青年财智金模块

模块名称	内容
银行	介绍银行的各种业务
支票	如何选择和管理支票账户
制定金融目标	管理自己的金钱
付清账单	解释储蓄的重要性
贷款基础	介绍信用及信用卡知识
正确借贷	如何挑选适合自己的信用卡
学费和汽车	分期付款
头顶上的天花板	公寓和抵押方面的决策

资料来源:龚洁:《初中生金钱观现状及教育探讨》,江西师范大学出版社2012年版,第47页。

表4—8表明,在美国,支票是一个需要中小学生掌握的重要的经济

---

① 上官子木:《教育的国际视野》,华东师范大学出版社2006年版,第123页。

学概念和经济现象。让学生清楚支票是以银行为付款人的即期汇票,是银行存款户对银行签发的授权银行对某人或其指定人或执票来人即期支付一定金额的无条件书面支付命令。这类经济活动中的专有名词为学生日后步入经济社会提供了良好素材。

(二) 传递银行业务知识深化经济学概念

在拥有银行账户之前,家长可以通过其他途径引导孩子合理存储自己的零用钱,从小养成良好的储蓄习惯。存钱罐是一个有效的储蓄方式。利用存钱罐保存自己的零用钱,孩子可以直观地看到自己"账户"的"余额"在不断增长,这可以培养孩子对于金钱的管理能力和对自己不合理消费冲动的克制能力,使孩子从小体会理财意识,在青少年阶段就更容易获得相应的经济素养。在使用存钱罐进行储蓄的时候,家长要向孩子解释清楚,如果想要在将来拥有更大价值的东西,现在就要放弃一些不必要的东西,并且向孩子解释零用钱也要进行合理的分配,避免不合理消费的出现。对零用钱进行储蓄管理,有短期和长期两种方法:短期方法是指为在不久的将来要买的东西而进行储蓄,这种方法时间短,所需要的金额不大,适合培养年龄段较小孩子的储蓄意识和储蓄能力;而长期方法是为了价值更大的目标,储蓄周期长,所需资金大,这时候存钱罐往往已经不能满足要求,银行便是最好的选择。对于年龄较小的孩子,很多银行不允许孩子单独开户,这时候家长可以以自己的名义来开户,但是该账户的实际操作都可以在家长的监护下由孩子独立完成,储蓄账户的设立可以帮助孩子更好地进行储蓄,并且在储蓄的过程中参与银行的经济活动,了解存款、利息、贷款等基本的经济学概念。值得注意的是,美国家长在教育孩子进行储蓄时,也注重引导他们进行合理的消费,告诉他们所必需尽的义务,例如给家人购买圣诞礼物、进行募捐等,教育他们正确健康的消费观,培养孩子的家庭和社会责任感。随着孩子年龄的增长,储蓄方式从短期储蓄到长期储蓄,从存钱罐到银行账户,可以逐步引导孩子参与到银行业务中来。阿莱西欧博士对于孩子储蓄问题的做法很好地诠释了这一变化过程,如案例4—11所示。

案例 4—11[①]

阿莱西欧博士的小儿子科迪，前年元月刚满六岁，他承担了把家里的垃圾收集后放到垃圾桶的工作。每周的"工钱"是一美元。他家大大小小十几个房间，十几个废纸篓，要一个一个地清理一遍，工作量不小，这一美元也赚得不容易。有一次，我故意神秘兮兮地问他："你一共有多少钱？"他很自豪又神秘地告诉我：43美元，连藏哪儿也告诉了我。我问阿莱西欧博士：为什么不让他存到银行里？她说：我们也为科迪开了户头，主要是一些大钱，为他将来读书储备的。这些小钱就由他收藏，如存到银行里，孩子没有数字概念，不知怎么回事。自己拿着，一元一元地往里加，看得见，摸得着，时不时摸出来数一数，干起活来干劲大……阿莱西欧博士有四个孩子，每个孩子出生时，她都拿出1000元，为他们分别立了户头，然后，在孩子还不懂事时，帮着他保管各种各样属于他们自己的钱，即孩子从亲戚朋友处得到的礼金、孩子的工作所得、奖励所得以及每月父母给孩子的固定投资，等等。当钱存到够买一股或两股股票时，他们就为孩子够买股票。他们的四个孩子从刚出生的那天起，就在证券公司拥有了一个自己独立的户头，为自己够买教育基金股票，这类股票有免税优惠。日积月累，当年满18周岁时，孩子就可以支付昂贵的学费。如今，阿莱西欧博士的两个大孩子，一个13岁，一个11岁。他们对自己的银行户头、证券户头都了解得很清楚，有兴趣时，会对证券公司每月寄来的股票报告从头到尾研究一遍，当然，说起股票的涨落也很有兴趣。阿莱西欧博士的大儿子暑假当足球裁判，赚了"一大笔"钱。一半存进银行，其余由自己全权处理。第一次当上了"小财主"，他得意忘形，胡乱买了不少东西。后来，他带自己的朋友来玩时，不小心损坏了家里的沙发，这必须用自己的钱修复。在付了一大笔修理费后，他懂得应该多存点钱，钱要用到"刀刃"上。

案例4—11表明，利用银行进行储蓄有两个好处：一是在进行储蓄操作的过程中可以熟悉银行的基本运行机制，熟悉银行柜台、取款机的业务流程，并且了解存款、利率、利息、取款等概念；二是通过每月账单的变化，让孩子从存钱罐方式中对于直观金钱的概念过渡到对于数字表现形式

[①] 《创造》杂志编辑《美国如何对儿童进行理财教育》，《创造》2012年第4期。

金钱的概念，使孩子对账户的收入和余额有明确的认识，并且学会合理储蓄，理性消费，从小养成一些好的习惯。让孩子从小参与银行提供的经济活动，一方面可以帮助他们了解与银行有关的基本经济学概念，另一方面也可以帮助他们树立正确的消费观念，提高经济素养。

（三）使用信用卡培养个体明智的经济决策

信用卡服务是银行提供给持卡人一定额度、消费时不用支付现金，待还款日归还相应消费金额的金融服务，相比较于储蓄卡，信用卡最大的优势在于在卡里没有现金的情况下还可以进行正常的消费，而且还会有积分送礼品、打折优惠等活动，但同时信用卡消费也会带来不必要的冲动消费和过度消费，当消费的金额大于每月能够偿还的金额时，我们就必须要支付银行高额的利息。合理使用信用卡，可以帮助孩子享受银行提供的便利金融服务，提高自身的经济素养，养成良好的理财习惯；但如果使用不当，反而会使孩子养成不好的习惯，陷入恶性循环。如果孩子自制力差，对于金额的概念不足，美国家长对信用卡的使用要进行科学指导，引导孩子合理使用信用卡。一是不要冲动消费。由于没有现金从手上流出，孩子对于信用卡购物的消费金额没有直观认识，家长要教育孩子理性消费，避免冲动消费，必要时要随时记录购物总量和消费总金额。二是要关注月账单并学会信用卡利息的计算方法。信用卡未能全额归还款项的利息非常高，家长要教育孩子关注账单并学会利息的计算方法，避免无知消费。三是要在信用额度内消费家长要根据孩子的消费习惯和消费能力设置合理的消费额度，并且告诉孩子会根据他的消费表现对信用卡额度进行调整，对孩子的信用卡使用进行监督。

三 高等院校提升经济素养教育理论水平

（一）举办教师经济素养教学技能培训

1. 准教师经济素养教学技能培训

为保证经济素养教育质量，美国非常重视教师队伍的建设。针对教师经济知识缺乏等现状，美国采取了两种途径去提高与完善教师的经济学专业知识与素养。一是严把社会科教师入职考试关。全美社会科协会制定了

《社会科教师国家标准》，针对经济学内容对教师提出了明确的要求。① 这些要求成为国家培养社会科教师，以及使其获得国家或各州教师任职资格的重要文件。二是开设一门或多门经济素养教育课程。高等院校的学生是未来的教师，如果能将经济素养教育引入高等院校的课程体系，使得学生们能全面了解经济素养教学目的、教学方法，在踏上教师岗位之前就能充分了解经济素养教育的重要性，具备将其引入中小学课程体系的能力，则可以带动整个学校的经济素养教育开展。这不仅节省了在职培训的时间和资源，而且培养了一批优秀的经济素养教育教师队伍。

2. 在职教师经济素养教学技能培训

高等院校经济学专业是经济学知识、经济学人才和经济学理论研究的集散地，美国中小学生经济素养教育的成功开展与高校经济学专业人士及其资源的充分参与极其相关。高校主要采取接纳中小学教师的经济学课程培训、组织中小学教师经济素养教育夏令营、创办全国性经济素养教学网络平台等方式提供优质服务。

为配合高校的突出贡献，联邦政府为在进修和培训过程中达到规定标准的教师授予相应学位，为相应高校及其相关人士的培训和工作业绩给予职称晋级和薪酬提升等奖励。② 在职培训采用以下不同形式。一是州开发的短期经济素养教育培训课程。课程通过教授经济素养内容将教师引入一个特别的课程主题，如进出口、贸易壁垒、比较优势等内容，使教师熟知具体年级水平的经济素养教育课程资源，可从《经济和儿童文学》《财务健身步骤和经济学教学策略》中获取教学资源，使教师拓展经济素养专业知识。二是通过召开经济素养教育讲习班，传授经济素养教育的教学方法及教学材料的开发模式。③ 这个项目为教师及 K–12 年级学生提供个人财政、经济学、存款和投资、保险、信贷和企业等方面的课程资源，促进他们经济素养知识的自我完善，这些课程由商界和学界的专业人士教授，使受培训人员获得经济素养方面的内容、材料和技能等经验，改善他们的

---

① National Council Social Studies, *National Standards for Social Studies Teachers*, 1997, p. 5.
② 钱焕：《国外中小学的经济素养教育》，《教学与管理》2001 年第 2 期。
③ Stan Mengel, *Towards Economic and Financial Literacy: A Final Report*. Missouri, The Missouri Department of Elementary and Secondary Education, 2003.

课堂教学。三是通过与该组织的志愿者携手合作，致力使每一位学生对自由的企业系统有基本的了解，同时也努力支持教师把经济素养教育溶入更为广泛的课程中去。教师通过与训练有素的志愿者们密切合作，为学生提供真实世界的经济决策行为。[①] 志愿者整学期置身于课堂内外为教师提供支持，通过频繁的协调合作及加强课堂观察来强化经济素养理念的教学；设计能帮助学生理解生活中的经济学的项目。学校通过与高校合作，教会学生理解企业运作系统等专业经济知识。

（二）搭建学校与社会经济素养教育互通平台

在高校经济学专家和相关教育工作者的大力推动下，社会组织积极参与中小学经济素养教育。在高校和社会组织共同努力下，以《穷爸爸，富爸爸》《钱不是长在树上的》《如何教你的子女理财》为代表的一系列经济素养教育书籍陆续出版。这些书籍为教师和家长提供了良好的教育素材，从理论和实践两个层面分析了经济素养教育的重要价值和实施策略。美国中小学生的经济素养水平逐步提升，进而为国家经济的发展和市场经济的繁荣贡献了力量。伦纳德（1995）指出，成功的组织总是将内部解决问题的能力和对外部知识的涉猎与思考联系起来。[②] 学校教育最核心的两个要素就是教师和学生，由于二者是处于发展中的人，是最具革命性和创造性的个体，其利用外部资源促进自身发展的能力也最强。学校具备这一能力的源泉来自五个方面：一是主动搭建学校与社会资源共享平台，使学校教育资源走出象牙塔；二是密切关注外部环境中有利于学校教育发展的有效资源；三是建立互通渠道，并能在此过程中达到互利互惠；四是培养学校精英，打造双师型教师，并使其成长为学术和技术骨干；五是调和内外部环境在相互作用过程中产生的矛盾和分歧，转化矛盾和分歧促成系统效益最大化。

[①] Lucuy Thomas Andrew, "The Personal Financial Literacy of Fourth Grade Students", *Master of Science Thesis*, *University of Memphis*, 2002 (8), p.39.

[②] [加] 迈克尔·富兰:《变革的力量——透视教育改革》,教育科学出版社2004年版,第55—56页。

第四节　经济素养教育实施效果评估

一　经济素养教育评估项目

（一）经济素养测试的内容及结果分析

经济素养测试是针对美国高中学生经济理解力的标准化测试，其主要目的是用来辨别经济素养教育不同层面的学生对于经济理解力的差异性程度。[①] 测试中的经济学内容基于《全美自愿性经济学内容标准》开发，以确保测试内容的有效性。测试包括基本经济问题、微观经济问题、宏观经济问题和国际经济问题四大领域[②]。TEL1 于 1995 年首次由经济学教育委员会开发成功，成为大学预科经济学的主要指导纲领，分别于 2010 年、2012 年先后进行了两次修订，产生了 TEL2 和 TEL3，直至 2014 年修订的 TEL4 最终使经济理解力这一生动的内容成为经济素养测试的主要内容。未来 20 年里 TEL4 都将在经济素养测试的价值和有效性方面首屈一指，其中凸显出经济素养的关键性评价要素。

测试内容按照个体的认知水平进行了分类，最早采用布鲁姆（Bloom）于 1956 年对认知水平的知识、理解力、应用、分析、合成和评价六项分类，演进到 TEL4 版本，则将认知水平的划分缩减成为知识、理解力和应用三个层面，整个测试时间规定在 40 分钟以内。[③] 前三个版本的 TEL 主要通过传统的纸笔方式进行测试，而 TEL4 则通过在线测试的方式进行数据收集，能更有效保证测试过程的连续性和精确性，教师也能够第一时间获得教学效果反馈，如表 4—9 所示。

[①] William B. Walstad, Ken Rebeck and Roger B. Butters, "The Test of Economic Literacy: Development and Results", *The Jounal of Economic Education*, 2013, 44 (3), p. 298.

[②] 尹秀艳、浅野忠克、徐丽：《中日普通高中经济教育比较：现状、内容及效果》，《全球教育展望》2014 年第 10 期。

[③] William B. Walstad, Ken Rebeck and Roger B. Butters, "The Test of Economic Literacy: Development and Results", *The Journal of Economic Education*, 2013, 44 (3), p. 301.

表 4—9　　　　　　　　　　TEL 样本与数据统计

			测试 A（标准差）	测试 B（标准差）
样本大小	学生数目		3682	3686
	班级数目		349	351
	修过经济学课程学生（%）		50	49
平均值总数 A = 3682 B = 3686		总均值	23.32（9.70）	23.17（9.29）
	修习过经济学的学生数目 A = 1829 B = 1816	平均值	27.02（9.77）	27.03（9.30）
		基础经济学 A = 1494　B = 1493	25.28（9.25）	25.31（8.70）
		高等经济学 A = 335　B = 323	34.75（8.16）	34.97（7.75）
	未修习过经济学的学生数目 A = 1853　B = 1870	平均值	19.68（8.12）	19.43（7.60）
		基础经济学 A = 1702　B = 1733	19.09（7.84）	19.01（7.40）
		高等经济学 A = 151　B = 137	26.35（8.27）	24.75（8.20）

资料来源：William B. Walstad, Ken Rebeck and Roger B. Butters, *The Test of Economic Literacy*: *Development and Results*, The Jounal of Economic Education, 2013, 44（3）: 299。

通过表 4—9 可以看出，在测试 A 部分，修习过经济学课程的学生的平均得分比没有修习过经济学课程的学生的平均得分高出 7.34 个百分点；在测试 B 部分，修习过经济学课程的学生的平均得分比没有修习过经济学课程的学生的平均得分高出 7.60 个百分点，两个部分均在经济学课程是否修习环节有显著差异；同时修习过基础经济学课程的学生在测试 A 和测试 B 中分别比没有修习过经济学课程的学生高出 6.19 个和 6.30 个百分点；修习过高等经济学课程的学生在测试 A 和测试 B 中分别比修习过其他学科高级类课程的学生高出 8.40 个和 10.22 个百分点。[①]

[①] William B. Walstad, Ken Rebeck and Roger B. Butters, "The Test of Economic Literacy: Development and Results", *The Journal of Economic Education*, 2013, 44（3）, p.305.

中等语言能力水平的学生中修习过经济学课程的学生比没有修习过的学生高出 3.22 个百分点，而亚洲裔学生中修习过经济学课程的学生比没有修习过的学生高出 11.26 个百分点。测试 B 中修习过经济学课程的学生比没有修习过经济学课程的成绩整整高出 7.60 个百分点，低级语言水平的学生中修习过经济学课程的学生比没有修习过经济学课程的学生高出 4.94 个百分点，南部学生中修习过经济学课程的学生比没有修习过的学生高出 11.57 个百分点。从 10 种分类形式看，修习过经济学和未修习过经济学的学生总体分数差异在 6—8 个百分点之间。测试结果表明，无论学生或学校特征如何，修习经济学是提高学生分数最有成效的方式。[1] 为确保 TEL 测试的辨别力、有效性和可靠性等评估质量，TEL 专家运用经典测试理论和项目反应理论对 TEL 测试系统进行评估，以提升其应用空间。[2] TEL 测试得分是根据学生和学校的基本信息划分成 10 个特征进行调研的结果，其中性别、年级、种族和语种由学生自行完成。语言水平的数据是根据 TEL 中的语言测试部分获得数据。关于学校规模、师生比、所在社区类型和地理位置的数据根据美国联邦教育部高中学生登记结果进行提取。

（二）全国教育进展评估的研究结论

全国教育进展评估（NAEP）是美国最具有代表性的教育质量评估，负责对中小学生各学科知识和技能掌握情况进行测评。2006 年，"全国教育进展评估"首次对全美 12 年级学生的经济素养状况以及学校的经济素养教育状况进行了全面调查，结果显示，达到合格水平，即能正确理解和使用经济学概念的学生比例达 79%，熟练水平占到 42%，高级级别水平的为 3%。这一成绩较同年测评的历史与公民课程比较而言，成绩提高明显，如表 4—10 所示。

---

[1] William B. Walstad, Ken Rebeck and Roger B. Butters, "The Test of Economic Literacy: Development and Results", *The Jounal of Economic Education*, 2013, 44 (3), p. 307.

[2] Irina A. Kunovskaya Brenda J., "Cude Natalia Alexeev, Evaluation of a Financial Literacy Test Using Classical Test Theory and Item Response Theory", *Springer Science Business Media New York*, 2014 (1). p. 516.

表4—10　　2006年全国教育进展评估结果对比：经济学、美国历史和公民　（%）

	基本	熟练	高级
经济学	79	42	3
美国历史	47	13	1
公民	66	27	5

资料来源：Michael Alison Chandler, *High School Seniors Test Well in Basic Economics*, http://www.washingtonpostcom/wp-dyn/content/article/2007/08/08/AR2007080800927html_ 2009-8-20。

通过表4—10可以看出，尽管在不同学科之间的评价成绩比较缺乏一定的可比性，但经济素养教育取得了显著的教学效果是客观存在的。尽管测评显示，中小学的整体经济素养水平稳步提升，但其中也隐藏着极大的发展危机，主要表现为两个方面：一是经济素养师资不足；二是经济素养教育课时比例偏低。美国中小学的经济素养教育发展领先于大多数国家，但要建立完善的经济素养教育体系尚需进一步努力。

2010年，全国教育进展评估从4年级、8年级、12年级分别抽取7100名、9600名、9900名学生作为全美代表性样本参与测评。参与评估的学科包括历史、地理和公民学三个学科。此次评估明晰了三门课程中学生的学习状况和学习结果，为进一步调整课程教学提供了参考；同时进一步奠定了全国教育进展评估体系在中小学经济素养教育推进过程中发挥的重要作用。在全国教育进展评估中，经济素养教育内容并没有单列，而是融会于公民学课程体系内部，通过知识与技能，过程与方法，情感、态度、价值观三个层面进行评估。2013年5月2日，全国教育进展评估（National Assessment of Educational Progress，NAEP）对高中毕业生进行经济学领域知识的测评。测评数据反映，全国范围内43%的高中毕业生能很好地理解经济概念，但种族之间经济素养水平差距很大，53%的白人高中毕业生经济素养成绩优异，但只有17%的黑人学生得分与此持平，另外39%的黑人学生被评为"低于平均水平"。[1] 可见，种族问题严重影响经济素养水平。全国教育进展评估（NAEP）对提升美国中小学生经济素

---

[1] "Education Department Data Shows Huge Racial Gap in Economic Literacy Filed", *Research & Studies*, 2013（5）.

养水平和经济素养教育质量具有不可估量的作用,更是对美国基础教育产生过深远影响并提供了科学依据的测评体系。2012 年,全国教育进展评估(NAEP)对阿肯色州 K-12 年级学生的经济素养水平进行了评估,主要就学生对市场经济、国民经济、国际经济的理解程度以及将经济学原理应用于经济形势的能力进行了测评,令人担忧的是,只有 42% 的学生得分达到熟练水平。[①]

尽管全国教育进展评估(NAEP)目前还是比较权威的对经济素养教育进行测评的项目,但其自身存在的问题也应该引起我们的关注。全国教育进展评估(NAEP)主要采用纸笔考试的形式来进行,它更偏重于对学生经济素养知识的考核。对于学生是否对经济问题感兴趣、学生经济思维能力、经济学的学习潜力以及学生在学习过程中表现出来的一系列创造力等问题都无从考证。因此,我们在采用全国教育进展评估(NAEP)进行经济素养教育评估的同时,也要正视这些问题。这一方面可以更加客观地对测评结果进行反思和深入研究;另一方面,也可以对全国教育进展评估(NAEP)本身的完善和改进提供可操作性的建议和意见。

二 经济素养教育评估结论

1997—1998 年,德万尼(DeVaney)等学者以高中生为例展开了一项经济素养教育跟踪调查:学校教育能明显增加理财知识和影响理财态度。实验前被调查的学生面对经济素养问题,如你是否会对你的花销做一个全面的记录,去商店买东西时是否会比较价格,是否知晓用信用卡买东西与用现金买东西的区别在哪里,你认为个人经济素养能力是否会影响到自己的未来发展等问题显得很茫然。但在经过学校经济素养教育后,被调查的学生对于这些问题有了较为明确的答案。

抢跑联盟(Jump Start)针对学生经济素养的评价结果引发了总统顾问委员会(the President's Advisory Council)的高度关注,指出美国高中生经济素养水平低,这将使美国金融市场和人们的生活标准处于危险之中,

---

① June Marie Freund, "Economic Literacy, *Measuring the Economic Human Capital of Arkansas K-12 Teachers*", *Doctor of Philosophy in Curriculum and Instruction of University of Arkansas*, 2015 (6), p.3.

并建议对全体美国人进行强制的经济素养教育，其目标就是要通过经济知识的传递来影响美国经济发展。调查研究表明，增加国民财富的唯一方法就是拓宽人类环境和人类自身知识的广度和深度。学生在学校中所学内容作为基础知识会迁移到日后的实践行为中去。经济素养教育的研究致力于使青少年学生提升对于储蓄、支出、预算、借贷成本、长期或短期投资以及需要和需求的关系等问题的重视和实践。美国青少年学生对上述内容的认识仍停留在表面上，难以付诸行动，但其对经济素养水平提升的兴趣和关注程度十分高涨。[①] 卡罗尔·柯克伦（Carol A. Cochran）博士就青少年的理财责任水平以及经济素养教育对他们的理财水平的提升空间等问题进行了问卷调查，如表4—11所示。

表4—11　　　　"经济素养教育"前后的不同测试结果

问题	教育前测试平均值	教育后测试平均值	变化幅度（%）
1. 毕业后，你将拿到的起始薪水会是多少美元/年？	67500	54466	-19.31
2. 你会将薪水的多大比例用来储蓄？	16.90%	19.82%	+17.29
3. 你想在多大年龄退休？	63.30	67.00	+5.85
4. 你想在多大年龄时开始为退休积蓄？	35.41	26.52	-25.12
5. 你会拿出薪水的多大比例用来为退休做准备？	18.10%	20.05%	+10.75
6. 你将拿出薪水的多大比例用于租赁和抵押贷款？	28.39%	23.27%	-18.04
7. 你将拿出薪水的多大比例用于交通？	9.37%	6.69%	-28.58

---

① Carol A. Cochran, "Financial Literacy in Teens", The degree of *Master of Arts in the Graduate Program Caldwell College*, 2010, p.3.

续表

问题	教育前测试平均值	教育后测试平均值	变化幅度（%）
8. 你将拿出薪水的多大比例用于食物、水电、服装等必需品？	27.07%	21.00%	-22.41
9. 每周在家/在外就餐的次数会是多少？	5.19/1.81	5.79/1.21	+11.54/-33.19
10. 你将拿出薪水的多大比例用于支付娱乐或奢侈品？	11.41%	6.82%	-38.73
11. 你认为你将会用到多少种信用卡？	2.67	1.75	-34.38
12. 信用卡还款时，你会选择全部/部分偿还欠款？	73.34%/26.67%	93.31%/6.70%	+27.22/-75

资料来源：Carol A. Cochran, Financial Literacy in Teens, the degree of Master of Arts in the Graduate Program Caldwell College, 2010, p.24。

在表4—11中，通过"经济素养教育"开展前后的对比，呈现出学生在日常开支、花费、娱乐等方面的计划变化情况，从而显示出"理财教育"的必要性。从表格所获数据可以看出，"理财教育"之前学生对于薪水状况、退休年龄、日常开支、储蓄结余等问题并没有精准的认识。以第12题为例，认为应该"全部偿还欠款"以保持收支平衡的人数上升了27.2%，而认为"最低还款即可"的人数下降了75%，这一研究结果是整个测试中最有价值的结论，也让教师和学生相当振奋。为从整体上分析测试结果，本书采用李克特量表进行系统测试，如表4—12所示。

表4—12　　　　　　李克特量表测试结果（n=30）

问题	Mean	SD
1. 通过本单元学习，会尽早开始省钱	4.17	0.87
2. 确信将来会将财务事宜打理好	4.14	0.83
3. 会尽力还清信用卡，而不是在多卡之间进行周转	4.38	0.88
4. 通过本单元学习，会减少不必要的开支	3.97	0.69
5. 受益于本单元的学习内容	2.77	1.16

续表

问题	Mean	SD
6. 通过本单元学习，会增加薪水的储蓄比例	4.17	0.78

资料来源：Carol A. Cochran, Financial Literacy in Teens, the degree of Master of Arts in the Graduate Program Caldwell College, 2010, p.26。

在表4—12中，通过李克特量表测试结果，我们可以把握经济素养教育对个体的积极影响。以第一题为例，"均值4.17"表明经济素养教育确实在储蓄等经济行为上明显改善了他们的决定，使之更倾向于尽早开始储蓄；"标准差0.87"表明大部分学生的得分都靠近中间值，其余几项问题的测试结果也较为一致。既然学校经济素养教育对于个体经济素养水平的提升功不可没，结合多方面因素展开学校经济素养教育就是当务之急。

三　评估要素及其关系分析

学生经济素养教育水平评估是对经济素养教育整个过程的审视和评价，涉及的课题有班容量和不同的教学法如何影响学生经济素养学习效果；教学法的类型如何影响不同学生的学习；不同性别、种族、年龄的学生对经济学知识的学习态度和观念的差异性分析；学校或学区对经济素养教育的支持与学生的学习态度之间的关系；家长参与程度对学生经济观念的影响研究。申请对经济素养教育进行测评的组织必须符合以下条件才可能申请成功：必须与具备相应资格的教育机构合作完成测评项目；要分别采用形成性评价和总结性评价两种方式进行测评。在此基础上，国家经济素养教育委员有相应的激励手段，推进经济素养教育测评工作的顺利进行：一是提供给实施机构一定的经费资助等优惠待遇；二是奖励在经济素养教育评估工作中做出突出成绩的研究者、学术刊物工作者、学术会议主办者等。

美国经济素养教育是一种典型注重过程管理而非目标管理的方案。[①]评价对教育活动本身有着指引方向和反馈调节的作用，只有通过评价才能

---

① 郎咸平：《郎咸平说改革如何再出发》，东方出版社2014年版，第31页。

看出教育活动的适宜性与有效性，才能对教育活动本身进行不断的反思和修正，使其更加完善。美国中小学生经济素养教育评价体系主要从以下三个方面展开，即评价对象、评价主体、评价方法。

首先是评价对象。经济素养教育的评价对象包括教学活动方案、教学过程和教学结果。对教学活动方案进行评价主要包括两个方面：一是方案的适切性问题，即方案的设计是否以儿童的实际需要为出发点、以儿童经济认知发展为依据、以儿童关注的经济问题为切入点；二是方案的合理性问题，即方案的设计是否与教师的经济素养教学水平、学校的经济素养氛围、可能获得的来自社会、家庭等方面的经济素养教育资源协调一致，最大化发挥资源优势。对教学过程进行评价主要包括教师、学生和经济素养素材之间是否能够进行有效互动，并以互动过程产生的矛盾问题为生长点而展开讨论，从而实现经济素养教学过程中的教学相长。教学效果评价是评价的最终目的，对教学效果评价不仅是针对学生，还包括教师以及家长，这是中小学生经济素养教育中最为重要的一点。中小学生经济素养教育的性质和内容以及其本身的新异性，使得教学的过程不仅是学生的成长过程，也是教师和家长进步的过程。由于人们对经济学知识的缺乏，真正理解经济素养教育内涵的家长和老师并不多，但是其实施又需要家校的高度配合，这就不仅要求教师在实施的过程中不断深化对中小学生经济素养教育内涵的了解，也要能够调动家长参与的积极性，使家长能够有意识地把对中小学生经济素养的培养延伸到学校之外，这些都是对教学效果评价的一部分。

其次是评价主体。美国中小学注重经济素养教育评价主体的多元化，在传统的经济素养课程专家、经济类教师、学校管理者的基础上，为进一步确保评价的科学性与客观性，家长和学生也成为评价主体。但是，在不同的实施阶段，对不同主体评价的偏重应该有所不同。在中小学生经济素养教育实施的初期，为保证实施的科学性，课程专家的意见至关重要，而在后期中小学生经济素养的养成上，家长的意见则会显得更为重要一些。

最后是评价方法。中小学生经济素养教育的评价将以观察记录、教学反思、家长意见等为依托，这些是保证评价客观、科学、合理的依据。但是从效果的有效性来讲，最为直接的是中小学生行为的表现状况。中小学生经济素养教育的评价方法从总体上说分为质化评价方法和量化评价方法两种。对经济学基本概念的考核多采用纸笔考试的形式,通过考试成绩对其进行量化评价;对经济能力和经济态度的考核多采用在实践中进行的质化评价方法。

为使评价方法更好地透过评价主体对评价对象进行系统考核,应遵循形成性评价与总结性评价相结合的原则。形成性评价强调在经济素养教学过程中,把教师在其中表现出来的对教学内容的驾驭、对教学过程的掌控、对教学方法的使用以及对学生学习行为、学习状态、与教师互动等方面的全面考察作为评价的主要内容。形成性评价因为其具有诊断性功能,更适用于某一教学阶段的初期,通过在教学过程中对教师教学能力和学生学习能力的初步观察,从而对课程内容设计、课程目标取向、课程理论分析等环节进行及时调整与更新。通过形成性评价,教师可以及时调整教学策略和方案,缩短教师进行教学改进的时限。总结性评价注重在一个阶段或一个单元的经济素养教学结束后,根据学生测评成绩来分析教学过程取得的成绩或存在的问题,从而改进下一个阶段教学的策略。

总之,在美国中小学生经济素养教育体系架构的基础上,美国已经形成了学校、家庭和社会共建的经济素养教育实践模式。制度化的学校教育尽管有着家庭和社会无法比拟的优势,但又难以剥离开家庭资源和社会力量的参与。美国家庭普遍认为,家庭是对孩子进行经济素养教育最直接、最理想的起始点,也是学校经济素养教育的助手和补充。教育对象及其家庭和社会等资源应该成为学校教育积极的参与者和建设者。我们要整合可以利用的一切资源以弥补学校制度化教育的缺失,否则学校这块教育的主阵地将受到诸多威胁。

第 五 章

美国中小学生经济素养教育经验及启示

由于信息传播全球化,明天的社会将不同于过去的任何模式,最准确、最新的信息可以实时地提供给地球上的任何人使用,并能达到最偏僻的地区。[①] 这就为知识经济时代在比较教育视角下结合中国实际对先进的经验进行整合和创新创造了条件。美国社会各界不断深化对经济素养教育的研究,理论和实践成果丰富。我们要结合中国实际,在对美国中小学生经济素养教育经验进行总结、教训进行吸取的基础上完善中国的经济素养教育体系。

第一节 美国中小学生经济素养教育经验

一 教育立法是经济素养教育实施的保障

针对性强是美国教育法案的显著特点,每一项教育立法直接针对一个教育问题,同时对后继问题还会利用补充条款对原法案进行再完善,即颁布"修正法案",这种集中解决问题的方式不仅能够有效、高速解决紧迫问题,同时还能增强法律的连续性和可操作性。以《规划》为例,该法规是针对在基础教育改革进行中学生经济素养水平低下问题颁布的教育法令。尽管《中小学教育法案》《不让一个孩子掉队》法案的指导思想、宏观规划都为经济素养教育提供了总指南,但鉴于经济素养教育的重要性和特殊性,直接对其进行立法成为必要选择。《规划》的颁布实施,对教育经费资助、师资力量培养与培训、课程目标设置以及学生学习效果评估等

---

① 联合国教科文组织:《教育——财富蕴藏其中》,教育科学出版社1996年版,第27页。

方面都进行了极大的调整，为经济素养教育的顺利发展奠定了必要的法律基础。可见，健全的立法体系是经济素养教育蓝图实现的重要保障。

二 师资培训是经济素养教育持续发展的力量源泉

成功的关键是要拥有对方需要的东西。① 学校需要优质教师，而教师最需要有效的专业发展路径。美国联邦政府要求有正式资格的 K-12 年级从业教师每 5 年进行一次系统的经济素养教育免费培训，无论教授哪门课程，教师都要通过培训从而能够将经济素养相关要素渗透到自己所任的科目之中，以保证经济知识的及时更新和教学方法的有效改进。地方政府也会在教师培训经费上给予资助，给教师分发培训教材和视听资料。教师可以根据学科发展和自身需求，选择适合自身专业发展的经济学课程进行培训，如从经济学基本理论、宏观经济学、微观经济学、国际经济学等领域中做出选择。在进行师资培训的同时，相关的教师经济素养水平测试也在同步展开，使得培训能够更具有针对性，获得更好的培训效果。例如保罗·格兰姆斯（Paul W. Grimes）、梅根·米列（Meghan J. Millea）和凯斯林·托马斯（M. Kathleen Thomas）在《幼儿园至 12 年级老师经济素养测试：基于州范围内的分析》一文中，将密西西比州高中经济学教师的分数与俄罗斯同层次教师进行了对比，发现密西西比教师尤其是小学教师的经济学水平低，并且经济学内容与其他学科之间的连接不紧密，直接影响学生经济素养水平的提升，这个结果也能反映美国其他州的基本状况。② 教师教学的有效程度直接影响并决定学生的发展速度和进程，完备的师资培训是经济素养教育持续发展的有力保障。

三 金融市场为经济素养教育提供良性的生态系统

美国金融市场较为成熟，已从产品为导向成功过渡到以客户为导向的阶段，能真正从客户的角度分析其风险偏好和其承受能力，然后通过适合

---

① 约翰·E. 丘伯、泰力·M. 默：《政治、市场和学校》，蒋衡等译，教育科学出版社 2003 年版，第 33 页。

② Paul W. Grimes, Meghan J. Millea, M. Kathleen Thomas, "Testing the economic literacy of K-12 teachers: A state-wide basing analysis", *American second Amy education*, 2010, pp. 4-19.

的金融产品为其提供个性化的服务,使其职业和家庭生涯规划更科学、合理。与此同时,金融市场也将经济素养教育作为其服务社会的重要方面。由于个体发展之间的巨大差异,使其在经济素养教育问题上的需求和状态也会存在诸多差异,学校制度化的教育在影响个体的差异性方面存在诸多局限,金融机构为经济素养知识学习者提供了不同类型的学习方式,凸显了社会组织的参与力量。以联邦存款保险公司为例,公司通过长时间的调研,通过对学习者学习类型等问题的分析开发出不同类型的学习方式:首先,对于学术性知识有浓厚兴趣和研究热情的学生鼓励其通过课堂教学的方式进行知识学习;其次,为实践能力强、探索意识浓厚的学生提供更多实践操作平台,也可以让教师和学生结合电视广告等环节进行讨论,探讨消费与选择的内在联系;最后,对于那些理论能力和实践能力都较为突出、又想进一步掌握更多经济发展前沿动态的学生,可以邀请金融机构的相关人士进入课堂,将行业知识、经济走势、股票行情等信息注入课堂。以上方式并非独立存在,而是彼此联系,互相影响,通过为学习者提供不同类型的学习方式,整合优质资源,共同推进中小学生经济素养教育的发展。可见,成熟的金融市场为经济素养教育提供了良性的生态系统。

美国中小学经济素养教育的顺利开展得益于学校、学区和州政府的通力合作,遵循了"教育改革三级论"的指导思想,即学校、社区和州政府之间在学校教育、家庭教育和社会教育多个层面的相互依赖和相互影响。[①] 在此基础上,经济素养教育体系构成要素之间形成良性互动。

四 存在的问题是美国经济素养教育发展的生长点

美国中小学经济素养教育尽管有完善的法律法规、系统的课程体系,但许多问题是不受权威和标准操作程序控制的,其发展过程中依然存在诸多问题。

1. 经济素养教育内容滞后

美国中小学生经济素养教育内容一直以来主要以《全美自愿性经济学内容标准》和《经济学教学框架》为依据,确保了经济知识的系统性

---

① [加]迈克尔·富兰:《变革的力量——透视教育改革》,教育科学出版社2004年版,第29—31页。

和完整性。以《全美自愿性经济学内容标准》为例,出现于 20 世纪 90 年代科学领域的"全国标准的制定运动"为中小学生的综合素质提升创造了条件,为经济素养水平的提升带来了机遇和挑战,更为经济素养教学标准化提供了模板,伴随着 1994 年以来的教育法案的相继颁布,也为经济素养教学的标准化提供了法律保障。《全美自愿性经济学内容标准》尽管是理论框架,但是又通过内容的细化搭建了实用性课程,通过实用性课程,实现了对经济素养教育知识目标的完善。但在知识经济背景下,经济素养的概念有了新的内涵体系,如何能够在对经济素养知识整合的基础上进行知识创新是我们面临的重要挑战。在 2008 年以来的金融危机的影响下,承受不了经济打击的民众,其生活完全被打乱。许多人学到的经济知识跟不上时代的步伐,缺乏对经济规律的把握和理解,缺乏面对经济问题的自我治愈能力,而深受经济危机的危害。究其原因,经济素养教育内容滞后难辞其咎。由于社会经济发展迅速,知识量在迅速增多,知识的更新换代越来越快,而教育内容,特别是学校教育在一定时期内是相对稳定的,因此就会产生经济素养教育内容滞后的问题,如表 5—1 所示。

表 5—1　　　　　　经济素养教育的主要挑战调研（N = 181）

主要挑战	人数（人）	比例（%）
缺乏经济学科知识	77	42.5
缺乏合适的课程设置	105	58.0
缺乏课程计划和学生手册等课堂材料	86	47.5
缺乏教学时间	86	47.5
政府对经济素养教育缺乏热情	37	20.4
学生对经济素养教育缺乏热情	31	17.1
会在现有课程资源中挖掘经济素养教育内容	35	19.3
经济素养教学很枯燥	17	9.4
缺少时间对经济形式进行实时跟进	45	24.9
州政府对经济素养教育缺乏热情	47	6.0
并不存在较大挑战	8	4.4
其他	13	7.2

资料来源：Dan Otte, "Teaching Financial Literacy in K‑12 School: A Survey of Teacher Beliefs and Knowledge", *the Degree ofDoctor of Philosophy The University of New Mexico Albuquerque*, New Mexico, 2010 (5), pp. 93 - 94。

从表5—1可见，经济素养教育内容滞后是经济素养教育面临的重要问题。为了减轻这方面的负面影响，经济素养教育内容要及时更新，教育方式要灵活机动，对于不合时宜的教育内容要及时增删修改，随着社会的发展变化而不断变化。但同时从表5—1中也可以发现，政府和学生对经济素养教育的热情缺失会影响到教师的教学热情和教学效果。

2. 经济素养教育师资流失严重

教师是教学目的的实施者，教学活动的设计者、领导者和组织者，是推动教育过程的主要力量。[①] 同时，教师教学对象的复杂性造成了教师劳动的复杂性，因此学校应主动与社会各界充分联系，合理利用一切有利于课堂教学的社会资源以安排相关的社会实践活动；校外专家要对学校教育或对校外教育实验提供协助；家长应以适当的方式参加学校的管理或追加资源的动员工作。[②] 美国中小学经济素养教育教师在工作中面临诸多挑战，其中最重要的几个方面就是缺乏合适的课程设置，缺乏课程计划和学生手册等课堂材料、缺乏相应的经济学科知识等问题，教师专业发展受到影响。伴随这些问题的日益激化，学校的经济素养教师存在生存困境，严重影响中小学生经济素养教育进程；一些经济素养教育政策刚施行没有多久，效果还没有出来，政策就夭折了。这些因素导致许多优秀的经济素养教育师资流失。[③] 教师经济素养缺失被公认为是美国上次经济危机中学校教育质量最严重的短板，由此发起向教师传递经济学内容和教学技能的教育领导运动是迫在眉睫的举措。[④] 同时，教师经济素养测评活动也为全面了解教师的经济素养水平提供了依据，对于向教师传递经济素养知识和教学方法都提供了一定的参考，例如阿肯色州的K–12年级教师经济素养测评得出了一些有价值的结论：教师的经济素养水平和预定标准之间的差

---

① 王承旭：《教师的地位和作用》，《比较教育研究》2006年第2期。
② 联合国教科文组织：《教育——财富蕴藏其中》，教育科学出版社1996年版，第146页。
③ 张景龙：《美国青少年经济素养教育研究》，硕士学位论文，河北大学，2015年，第36页。
④ June Marie Freund, "Economic Literacy: Measuring the Economic Human Capital of Arkansas K – 12 Teachers", *Doctor of Philosophy in Curriculum and Instruction of University of Arkansas*, 2015 (6), p. 61.

距，哪种培训方式最有助于提高教师的经济素养水平等，如案例 5—1 所示。

案例 5—1　阿肯色州 K-12 年级教师经济素养测评

琼·玛丽·弗罗因德博士的调查选取了提交调查结果的 182 名 K-12 年级教师进行分析，并分别就调查对象的性别、受教育程度、经济类证书和培训状况等专业发展信息进行了详细分析。阿肯色州使用国家标准的经济素养测试系统，采用多元回归、单向分析和方差分析多种方式对 K-12 年级教师经济素养状况进行了测评。结果显示，小学教师的经济学知识覆盖面和经济素养水平基本达到预订标准，其成绩的取得主要来自经济类的专业研讨会，而与修习大学经济类课程没有直接关系；高中教师在达到预定标准方面则显示不足，并直接影响到其将经济学知识融入进所承担学科课程的能力，其主要原因在于对宏观经济学和微观经济学中的基本概念和原理掌握状况不佳。调研结果建议高中教师参加专业经济学类研讨会是其达到经济素养水平测试的最好途径，并能在此过程中提升经济素养教学技能。研究还表明，经济素养高分数与经济学教学年限、三年内参与专业研讨会次数及其每次参加专业研讨会的时间、修习过的本科及以上经济学课程门数都存在相关性。

案例 5—1 表明，教师修习经济类课程的科目会影响到其对于中小学生经济素养教育活动的理解和贯彻实施，也会影响到教师的专业发展路径，如表 5—2 所示。

表 5—2　　　　　　教师修习各门经济类课程的比例（总数）

课程	百分比（%）
宏观经济学	41.8
微观经济学	35.7
经济学调查	23.6
小学教师经济学	15.9
企业财务	8.8
货币银行学	8.2
其他	3.8

续表

课程	百分比（%）
中学教师经济学	3.3
公共财政	2.7
国际贸易	2.7
中观经济学	2.2
全球问题	2.2
经济学史	2.2
个人理财	1.6
经济思想史	1.6
国际经济学	1.1

注：家庭经济学、林业经济学、市场营销、会计、经济商业道德、商业法、现代政治经济学、农业企业管理等。

资料来源：June Marie Freund, Economic Literacy: *Measuring the Economic Human Capital of Arkansas K–12 Teachers*, Doctor of Philosophy in Curriculum and Instruction of University of Arkansas, 2015（6）：61。

在表5—2关于"教师修习各门经济类课程比例"的调查中，有77.5%的教师修习了宏观经济学和微观经济学，但只有15.9%和3.3%的教师修习了小学教师经济学和中学教师经济学，而这两门课程会直接影响到中小学生经济素养教育活动的开展，而大部分教师缺乏具有针对性的中小学经济素养知识。

3. 学生基础薄弱导致经济素养教育成效欠佳

基础教育是美国教育系统中比较薄弱的环节，读写算等基础知识的欠缺，严重影响了学生对经济学知识和基本经济技能的学习和掌握，学习迁移在经济素养教育过程中的产生存在困难。再加上美国社会商业化氛围很浓，社会上普遍存在超前消费现象，国民存款率低，对于金融风险的抵抗能力较弱。在这样的社会经济风气的影响下，学校经济素养教育效果并不理想，很多学生存在超前消费、过度消费等现象。

第二节　美国中小学生经济素养教育的启示

在现代社会中，人的经济属性是个体生存于社会的重要属性；离开了经济属性，个体的发展将步履维艰。伴随中国经济的快速发展，国民可支配收入越来越多，其中家庭用于儿童的消费支出也越来越大，由此衍生出以"人与金钱的关系"为核心的一系列经济素养教育问题。[①] 提升个体的经济素养水平不仅是个人生存和发展的需要，也是国家人才发展战略的需要。

知识经济是发达国家和发展中国家所共同面临的现实，加强和优化人才培养工作，已成为各国制定发展战略的必然和首要的选择。在知识经济时代，各国对于知识、对于人才都有强烈的渴望。例如原美国苹果公司董事长约翰·斯卡利曾指出，在人类所需要的资源是从土地里挖掘出来的年代，我们是一个富有的国家，但是到了资源是从脑袋里挖掘出来的时候，我们还只是一个发展中国家。由此可以看出，科学技术非常发达的美国，在知识经济时代对于知识、对于人才都具有十分强烈的紧迫感和危机感。中国是一个发展中国家，目前整体的科技实力还相对较弱，对于人才有着更加紧迫的需求。特别是在经济全球化的形势下，参与国际竞争，单单依靠传统的资源优势和劳动力优势已不能适应时代的发展，人才的竞争将是最核心的竞争。[②]

在此背景下，国民包括经济素养在内的整体素养水平的提升是应对激烈国际竞争的重要力量。教育可以帮助我们获取知识，并且在进行教育活动的同时，可以帮助我们了解世界和他人，从而更好地了解我们自己。通过对美国中小学经济素养教育的研究也使我们发现，在充分理解并尊重双方差异的基础上，对不同文化的研究有助于我们开阔视野，正视自身存在的问题。近年来，随着以美国为代表的教育发达国家的经济素养教育经验的不断涌入，有不少学者对中国的经济素养教育开展了一系列卓有成效的

---

① 洪明：《当前儿童理财教育中普遍存在的几个误区》，《教育探索》2011 年第 5 期。
② 秦剑军：《知识经济时代人才强国战略研究》，博士学位论文，华中师范大学，2008 年，第 63 页。

研究，社会各界对中小学生的经济素养教育的关注度也不断提高，尽管取得了一定成绩，但问题依然严峻，本书试图在对美国经济素养教育进行总结、借鉴的基础上进行中国的问题审视及路径优化。

一　中国中小学生经济素养教育问题审视

（一）经济素养教育理念落后

1. 对经济素养教育态度漠视

（1）"德本财末"的传统文化

中国在长期儒家文化影响下形成了以德本财末思想为主流的传统经济价值观。孔子所创构的思想体系，以道德教化为主，对农业生产和经济问题则不怎么重视，他将贫富贵贱付之天命，而只对伦理政治问题格外关注。孔子说："君子喻于义，小人喻于利。"孟子、荀子及至汉代儒学思想家（如董仲舒）沿袭孔子的这一思想路径发展下来，形成和发展了为富不仁、求财不义的经济价值观，在思想上造成了道德与经济、仁义与财利之间的明显对立，构成了以道德价值观取代经济价值观的总趋向，建立了重义轻利、德本财末的经济伦理思想。这些重德轻财的思想，在中国历史上产生了诸多消极的影响。在中国传统经济伦理发展史中，道德与利益的矛盾已是经济伦理领域诸多矛盾的集中表现。中国社会曾经很长时间过度渲染德性论，造成了中国传统伦理思想的另外一种特征表现，就是轻视经济利益的求索，以致德性论对功利论展示出极其强势的图景，德性论与功利论之间形成不易调和的理论紧张。① 虽然"道德的力量是包括在经济学家必须考虑的那些力量之内的"，② 但是，以道德来规范人的经济行为历来是中国社会的主流观念。

（2）学生培养的功利性

学生培养的功利性一方面表现在只重视学业成绩，忽视对于学生综合素养的培养。道格拉斯（B. Douglas）和伯恩海姆·丹尼尔·加勒特

---

① 尤吾兵：《经济伦理思想与德性的媾和——朱熹经济伦理思想及其现代价值》，《上海财经大学学报》2009年第3期。
② ［英］阿尔弗雷德·马歇尔：《经济学原理》，朱志泰、陈良璧译，商务印书馆1964年版，第1页。

(Bermheim Daniel M. Garrett, 1997)有关美国中小学经济素养教育对学生进入成年后的储蓄行为影响的实证研究表明,中学的经济素养教育对学生进入成年后的财产积累有重要的、渐进性的积极影响。国外经济素养教育的实践与经验表明,经济素养教育越早越好,高等学校对大学生的经济素养教育其实已经是一种补救措施。[①] 然而中国很多家长却反对在中小学阶段进行经济素养教育,反对的观点主要分为两类。一种观点认为,目前中小学生学业负担重、升学压力大,即使开展经济素养教育也得不到应有的重视;同时中小学生年龄尚小,对金钱没有足够的概念,等成年之后就自然懂得这些知识了。等孩子进入社会自然能够掌握经济素养的知识,不必操之过急。在这些家长的观念里,挣钱花钱是家长的责任和义务,如果家里经济条件好,就多给孩子一些零用钱,如果经济条件不好,自己省吃俭用也要供孩子花销,普遍认为大人给小孩子花钱是天经地义的。[②] 中小学生在学习阶段没必要也没时间去考虑与钱有关的事情。殊不知,这种思想严重影响了孩子经济素养的培养,往往会造成孩子过度消费、盲目消费,不能建立付出劳动和获得报酬之间的联系,没有家庭和社会的责任感,更严重的是对成年后经济素养带来不良的影响,影响孩子一生的经济素养水平。另一种观点认为对中小学生进行经济素养教育与中国传统的重义轻利的传统文化产生冲突,会对孩子的成长造成不良影响,甚至容易产生唯金钱论,将经济利益作为唯一的价值取向,产生拜金主义心理。例如学校里有部分同学利用金钱作为诱惑,雇同学写作业、做卫生等,把原本单纯的同学关系变为了直接的经济关系和买卖关系。殊不知,拜金主义不是进行经济素养教育的后果,恰恰是经济素养教育缺失的后果。经济素养教育的目的是使孩子有正确的财富观,学会如何合理的获得财富、管理财富和使用财富,并在此过程中培养独立、自信、责任等品质。反观美国家庭在孩子很小的时候就灌输财富要靠自己辛苦工作才能得到的观念,从小培养孩子正确的金钱观,并且于金钱的获取和消费过程中培养独立、自尊和责任等重要的经济品质。这些做法着实值得我们深思和借鉴。

[①] 肖路:《美国个人经济素养教育及对中国的借鉴意义》,《金融与经济》2006年第4期。
[②] 陆媛、徐广:《大学生信用卡消费与理财教育》,《黑龙江高教研究》2010年第7期。

孩子教育功利化还表现在用金钱代替对孩子的爱。父母和孩子之间需要进行感情交流，但在功利化、物质化的思想影响下，许多家长将对孩子的爱金钱化，认为给的钱越多就代表对孩子的爱越多。甚至有些家长利用金钱鼓励孩子努力学习或达到预期目标。例如有些家长因为忙于工作，只顾给孩子足够的零用钱，忽视了和孩子进行内心的交流，认为孩子现在的任务是学习，经济素养是成人的事情，现在不好好学习而去搞经济素养教育是不务正业。家长即使认识到经济素养教育的重要性，但做法值得商榷，如用金钱奖励的方式鼓励孩子学习，课堂上发言一次奖励 5 元，小考进步 1 名奖励 20 元，全班第一名奖励 500 元等。这些做法完全忽略了孩子内心对于父母亲情交流的需要，将亲情和期望完全物质化。短期内可能会有一定的效果，但从长远看容易导致孩子亲情的缺失，学习、做事严重功利化，孩子缺乏学习的自觉性和家庭责任感，容易产生金钱观和价值观的偏差。家长在用金钱对孩子进行奖励或鼓励时一定要注意方法，避免对孩子在金钱观和价值观上产生负面影响。同时家长的不正当消费行为会影响其在孩子教育上的权威性。父母在经济素养方面的意识和水平较高，就会形成一种潜移默化的影响，为孩子树立良好的榜样，身体力行向孩子诠释"成由勤俭败由奢"的道理，也才能在孩子出现消费攀比、消费虚荣、消费过度等经济行为问题时拒绝孩子的请求。在消费欲望上加以节制是面对挫折的基础，否则孩子自律和建立正确行为准则的能力会丧失，并导致欲望膨胀。经济素养教育要把握好度，不要让孩子成为金钱的奴隶，以致形成金钱至上的意识，更不能把孩子培养成"守财奴"。

2. 经济素养教育概念误读

经济素养教育是对在生产、分配、交换和消费领域中涉及的经济知识、经济能力和经济态度的培养过程。中国特殊的历史背景造成我们过于重视消费教育。

消费本是中性行为，即个体通过购买商品或服务享受品质生活的一种经济活动。过度消费和过度节俭消费都是应该避免的消费观念。过度消费是追求通过过度占有商品或服务而满足自我欲望的一种不健康的经济行为，其中"过度"与"合理"相对，主要有以下几个特点：一是消费超出了自身的经济承受能力；二是进行浪费性消费；三是超出了法律、法规规定的消费标准；四是消费的后果影响到了自身或是他人正常的工作、生活。没有出现以上情况的消费，就是"合理"的消费，是应该被肯定和保护的。中小学生合理消费是参与社会经济生活的正常行为，也是对自身合理经济需求的一种满足，更是对自身经济素养能力的锻炼和提高。[1] 适度消费和节约消费都是现代社会倡导的经济行为，卢嘉瑞在《消费教育》一书中提到，消费观念的现代化即是消费观念的科学合理适度化。社会经济的发展需要适度的消费，过分的节约也会影响到社会经济的正常发展。但是在经济素养教育方面，由于历史的原因，中国家长往往过分强调节俭消费，甚至认为经济素养教育就是节约教育。例如一项调研显示，仅有25%的家庭对孩子进行过经济素养教育，而又有20%的家庭把节约教育理解为经济素养教育，仅仅教育孩子节约用钱，对于孩子适度消费、科学消费、理性消费的教育则几乎没有。这种现象的出现有其历史原因。历史上我们国民经济发展较为落后，社会商品供应不够丰富，社会保障体系不够完善，这些原因都促使我们养成了高储蓄、低消费的习惯，并成为文化的一部分保存了下来。但是伴随着中国经济的快速发展，国民收入快速增长，政府也出台了一系列社会保障制度，解除了大家的后顾之忧。[2] 在现实生活中我们要在支付能力允许的范围内科学合理消费，不铺张浪费，不过分节俭，充分享受经济发展带来的各种生活方面享受。[3] 除了认为"经济素养教育就是节约教育"外，人们在观念中将经济素养教育的意义功利化，认为经济素养教育就是投资赚钱的片面理解等问题也普遍存在。

（二）理性经济行为引导错位

1. 消费异化倾向明显

（1）学生消费成人化倾向明显

针对中学生的社会调查显示，中学生已经成为一个巨大而特定的消费群体，他们在消费观念、心理、行为、水平等方面有着相似的群体消费特征，即对新事物有强烈的好奇心，喜欢追逐前卫、时尚、潮流的理念，这就决定了他们的消费观念同样是前卫、时尚、潮流的。中小学生的身心发

---

[1] 卢嘉瑞：《消费教育》，人民出版社2005年版，第27页。
[2] 黄娅娜、宗庆庆：《中国城镇居民的消费习惯形成效应》，《经济研究》2014年第12期。
[3] 卢嘉瑞：《消费教育》，人民出版社2005年版，第69页。

展都还不成熟，自制力不强，易受社会不良经济习气影响形成攀比消费。同时，中小学生的消费项目已遍及成人的各个领域，如名牌服装、美容美发、电子产品等。厂家为迎合这种趋势，进一步推进了学生消费的成人化。长此以往，对中学生的成长、发育产生不良影响，甚至会产生"早熟"。如今的中小学生多为独生子女，他们普遍娇生惯养，鲜去理解富足生活的来之不易，盲目攀比、过度消费等不良经济行为逐渐增多；父母更是视孩子为手中珍宝，尽自己最大努力去满足孩子的种种消费要求，更有甚者，有的父母为了孩子的过分要求节衣缩食。这些行为无形中助长了孩子不良经济行为的发生，使其丧失进行合理经济规划的能力，不仅为孩子日后的经济行为埋下了祸根，也影响了亲子关系的和谐与家庭气氛的融洽。

（2）消费品的符号价值衍生出夸示性消费

在消费社会中，消费不再是生产的一个后继环节，而是象征着地位和一种新的道德。作为对产业社会的一种超越，消费社会在迎来物质丰裕的同时，也导致人们精神上的贫乏。[①] 在传统社会，消费品的生产和消费的目的都集中在消费品的使用价值上，消费追求的是消费品的结实耐用和好用。与此相适应，消费品的生产也必须以此为目的，以适应消费的需要。在物资匮乏的历史条件下，产品供不应求，人们的消费只能是满足基本需要的消费，人们注重消费品的使用价值是理所当然的。[②]

伴随着生产力水平和生产效率的提高，当产品生产进入供过于求阶段，个体走出了物质短缺的时代，商品之间的竞争也让价格变得相对稳定。此时，个体的需求层次也逐步从生存的需要转向安全的需要，以致向自我实现的需要攀升。个体对消费品的关注点开始从其使用价值向其所代表的社会意义过渡，消费观念从实物消费向符号消费过渡。由此，市场经济中的名牌产品在消费者的内心中代表的是个体的社会地位和社会价值，而非其朴素的使用价值。既然消费者的消费选择发生了如此大的变化，商品生产者的社会服务也必然从引导个体从商品使用价值的关注转向引导其

---

① 王建华：《消费社会视野中的大学》，《教育发展研究》2008年第23期。
② 张兴桥：《消费异化与消费伦理》，博士学位论文，吉林大学，2005年，第50—56页。

进行"夸示性消费"。所谓的"夸示性消费"其实质是通过个体的金钱付出,通过购买超出商品使用价值以上的服务向他人显示自己的社会身份和经济地位,从而满足自己内心的夸示性需求。当然,这一过程需要经历一个长期的社会发展和个体心理发展过程。这种具有夸示性的符号消费会在物质实力的基础上成全个体或组织的社会荣誉和社会声望。

符号的社会功能是示同和示异。所谓示同,就是借消费来表现与自己所认同的某个社会阶层的相同、一致和统一。所谓示异,就是借消费显示与其他社会阶层的不同、差别和距离。这两者的结合,就使消费者获得了在社会中的自我定位。这种自我定位会使消费者产生一种归属感,感觉步入了自身所期望的一种存在高度,即自我实现的需要得以满足。这种需要不仅是社会对自身发展的一种认可,同时也代表自我定位与社会需求的相对吻合,更确保了自身发展的安全感和稳定性,摆脱了种种处于社会不利地位的危险。由此,以夸示性消费为特征的商业广告就成为新宠,它一方面为那些已达成自身发展目标的个体和组织提供具有符号价值的外衣,另一方面也为那些奔走在自我实现路上的个体以预言基础。广告艺术主要在于创造非真非伪的劝导性陈述,既不让人去理解,也不让人去学习,而是让人去希望,是一种预言性话语。[1] 这种在社会中存在的倾向于消费主义的价值观伴随着网络等大众传媒的推进势必会对中小学生造成影响,进而成为经济素养教育的一种隐性文化背景。

(3) 消费异化的生存迷惘

消费异化是指在消费主义思想的影响下,物质需求与精神需求的平衡被打破。个体过度追求物质需求的满足,对于物质的追求欲望导致个体忽略精神需求的满足。消费异化扭曲了个体价值观,不利于人的全面发展。[2] 消费行为的异化带来了人类对物质的非理性追求,反映在消费领域中就表现为过度消费和非理性消费,同时也带来了对资源的过度开发,造成了自然资源的过度开发和自然环境的恶化,破坏了人和自然和谐相处。众所周知,物质追求并不是我们生活的全部,单纯对于物质欲望的满足,

---

[1] 张兴桥:《消费异化与消费伦理》,博士学位论文,吉林大学,2005年,第50—56页。
[2] 田芯:《中国社会可持续发展的消费伦理研究》,硕士学位论文,大连海事大学,2013年,第45—49页。

或许能提高我们的物质生活水平，但并不能使我们生活的充实、幸福，反而会使我们的生活异化，变得精神空虚，没有寄托，对于他人和自然界冷漠无情，完全违背了人和自然协调一致、共同发展的原则。与父辈相比，现在的中小学生生活在物质丰富的年代，但物质丰富的同时也带来了对于物质的过度追求，而精神世界却一片荒漠，而充实、幸福、有价值的生活如果没有健康向上的精神世界的支撑是无法实现的。

2. 学生经济活动权利受限

压岁钱历来是家长对孩子进行经济素养教育的最好教材。来自"大众理财顾问"的一项问卷调查道出了中国目前压岁钱使用问题现状：43.8万元压岁钱来自北京地区的90个孩子，拿到压岁钱最多的高达2万元；至于压岁钱的使用，76%的孩子的压岁钱上交父母或由父母存进银行，自己拥有绝对管理权的孩子只占到5%。家长的这种行为，一方面体现了家长对孩子的经济能力的不信任，认为孩子缺乏管理金钱的能力，会造成金钱的挥霍和浪费；另一方面也体现了家长对孩子经济素养教育的不重视，即孩子的主要任务是学习，金钱管理会滋生拜金主义倾向。就是这些冠冕堂皇的理由赤裸裸地剥夺了孩子经济素养水平的提升。发生在家长与孩子之间因为压岁钱引起的风波也反映出中国家庭经济素养教育的缺失。[①] 中国首份财商指数报告显示，目前90%以上的大学生缺乏理财观念，但对潮流、明星及各种各样的国际品牌却非常熟悉。而孩子缺乏参与经济活动的经验，没有建立起消费和劳动之间的关系，无法理解消费过程中适度的原则，常常出现超出自身及家庭消费能力而追求品牌消费的现象，例如当前常见的"苹果三件套"消费，如案例5—2所示。

案例5—2　苹果三件套[②]

位于北京市中关村"苹果产品"销售点门前，满脸怨气的女孩站在那里一动不动，蹲在不远处墙角位置的中年女子以泪洗面，不时用纸巾擦拭眼角的泪水，小声抽泣着。事情是这样的。女孩寒窗苦读数载，终于考

---

① 吴然：《从压岁钱看儿童财商教育》，《大众理财顾问》2014年第3期。
② 杨红兵：《由大学新生"苹果三件套"看财商教育》，《教育与职业》2012年第31期。

上了自己如意的高等学府，母亲答应给她买手机等数码产品。可是在琳琅满目的数码新产品前，女孩一眼就看中了"苹果三件套"，即苹果手机、苹果平板电脑和苹果笔记本电脑，并且相中的是价值超过两万元的高配置产品。这一选择让毫无准备的母亲措手不及，根本承担不起。见母亲面带难色，女孩放话"不给我买，就让我在大学丢脸去吧"。说完将含辛茹苦把自己养大的母亲丢在一旁，扬长而去。

在案例5—2中，据店老板介绍，每出售5台苹果产品，其中至少有2台是销售给大学新生的，选择备齐"苹果三件套"的大学生不在少数。伴随着生活水平和时代要求的不断提高，大学新生的报到装备从一个背包发展到随身听、手表，再到手机、电脑，可谓是水涨船高，这些变化也确实给个体带来了极大的生活便利和极高的学习效率。但问题在于，在类似于"苹果三件套"事件的发生过程中，学生是否考虑到这些消费行为是否是追求学业的必要支出，在做出此选择时是否考虑到父母的感受和家庭实际的收入状况。

"冰冻三尺非一日之寒"，追本溯源，都与早期的经济素养教育土壤贫瘠、荒芜有关。家长应引导孩子定期核对零用钱账目，鼓励孩子对支出状况有清晰的把握，及时总结，这不仅可以为孩子以后的零用钱使用积累实践经验，同时也养成了孩子经济管理的能力。受制于传统教育体系和社会财富观的影响，目前国内经济素养教育进展较为缓慢，国内孩子的经济素养几乎处在"无意识"的成长状态。经济问题是摆在孩子面前不可回避的现实，家长首先要改变自身的经济偏见和经济习惯，承担起家庭应给予孩子的责无旁贷的经济素养教育；同时，不要低估孩子的经济行为能力，更不能剥夺其参与家庭经济活动的权利。

总之，在讨论消费、投资、借贷等家庭理财活动时，家长要鼓励孩子参与，不要回避孩子；要主动邀请孩子参与讨论发表意见，让孩子了解家庭支出；在家里有大宗购物计划时，要让孩子参加讨论，征求他们的意见；在遇到家庭经济困难时，要向孩子解释清楚……家长要不断给处于中小学阶段的孩子创造越来越宽松的经济环境。这既能让孩子学习到更多金融知识、消费经验，又会上孩子觉得自己受到了重视，感受到长远投资自己人生的重大意义。如果家长在家庭财务方面对孩子采取保密态度，认为孩子正处于学习的大好阶段，其他的事情没必要管，这种情况会使孩子步入社会后在经济方面束手无策，甚至影响到其日后的经济选择。

3. 经济素养教育过程缺乏统一标准

"4+2+1"家庭模式中孩子与父母及祖辈家长生活在一起，家庭成员对孩子的影响无处不在。但由于年龄阶段、生活经历、经济价值观等诸多差异，导致他们在孩子的经济素养教育上会产生矛盾或分歧。祖辈家长往往存在溺爱心理，对于孩子一些经济上的无理要求，明知不对也会想办法满足；孩子也会利用祖辈的这种心理，变本加厉地提出一些无理要求。因此，在孩子的教育过程中，父母一定要和祖辈做好沟通并达成一致，不能让孩子感觉到家长的标准不一，褒贬不定，这些不一致的态度和行为往往会造成孩子错乱的经济观念和经济行为。《天鹅、梭鱼和虾》的故事我们都知道，其中的道理也很清楚，如果要拉动车子，大家必须朝同一个方向用力。关于孩子的家庭经济素养教育也是一样，家长首先要统一思想，用科学的经济素养观念和行为影响孩子、教育孩子。

（三）经济素养教育缺乏系统互动

1. 学校教学内容缺乏针对性

经济素养教育要落实或渗透在相应的课程之中，教师必须正视学生经济素养问题的一系列不一致和不统一，才能对经济素养教育课程进行前期设计，引导学生有针对性地解决问题。这些不一致和不统一主要表现在以下几个方面。一是中小学生财富状况呈现两极分化现象。一部分人个人财富较多，其中14.9%的中小学生每月拥有50元以上零用钱，17.5%的中小学生拥有5000元以上的个人储蓄。另一部分人个人财富较少，其中32.6%的中小学生基本没有零用钱，16.7%的中小学生没有个人积蓄，家长包办行为严重，甚至13.6%的中小学生每周基本上不花钱。二是82.8%的中小学生对自己的消费行为自我评价较高，但多数教师对他们的消费行为评价较低。三是在中小学生消费观和消费行为之间不统一。97%的中小学生都赞同节约，但实际生活中他们的浪费现象是非常普遍的。四是部分中小学生对金钱的意义认识不正确。56%的学生认为有钱没钱不重要，5.2%的中小学生认为有钱会变坏。①这些鲜活的数据有助于我们有的放矢地设计经济素养教育课程，避免盲目移植国外课程或者套用成人经济素养教育课程的现象。

2. 家庭经济素养教育缺位

学校教育需要家庭的配合才能取得好的效果，但学校在开展经济素养教育的过程中，往往没有争取到家庭教育的配合，以致教学效果差，达不到预期的目的。例如某学校教育孩子开展"讲节约、献爱心"的活动，目的是号召孩子养成节约的习惯，并把节省下来的物品或是零钱捐献给"爱心工程"，这本来是一件非常好的培养孩子节约意识和社会责任感的事情，但是在和家长沟通时，学校只是简单地说要给"爱心工程"捐款，没有将这项活动的具体操作流程和意义详细地告知家长，以至于许多家长反对，活动自然也没有取得应有的教育效果。

家庭在经济素养教育的活动中占有特别重要的位置，有以下几个方面的原因。第一，经济素养教育涉及金钱问题，这是一个非常敏感的话题，而且是一个私人问题，比如零用钱，家长给还是不给或是给多少等问题，学校和老师都无法进行干涉。因此，经济素养教育的开展必须有家长的配合。第二，经济素养是一个日常行为的养成问题，家长的个人经济素养和对待经济素养教育的态度将会在很大程度上影响经济素养的教学效果。例如，学校倡导家长定期定额的给孩子一些零用钱，但是有些家长怕孩子拿到钱后沾染不好的习惯，根本就不给孩子零用钱；有些家长给零用钱完全看心情，或是给的金额过多。学校倡导家长对于零用钱的使用提出合理的建议，但是不要强加干涉，总有家长要么完全包办，要么完全放任，与学校的经济素养教育背道而驰。当学校和家庭在经济素养教育方面存在矛盾和冲突时，学生很容易迷失，更不利于经济素养水平的提升。

二 中国中小学生经济素养教育路径优化

经济素养教育的对象同时又是经济活动的直接参与者，相对于其他学

---

① 数据主要来源于中国青少年研究中心少儿所开展的"中国少年儿童发展状况研究报告（1999—2010）"的相关成果。

科教学而言，经济素养教育应更注重其逻辑考察能力、推理能力、综合分析能力的培养。所以在经济素养教育内容和课程的安排设置中，我们应把经济学基础内容的学习放在中小学经济素养教育的突出位置，帮助中小学生在现实经济生活中从理性视角出发做出经济选择。另外，经济学课程的安排要科学合理，不能盲目地将美国的课程安排设置照搬过来，要根据学校的实际教学情况和学生的接受水平来合理规划。另外，我们要对课程设置、教学工作的教学质量、教学效果进行绩效评估，将评估结果作为教学管理工作的重要内容。

（一）构建多元化的社会支持体系

经济素养教育在中国是个全新课题，其健康发展离不开社会力量的积极参与和支持，有识之士需要积极行动起来，唤起政府和社会各界的高度关注，只有这样，经济素养教育才能在基础教育中有效推进。

1. 政府部门为经济素养教育保驾护航

（1）培育良好的经济素养教育氛围

第一，借助大众传媒培育健康的经济素养教育氛围。伴随着网络媒体的迅速发展，人们获取资讯的速度进一步加快。中小学生群体对知识的接受能力强，这也意味着他们容易受社会传媒的影响。健康的经济素养氛围是进行经济素养教育重要的外部条件。政府对学生形成正确的经济价值观负有不可推卸的责任，政府应控制享乐主义和物质主义等不良思想的传播。如政府需要对大众传媒中有碍中小学生身心发展的节目进行严格审批或者让此类节目错开学生的收视高峰；针对中小学生身心发展特点制作弘扬正确金钱观念的节目。中国没有宗教和教会的影响，个体对社会和国家的信托责任和对法律的敬畏还需要通过教育来缩短养成的时间，教育部参与下的中小学经济素养教育可以传递经济学知识、培养经济理念和信托责任，将经济学知识和理念并连同伦理学知识渗透给学生。[①] 政府一方面要充分利用好大众传媒这一高效、便捷的舆论导向工具，大力宣传经济素养教育的主流价值观，让科学的财富观、消费观、理财观等借助这一平台得到最大限度的弘扬和宣传，促成和谐、健

---

① 郎咸平：《谁在谋杀中国经济》，东方出版社2009年版，第46页。

康的经济素养氛围；另一方面大众传媒也要响应政府号召，增强自身的责任感和使命感，发挥好传媒主力军的作用。而且各网络媒体也要发挥更能吸引中小学生关注的自身优势，对于中小学生健全的经济素养的形成担负起责任；社会各界也应当通过各种媒体手段，积极、适时的向中小学生传递健康的财富观、适度的消费观以及提升其理财能力，积极促进中小学生经济素养水平的提高。

第二，树立理性的经济素养教育观念。受儒家正统思想文化的影响，几千年来中国形成了"德本财末"的经济价值观，与此同时，经济与道德、财富与仁义之间产生了鲜明界限，以道德观为主流思想的经济伦理价值观就此形成。这导致长期以来中国在经济问题分析和解决过程中，以道德价值观代替经济价值观的情况较为普遍。面对经济事件，教师更注重从道德教育引导学生去提升认识，少有对其中经济概念和经济原理的重视，即过度关注经济知识的德育价值而忽视其理性价值。

个体经济行为伴随国内市场经济的飞速发展和社会财富的迅猛增加显得异常活跃，在此基础上，个体利用自身的经济权利参与讨论国家经济领域大政方针的意识和能力大大，这就需要现代的公民不仅能够在德行约束的基础上维护和管理好自身的经济事宜，同时也要能够通过自身的经济判断和经济选择来理性决策，从而形成整个社会的经济合力。需要强调的是，当下的中小学生在处于商品丰富、消费观念不断更新的社会环境中，如果单从德性出发分析经济现象和经济问题，必然要忽视经济学的本质，也很难进一步使其将认识升华成自身的经济素养，更不利于学生经济敏感性和经济决策能力的提升。因此，中国的经济素养教育要尝试向重经济知识和经济理性的角度出发，努力与经济学家合作，从经济学研究成果中汲取营养，重新审视中国经济素养教育价值观。

（2）颁布完善的经济素养教育法律法规

完备的法律保障是中小学生经济素养教育的制胜法宝，而中国的教育立法正在摸索中前行，针对经济素养教育的立法还任重而道远。自上而下的立法是经济素养教育发展的重要保障，但经济素养教育是中国在新的教育形势和经济形式下面临的新课题，至今尚未形成一个有效的经济素养教育支持体系，中国应该用法律来保障经济素养教育的顺利实施。中国是礼仪之邦，对教育的感情由来已久，社会各界蕴藏着巨大的教育潜力。政府要通过立法等各个环节来调动各方面的力量、利用其独特的教育优势来为学校的经济素养教育服务。如高等院校和教育研究机构可以利用其经济学专业优势提供学术力量；出版社可以开发与经济素养教育相关的参考书、教学软件和音像制品等学习资源，构建全方位的经济素养教育体系。经济素养作为国民素养的重要组成部分，对于个人及社会都会产生很大影响。一个具备良好经济素养的人，不仅能为将来生活设计完美的经济规划、掌握适应现代经济生活的本领，而且能通过合理的经济规划促进未来社会的经济发展，促进社会的安定团结。近年来，中国中小学经济素养教育在学校课程设置、家长重视程度等方面都取得了一定成绩，但"应加强经济素养教育"多停留在口号上，社会支持力量相当薄弱，整体发展水平仍然很欠缺。原因是多方面的，从制度层面看，主要是国家教育政策层面并未给予更多的关注，尤其缺少法律的保驾护航，难以筹集活动开展的必要经费，如教师培训、校本课程开发等，致使个别学校的成功经验很难复制到其他地区。同时，组织相关政府部门为经济素养教育制定一套与中小学生身心发展阶段和水平相适应的课程体系并将其纳入日常教学之中，完善整个经济素养教育系统使之成为有计划、有措施、有评估的科学管理体制，这些都有赖于经济素养教育法律法规的完善。

从《全国教育事业发展统计公报》中可以了解到，中国部分地区的中小学生由于区域经济背景和其他社会资源等外部影响，能接触到较多的与经济类知识相关的学习资源，这种隐性的经济素养文化会潜移默化地影响中小学生的经济意识和经济态度，并进而促成其经济行为和经济决策的形成。但对于绝大多数中小学生而言，其零散片面的经济学知识主要来自教学过程中教师轻描淡写的提及，至多使学生在知识层面能够有所耳闻，至于落实到行动之中还是鞭长莫及。要从知识与技能，过程与方法，情感、态度和价值观三个层面提升学生的经济素养水平，教育部要通过长期规划和指导纲要等形式推进经济素养教育扎根课堂，细化经济学课程标准和评估方式，开发适合中国中小学生的经济素养教育类教材，通过行政力量助推经济素养教育健康有序发展。

(3) 继续推进基础教育课程改革

基础教育课程改革的初衷是强调学习过程而淡化学习结果，但学生成绩仍旧是决定学校教学质量高低的重要砝码。在此情形下，开展经济素养教育简直是"不务正业"，而造成这种情况的根源是教育体制问题。如果教育体制不能真正地进行改革，就没有办法开展经济素养教育，被未来世界竞争淘汰出局的可能就是我们国家的当下一代。中国特殊时期形成的特殊的教育体制，造成了教师和学生极大的升学压力，他们创造和想象的翅膀很不丰满，在未来的竞争社会和经济空间内缺乏强有力的冲击力。只有从现有的学习苦海中将学生解救出来，让其在真正的社会大课堂中认识真实的存在，感受当下的经济形势和面临的经济问题，才能适应未来的竞争。

(4) 组织教师经济素养培训

教育管理部门应该详细规定教师经济素养培训承办资格、培训时间、培训科目、培训方式和效果评估等事宜。在培训要求方面，一方面要制定科学的、可操作性的培训要求；另一方面也要制定严格培训结业考试标准。在考试的形式上，要结合在职培训的特点，注重实用性知识的考核，特别是要结合工作实际，考核培训内容在工作中的应用能力。为了鼓励教师积极参加培训，可以采取相应的激励措施，例如修满学分可以发放相应的学位、加薪、发放奖金等方法。美国教师参加经济素养培训的方式很多，例如选修高校的经济学课程、参加经济素养夏令营、参加相关的短期培训等，培训结束后，经过严格考核，发放相应的培训结业证书或资格证书。教师是学校经济素养教育的实施者，再科学的经济素养教学内容、再合理的教学方案设计、再具有吸引力的课程活动，也不会自动地将经济素养的知识传递给学生，这一切还是要依靠具有良好经济素养水平和教学水平的教师参与。建设一支符合中国实际情况的经济素养教育师资队伍，是经济素养教育发展的重要前提。

目前大多数在职教师面临自身教学任务重、经济知识和经济理念的匮乏、缺乏经济素养教育兴趣等问题。在培训专业师资团队过程中，学校可以邀请经济学专家或社会相关人士通过课堂面授、网络培训、专题讲座、优质课的观摩等多种培训方式进行讲学，以达到激发参培教师的兴趣和教学热情，不断丰富教师的经济知识，更新经济素养教育理念的目的，通过专家学者和教师之间的交流，开阔师生视野，充实其经济素养知识，使之真正成为一支强有力的专业师资队伍。当然，如若条件允许，学校也可以根据自身情况进行更为全面的自上而下的系统培训，如对象可以拓展到校长、教学主任、年级领导、班主任以及各科教师等相关人士，为学校开展经济素养教育奠定坚实的师资基础。但在此过程中尤其需要注意的是各地区的实际状况不同，学校可以根据自身所在地区以及实际调查状况确立不同经济素养教育内容。学校组建经过培训的专业师资团队和主管领导，在经济素养教育专家和学者的指导下，结合学校所在地区和不同阶段学生的实际状况，编撰具有自身特色的经济素养校本教材。为了保证编写教材的科学性和适用性，使教材内容经得起理论的推敲和实践的考验，教师可以边试用边修改，这种做法既可以保障经济素养教育的教学效率，同时也可以积累经验，为经济素养教育的开展提供更多的例证。

2. 社会机构加强与中小学生经济素养教育合作

在美国有一批社会组织来援助经济素养教育的进行，如美国国家信用卡联盟、国家经济教育委员会等，这些组织充分利用自身优势为学校和家庭开展的经济素养教育提供各种援助。"中美金融策划论坛"是近年来在中美金融合作基础上建立起来的经济组织，主要致力于对中国金融市场的行业标准和职业道德规范进行指导，严把从业人员入职标准，从而为中国金融行业的健康发展提供持续、有效的人力储备。在"中美金融策划论坛"不断发展的基础上，"中国金融理财师标准委员会"于2004年9月正式成立，委员会成员的规模得到进一步扩大，在原有的银行业协会、证券业协会、保险业协会基础上，将金融、法律、教育等社会团体引入其中。不仅使各个团体的社会声望和职业影响力有了显著提升，同时也为中国不断发展的金融市场提供了大批优质人才。委员会在不断加强自身建设的同时，整合组织的优势资源，成为中国经济素养教育的一支重要社会力量，并开始服务于中国中小学经济素养教育。

（1）金融机构为经济素养教育提供教育资源

银行等金融机构是开展经济素养教育的重要场所，学会与金融机构打交道是经济素养教育的基本环节。中国学生在进大学之前很少跟银行打交道,对于储蓄存款、银行贷款的种类,信用卡使用等问题认识较为模糊。实际上,银行拥有众多的可为学生提供服务的经济素养教育资源。因此,银行等金融机构应该多走入中小学校,提供给中小学生银行拥有的各项经济素养课程资源,如开户程序的实施步骤、汇款办理的相关手续、助学贷款的相关要求和规定、各项金融业务的服务对象等。除了上述内容外,银行为提升中小学生的投资理财意识,也为银行培养未来的潜在"客户",还可以向学生们展示最新的投资理财服务项目,使学生们在受益的前提下,也对银行的服务有了直观的印象,为未来的"合作"奠定了基础。要使银行等金融机构更好地为中小学经济素养教育服务,就应注意其规范性,要把重点放在普及知识而非营销产品上,要充分考虑学生的判断能力和接受能力,否则只会把学生引入更深的经济素养误区。为切实提高学生实际经济决策能力,提升其综合素质,学校还可以开设更为直观、生动和深刻的系列经济素养教育实践活动。例如,学校可携手某商业银行举行"银行知识面面观"的现场交流会;商业银行信贷经理用生动有趣的语言和引人入胜的幻灯片向同学们深入浅出地讲解银行的产生和发展、理财的基本概念、理财的方法与形式等活动。国内已经有些银行在中小学生经济素养教育方面进行了很好的尝试,例如招商银行的"金葵花"亲子财商成长营活动就向不同阶段的中小学生提供了相应的经济素养知识,如案例5—3 所示。

案例 5—3[①]

小学五年级的小乐暑期过后就要去英国读书了。但这个暑假,他要补的课程可并不是英文,而是和妈妈一起去参加 2014 年的"金葵花"亲子财商成长营。小乐的妈妈是一位儿童教育方面的出版专家,她从 2013 年起就关注了招商银行的"金葵花"亲子财商成长营活动,出于对教育课程选择的谨慎,小乐妈妈并没有一开始就让小乐参加,而是自己先去感受和体验了一下。"课程轻松活泼,符合孩子的认知规律,这让我很惊喜。"小乐妈妈说,"正好今年年初在陪伴小乐去英国挑选学校的过程中,小乐

---

① 《商周刊》记者:《"金葵花"点金财商教育》,《商周刊》2014 年第 15 期。

妈妈意识到，因为独自在国外寄宿求学，孩子的财务独立期恐怕要提前到来了，该好好学习培养一下他的金融知识和财商理念了。幸运的是，2014招商银行财商成长营的进阶课程正好与出国金融有关，我希望小乐把初阶课程和进阶课程一块儿学了，不知道来不来得及！"小乐妈妈不无遗憾地说："要是去年就上了初阶，可能会更好呢。"近年来，像小乐妈妈这样开始重视孩子财商教育的家长越来越多，而这也是招商银行多年来坚持把儿童财商教育持续系统地做下去的原因和动力。

案例5—3表明，随着近些年中国家庭经济实力的增长，经济素养教育越来越受到重视。越来越多的中国家长利用假期带着孩子一起到欧美名校游学，让孩子开阔眼界、增加见识。但其中的问题也不少。很多家长本身缺乏正确的经济观念，而对孩子金钱概念的培养也是模糊的和随意的，对于出国所需要的经济知识也不甚知悉，无形中为孩子的经济素养教育留下了空白和隐患。一些看似简单的问题，也可能恰恰是被家长们忽视的问题。在2014年的"金葵花"财商课堂上，老师们带着孩子们一起通过"小脚走遍全世界"的课程，在游戏过程中体验和了解相关的出国金融知识，在孩子们心中种下国际金融视野的幼苗，这些活动使孩子们迅速成长为理智的消费者。除了一系列为不同年龄段、不同学习需求及不同活动参与程度的孩子们提供的课程外，"金葵花"财商成长营还以游戏形式把"资产配置"抽象概念诠释得生动有趣，让孩子们感受到"不要将鸡蛋放在同一个篮子"的理财智慧，让孩子们走进银行，学习点钞、真假币识别、体验柜台业务办理，生动地体验金融生活，提升自身的经济素养水平。

（2）社会组织开发经济素养活动课程

各类活动课程是中小学生参与经济生活，提高自身经济素养水平的重要途径，社会机构组织可以利用自身专业优势，结合中小学生身心发展特点，开发适合学生接受的各类经济素养活动课程，例如以下两种经济素养教育活动。

第一，模拟开店活动。在社会商业机构的引领下，学校按照策划的方案，成立自己的百货公司或商店，模拟社会中公司和商店模式组建运行。主要过程首先是对各班"董事长"（班主任）进行此项活动的整体流程的介绍和培训。其次，由"董事长"对各自班级进行具体指导和督促活动的准备和开展。全年级的百货公司或商店从组建到起名，从进货到定价，从宣传到促销要完全模拟现实社会里商品交易的全过程。通过诸如限时特价、购物赢奖品、附赠礼品等促销方式吸引校园里的师生，让学生们在商品交易实践活动中体验市场运行机制，初步体验独自与金钱打交道的感受、明白商业竞争的激烈以及金钱的来之不易。学生通过全程参与模拟开店活动，不仅通过团结协作体验了市场经济的合作、诚信和效率等基本的经济品质，同时体验了市场运行机制，从宏观上把握经济运行机制以及企业如何根据宏观政策和外部影响调整自身的发展思路和经营策略。

第二，现金流游戏课程。该游戏包括了收支平衡表和资产负债表，游戏通过模拟现实生活中的各种场景，让游戏者在游戏过程中直接联系到现实生活之中，轻松简单地接受一些与投资和金融等相关的概念，诸如房地产投资、生意投资、银行往来、股票投资等，同时游戏者在玩的过程中被"逼"入现实情景，应对经济问题的能力得到充分锻炼。"现金流游戏"将经济学知识和经济决策能力进行了有机融合，渗透到了整个游戏体系，是对学生经济素养水平的综合测试。游戏不仅让学生从中锻炼了其应对突发经济事件的敏感性和洞察力，培养了其理财兴趣和理财意识，提升了其经济决策能力，同时使其认识到经济知识转化成经济能力是一个长期、持续的过程，要在现实生活中不断从感性认识上升为理性认识后的决策行为。

活动课程往往周期较长，并且需要社会组织的参与配合，在实施的过程中要注意以下几点。一是要对中小学经济素养教育教师团队进行培训，让大家学习了解活动规则，熟悉活动过程，从活动中领悟真谛。二是要在部分班级试行开展，鉴于部分活动需要时间较长，为不影响学生正常的学习，经济素养教育团队要专门研究方案，利用学校现有的每周的综合实践课在部分班级开展。活动课程可以让学生认识了解经济素养相关知识，学会把握活动中各种投资理财的机会，提升了学生的经济素养水平并塑造了其优秀的经济品质。

3. 构建家校共建的经济素养教育体系

据"家长对孩子进行经济素养教育的目的"调查显示，有71.7%的家长对孩子进行经济素养教育是为了培养孩子正确的金钱意识；有

63.1%的家长是为了培养孩子形成合理的消费理念；有59.4%的家长则试图培养孩子良好的经济品质，如勤劳、节约和诚信等。① 总之，家长对孩子进行经济素养教育的目的很明确，即通过经济知识和经济技能的学习，使孩子养成良好的消费意识和经济态度，进而提升理性的经济行为和经济判断能力，如图5—1所示。

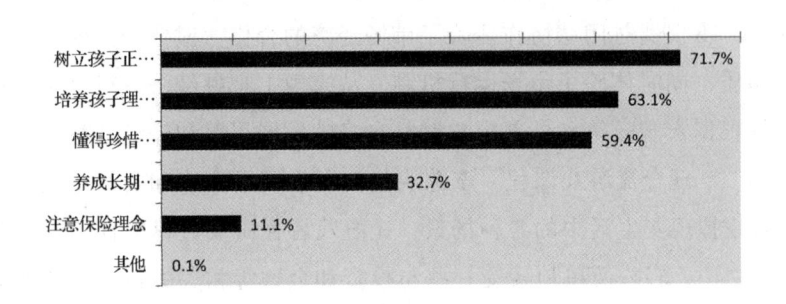

类别	比例
树立孩子正…	71.7%
培养孩子理…	63.1%
懂得珍惜	59.4%
养成长期…	32.7%
注意保险理念	11.1%
其他	0.1%

图5—1　对孩子进行财商教育最主要的目的

资料来源：数字100市场研究公司，《国内孩子财商教育情况调查》，《金融博览（财富）》2013年第6期。

图5—1表明，家长的经济素养教育热情较高，但要真正使家庭经济素养教育有效进行，还需要得到来自学校和社会的大力支持。美国有很多家庭学校，孩子会在家庭中接受到良好的经济素养教育，但家长仍然与学校保持着密切的联系，学校也会给孩子提供一些家庭中无法满足的需要。在家校相互配合开展经济素养教育的过程中，我们可以借鉴美国的经验开展相关活动。

从家庭回馈学校方面看，家庭配合学校开展的经济素养教育活动可以从以下几个方面进行。一是引导孩子了解家庭日常经济开支。定期让孩子了解家庭中这段时间的收支状况，并出示明细给孩子，让其关注家庭整体的收支状况以及自身在家庭收支中所占的比例，然后由家庭成员共同分析存在的问题及其合理性。二是组织"儿童二手货市场"等经济素养教育活动，让孩子学会资源的合理利用，同时又让其体会到市场经济中的

---

① 数字100市场研究公司：《国内孩子财商教育情况调查》，《金融博览（财富）》2013年第6期。

"交易""风险"等一系列经济问题。三是鼓励孩子利用家庭的资源优势进行"创业"。如面向家庭所有成员开设"按摩体验店""清洁中心""故事乐园""点子公司"等创业项目，这些活动一方面能增进亲子之间的感情联络，提升孩子"家庭成员"意识，展示其独立性和责任感；另一方面，能让其体会社会中劳动密集型行业与知识密集型行业之间在劳动效率、劳动付出和劳动收益方面的异同，从而为未来融入经济世界提供经济思维模式，并为创业提供了难得的经历和体验。[①]"今天我当家"是孩子参与家庭经济生活的一种活动形式。在家长的指导下，孩子自己负责家庭一天的经济开支，体验家庭经济管理，可以增强学生对工资概念的理解，可以加强学生对经济知识与经济实践的联系，从而使其更加深刻地认识到是劳动创造了美好的生活，如案例5—4所示。

案例5—4　今天我当家[②]

开展这项活动需要家庭的共同参与，一般安排在周末进行。活动主要是在父母的指导下为家里购买日用品、买菜、交电话费、交水电费等。父母还可以告诉他家中的钱是怎么花的，甚至把家中的某一部分或某一天的必要开支交给孩子自己管理，以帮助孩子了解该如何掌管家庭的财政。父母还可以抽空带孩子参观自己的工作单位，让孩子亲身体验父母的工作角色，了解会计、商店老板、工人、医生等职业的工作内容，知道父母只有平日付出劳动才有月底工资的发放。

从案例5—4中可以看出，家庭和学校在经济素养教育过程中有极大的协作空间。从学校支持家庭方面看，学校可以在校园网上开辟经济素养教育专栏，做经济类最新资讯、媒体经济报道、经济类书目推荐等展示。这既有利于弥补家长自身经济知识的缺乏，又有利于家长们相互学习和交流。学校还可以定期举办以"经济素养教育"为主题的大型专题讲座或家长会，加强对家长的培训以及与家长近距离的沟通和交流。

（二）重塑经济素养教育课程体系

1. 树立标杆——经济类课程传递经济学知识

[①]　武威、兮钶：《财商教育：让孩子从理财到成才》，《中国德育》2013年第8期。
[②]　温志旺：《小学生理财教育的实践》，《教学与管理》2012年第1期。

中国的经济素养教育可以追溯到1904年《癸卯学制》中设置的"法制与理财"课程，经历了漫长的发展。特别是在基础课程改革实施后，经济素养教育活动的开展出现了一些新的变化，一些地区相继开展了形式多样的经济素养教育活动，社会组织也参与到经济素养教育活动中来。期间一些主要的标志性事件，如表5—3所示。

表5—3　　　　　中国中小学生经济素养教育历史发展

时间（年）		标志性事件	主要内容
课改前	1904	"癸卯学制"成为首次得到实施的全国性学制系统	设置"法制与理财"课程，是中国现代学制体系下最早出现的"经济学类"课程
	1959	教育部颁发《中等学校政治课教学大纲（试行）》	初中设"政治常识"，高中设"政治常识""经济常识""辩证唯物主义常识"等，以后编写的中学政治课教材大体沿袭这个课程设置框架，将中小学经济素养教育的重心放在高中阶段
课改后	2001	新课改后课程设置	小学"品德与生活""品德与社会"；初中"历史与社会"；高中"思想政治"中涉及经济素养教育内容
		海口景山学校	最早引进美国少儿经济素养教育
		浙江兰溪市实验小学	开设理财与生活课程
		宜昌市大公桥小学	开设经营与消费课
		上海浦东新区	开发小学至高中经济素养教育类课程
	2004	实验版普通高中思想政治课程《经济生活》标准出台	帮助学生认识中国基本经济制度及市场经济特点等，以期达到获得参与现代经济生活的必要知识和技能以及树立科学发展观的目的，反映在课程中则是将与学生生活密切相关的经济知识纳入其中
	2008	花旗银行携手上海市徐汇区教育局等非营利性教育组织推出了主题为"理财有道"的青少年经济素养教育项目	旨在帮助15—17岁青少年树立正确的消费观和理财观，使其尽早掌握重要的经济生活技能，如人生规划和财务管理等

表5—3表明，中国经济素养教育经历了百余年的历史，由于经济文化、政治制度及教育环境等因素的影响发展缓慢。2001年基础教育课程

改革全面推行以来，经济素养教育才开始在中国中小学逐步受到关注。从经济素养相关课程的开设情况看，经济素养教育内容已经逐渐进入中学课堂教学，这是一个很大的进步，但是教学内容孤立、零散，没有形成完整的体系，在教学内容选择、教学目标设定、教学评价等环节都存在缺失。一项中学生对消费教育的教学评价结果表明，只有 29.5% 的学生认为课程教学效果很好或有一定的效果，有七成左右的学生认为教学效果不明显或没有效果。[①] 课程改革后，课程设置有了新变化，如表 5—4 所示。

表 5—4　　　　　　　　　课改后的国家课程

年级	课程设置
小学	品德与生活、品德与社会、数学、语文、英语、科学、音乐、美术、体育、信息技术
初中	思想品德、数学、语文、外语、音乐、美术、体育、物理、地理、化学、生物、历史与社会、信息技术
高中	思想政治、数学、语文、外语、音乐、美术、体育、历史、物理、地理、化学、生物、信息技术

从表 5—4 可以看出，与课程改革前相比，小学阶段开设了"品德与生活""品德与社会"课程代替了"思想品德"课程，这两门课程是以儿童生活为基础，促进学生良好品德形成和社会性发展的综合性课程。初中"历史与社会"课程是一门促进学生自主发展、历史地辩证地观察和认识社会、培养学生参与社会生活与解决实际问题能力的综合课程，将理财、投资等经济学内容纳入其中，通过让学生尝试在经济生活中可能充当的各种角色，使其初步树立现代经济意识。"思想品德"课程是为初中学生思想品德健康发展奠定基础的一门综合必修课程，该课程以学生逐渐扩展的生活为基础，帮助学生学习做负责任的公民，将公民应享有的经济权利与义务、社会生产关系中的责任等内容纳入课程之中。

（1）小学和初中经济素养类课程分析

---

① 郑益乐：《普通高中消费教育的现状及对策分析》，《内蒙古师范大学学报》（教育科学版）2011 年第 11 期。

中国国家课程在小学阶段设置的"品德与生活"和"品德与社会"、初中阶段设置的"历史与社会"、高中阶段设置的"思想政治"课程中都不同程度涉及了经济素养教育内容。这些课程为学生在处理金钱关系时如何遵守社会道德规范，如何维护自身合法权益，如何在金钱获取和使用过程中培养自身的独立精神和对于家庭社会的责任等问题提供了良好的解决途径。将经济素养教育的内容融入思想品德的课程中，可以使学生懂得人与金钱、金钱和劳动的关系，养成热爱劳动、尊重劳动的品质。通过思想品德对学生进行经济素养教育，可以使学生建立科学健康的消费观念，避免过度消费、盲目消费、超前消费等行为，培养中小学生的独立性和对社会和国家的责任感等，重在培养学生诚实、勤俭、节约的美德。可见，上述课程重视对经济品德的培养，而非基本经济知识和技能方面的价值。

为改善中国经济素养教育"德育味道"浓厚、缺少"经济学味道"的现状，经济素养教育目标应增加有助于培养学生理性选择能力的经济知识和方法，建议从以下几个方面做出改变：一是培养目标从侧重经济学知识点传授向经济思维能力的培养转变；二是价值取向从侧重经济伦理价值观向经济理性价值观转变；三是教学过程从侧重"注入式教学"向"整合式教学"转变，将经济学原理与学生的实际经济生活有机结合。课堂可以采用两种方式进行。一是以经济生活实际为主线，以活动教学为载体，以理论逻辑为红线，综合运用角色体验法、情境设置法、讨论法和故事法等方法让学生在亲身体验中去感受探索的乐趣以及进一步学习的冲动，在将理论知识运用于问题解决的过程中促使学习迁移发生，通过教学过程中知识与技能、过程与方法、情感态度和价值观的达成使学生的经济素养水平进一步提升。二是中小学校要与高等院校的经济类专业合作，定期聘请经济类的知名专家和学者，将经济领域的最新金融动态、经济发展趋势、国际经济形势等前沿问题引入课堂，这不仅可以让学生开阔眼界，还可以培养其敏锐的经济思维能力，为日后步入复杂的经济社会奠定良好的经济素养基础。

(2) 普通高中经济素养类课程分析

高中"思想政治"课程，与初中"思想品德"课和高校"政治理论课"相互衔接，与时事政策教育相互补充，与高中相关科目教学和其他德育工作相互配合，共同完成思想政治的任务。内容分为政治生活、经济生活、文化生活及生活与哲学四个必修模块，以及科学社会主义常识、经济学常识、科学思维生活等六个选修模块。① 为培养学生参与经济生活能力以及形成正确的人生观、价值观，该课程必修模块"经济生活"帮助学生认识中国基本经济制度及市场经济特点等，以期实现获得参与现代经济生活的必要知识、技能以及树立科学发展观的目的，反映在课程中则是将与学生生活密切相关的经济知识纳入其中；选修模块"经济学常识"既考虑了学生升学的需要，又考虑到学生毕业后的就业需求，提供给学生进一步学习经济学的机会，从而使学生更加坚定建设中国特色社会主义的理想信念。例如北京、辽宁等地开设了"家政与生活技术"选修模块，该课程涉及一些家庭预算和家庭消费理财等经济素养知识；福建省开设了"家庭理财之股票常识"选修模块，对股票知识进行了讲解；黑龙江省也开设了"生活中的法律常识"，其中有涉及消费者权益保护的法律内容。还有其他一些省份利用各种形式对中学生进行各种形式的经济素养教育。②

2. 跨界融合——学科课程端正学生经济态度

当融合真正实现的时候，它将会产生巨大的能量，即融合就是结合、聚合和建立新的联系（Daft & Lengel, 1998）。知识经济时代，对知识的整合和创新是时代发展的必然要求，对知识进行整合和创新的前提是对知识进行有效管理。经济素养教育作为一门跨学科课程，教育者要站在大教育学的视野下从多学科、多领域去发掘其存在价值和可以利用的课程资源。经济素养教育不仅仅是经济知识教育，更是综合能力及态度教育。美国中小学经济素养教育的课程形式多样，有独立的经济素养课程、渗透的经济素养课程，也有借助隐性课程进行传递的经济素养课程。由于中国基础教育课程设置门类较多，学生学习负担过重，学校可以根据实际情况选择具有比较优势的渗透经济素养课程和隐性经济素养课程展开经济素养教育。这样既可以保存原有的课程体系，又可以充分利用现有的课程资源进

---

① 中华人民共和国教育部：《普通高中教育思想政治课程标准（实验稿）》，人民教育出版社2005年版。

② 郑益乐：《普通高中消费教育的现状及对策分析》，《内蒙古师范大学学报》（教育科学版）2011年第11期。

行整合教学。

（1）数学课程激发数理逻辑敏感性

经济活动中存在着大量的数理运算，良好的经济素养要以良好的数理运算能力为基础。为了培养经济素养中的数理运算能力，在数学课中融入经济素养教育的内容是一个重要的途径。人教版《数学》教材涉及了比较多的贴近生活的经济素养内容，主要是关于经济领域的社会生产和产品消费。在代数应用题中，把有关生产总量、利润、单价等基本经济学概念引入其中，学生在解决代数问题的同时也学习了基本的经济素养知识，提升了经济素养水平。例如在低年级数学课上《租船》的案例，在学习数学计算的同时，使学生掌握了一定的消费技能，如案例5—5所示。

案例 5—5

大船限乘6人，租金8元；小船限乘4人，租金6元。有26人，想一想怎样租船省钱？显然都租大船或者小船很不划算，通过列表整理发现，只有租3条大船和2条小船，租金共36元为最省钱。

类似的内容还有《折扣》《纳税》《利率》《租船问题》《小小商店》《粉刷墙壁》《合理存款》等。精打细算是经济素养教学中最重要的策略之一。经济素养教育将学习内容融合在游戏、制作、观察、表演、模拟、购物等环节中，容易激发学生的求知欲和学习热情。

这种学科间的渗透对于经济素养的学习起到了潜移默化的效果，使学生能够用数学的分析方法和思维方法分析经济现象，发现经济现象背后的经济规律；对经济现象做科学、理性的思考，开拓了学生对于经济问题的学习视野。但在具体的操作过程中，为了获得更好的经济素养教学效果，数学教师也要具备较高的经济素养能力和经济素养意识，以便深刻理解教材背后蕴含的经济素养知识，能够把这些知识有效传递给学生，并给予学生正确的引导。

（2）英语课程引导学生对国际经济事务洞察力

作为拓展学生国际视野的英语课，其中包含有大量的经济素养教育内容。英语课程的学习，可以使熟练的英语表达成为了解世界经济形势的重要工具，其中涉及的与经济活动相关的素材成为学生了解世界经济形势的重要窗口。英文课文中可适当安排国外先进的经济理念和内容作为课外阅读的材料，引入到必修材料中，让学生充分地发表自己对经济事务的看法。人教版《初中英语》教材涉及经济素养教育的仅有七年级上册第三单元的一课，主题为"shopping"，内容也仅仅是让学生学会简单的英文购物所需词汇和句式，较少提及与经济素养教育相关的内容。

经济素养教育是一门以"经济学"为核心的交叉课程，并且有众多内容交叉的学科。为了更好地开展经济素养教育，学校可以开设与经济学相结合的选修课程，例如理财经济学、消费经济学、消费心理学等课程内容，扩宽学生的知识面，激发其学习兴趣。多领域知识学习有利于为学生打下牢固的经济学知识基础。在具体的实施环节上，教师可以采取灵活多变的讲授模式，避免过于理论化的说教式教学，教学内容要贴近生活；注意多学科的交叉，运用互动式、启发式教学法；由现象到本质，力求将经济学领域专业性较强的概念深入浅出地表述给学生，让学生在课程教学环节中逐渐树立对经济现象和经济规律的理性认识。

3. 创新驱动——活动课程提升学生经济能力

美国实用主义教育家杜威强调儿童必须是活动的中心。人的心理发展是在完成某种活动的过程中实现的，即人在活动过程中对社会文化历史经验的掌握促进了人的心理发展。[①] 活动课程以其对学科课程和学生自身经验的高度整合，使学生在自主探究的基础上加深对概念的认知与运用。经济素养教育课程是实践性、互动性极强的课程，其教学过程中的特殊需要吻合了活动课程的特点，活动课程在经济素养教育过程中的充分利用也是经济素养教育效果突飞猛进的重要原因。

（1）激发学生经济活动的创造力

近年来，中国市场经济的改革日益深化，投资理财市场不断活跃，大量缺乏风险意识和风险承担能力的新投资者蜂拥入市，盲目乐观的情绪快速蔓延，各类投资蕴积的风险也越来越大。加上形形色色的违规行为混杂其中，消费和投资陷阱防不胜防。如此背景下，中小学生经济素养教育要通过风险警示引导学生认识生存环境的复杂多变，增强其防范意识和反欺诈能力，防止盲目消费等非理性经济行为，提高其作为现实或未来经济活动主体的风险防范意识和风险控制能力。教师可以通过实践参与、案例讨论、调查分析等方式让学生对各类经济现象和问题进行讨论和分析，加深

---

① 郑太年：《学习：为人的发展》，上海教育出版社2008年版，第44页。

学生对经济问题的敏感性和决策判断能力；可以通过培养经济兴趣提升学生对市场经济的洞察力。教室是学生们每天学习活动的场所，教师可以以教室为媒介开展经济素养教育，例如营造经济素养教育环境的"点缀教室的空白处"活动，以管理班级公益金而设立的"公益金储蓄罐"活动等，如案例5—6、5—7所示。

案例5—6　点缀教室的空白处①

为培养班级学生的经济素养意识，让学生自己搜集一些经济素养名言粘贴在教室的空白处，如"劳动创造美好生活""勤俭节约是我们中华民族的优良传统""世界上有很多东西是金钱买不到的""授之以鱼，不如授之以渔"等；在教室后墙右侧张贴一张世界地图，意为放眼世界；在旁边挂上报夹，内容为全球金融危机、校园勤工俭学故事、物价上涨等新闻和消息；添置一些绿色食品标志、绿色消费品名称、水电价格表、打折促销广告等。经过一段时间的环境熏陶，班上的孩子们都自发地把自己平时看到的、得到的经济类知识和内容带到"新闻角"来与同学分享。

案例5—7　公益金储蓄罐②

这是专门为储存班级的公益金而设立的。班级公益金有两大来源：一是每学期班级产生的废旧报纸、作业本、易拉罐等被变卖后所得的钱；二是同学们省吃俭用的零用钱捐献。每当学校举行各种爱心捐献活动时，这个不起眼的储蓄罐就派上了大用场。储蓄罐的钥匙由班委会成员轮流掌管，这一举措在培养学生的责任意识方面功不可没。大家也对掌管钥匙的机会非常重视。实践中发现，即使平时丢三落四的同学也没有一个会把这个储蓄罐的钥匙给弄丢的。学生在耳濡目染中接受着经济知识的熏陶，经济意识也不断萌生。

案例5—6和案例5—7表明，经济素养教育是一项系统工程，仅仅依靠课堂教学远远不够，形式多样的主题活动是有益的补充。由于中小学生身心发展等方面的原因，经济素养教育主题活动的设计和策划要结合其好奇心强、思想趋于独立又乐于接受新事物等特点展开，即应该形式多样又兼具理论知识，生动有趣又兼具认同升华。

---

① 温志旺：《小学生理财教育的实践》，《教学与管理》2012年第1期。

② 同上。

(2) 培养学生必备的经济品质

良好的经济品质是经济素养的重要因素，经济行为是经济品质的外在表现，如果没有良好的经济品质，就不可能有明智的经济决策行为。良好的经济品质包括独立性、敢为性、坚韧性、克制性和适应性五个方面。[1] 独立性使得个体在经济上保持独立，懂得付出劳动和获得回报之间的关系，经济的独立是人格独立的基础，经济独立也是提升经济素养的基础；敢为性就是在对经济形势科学、理性判断的基础上，敢于坚决果断地实施相应的经济策略，敢为是自信的表现，也是在经济领域能够超越众人的重要因素；坚韧性是指对于不同经济环境的坚持，是面对困难时的一种态度，是百折不挠战胜困难的精神气概；克制性是要懂得理性消费，要懂得回报，懂得克制对于物质的过度追求，懂得经济的发展要与自然界的发展协调一致，克制性是实现可持续协调发展的关键；适应性是指面对不同的经济环境自身的反应和调节，经济形势瞬息万变，要能够根据外界环境的变化及时调整自身的发展策略，顺势而为。活动课程是培养这些经济品质的沃土，而这些经济品质又成为创造性的重要前提。

经济素养教育的课程活动组织形式多种多样，不一定非要占用上课时间在课堂上开展，可以和其他课程活动融合在一起，只需要在其中加入经济素养的元素即可。活动课程参与性强，学生可以在切身的感受中学习到经济知识，这种教学方法不仅适合中小学生的学习特点，也可以激发学生的学习热情，提升经济素养教学效果。为促进经济素养课堂活动科学化和规范化，学校可以建立课外活动基地，在专业的人员指导下开展相关课堂活动。例如有条件的学校可以在高年级学生中开展"模拟炒股小能手"课程活动，向学生传递有关股票的知识，如案例5—8所示。

案例5—8 模拟炒股小能手

在校内计算机教室里安装模拟炒股软件，为学生创设更为直观地学习和实际操作的有利环境。教师在讲解完股票的基本知识和操作手法后，同学们便乐于利用模拟炒股的方法复习所学的理论知识同时练习股票的实践操作。在利用自己的学号注册好开户信息后，同学们便可以拥有虚拟的股票账号和一笔虚拟资金，以此来进行股票操作的实践练习。同时，鉴于学

---

[1] 王晶：《紧急补课——当代大学生财商教育》，《办公室业务》2013年第17期。

生正常学习不能随时观察掌控的情况，就以当天活动课结束为收盘时间。当然，如有家长愿意配合此项活动也可将其软件装于家中计算机，学生与家长一起进行更为长时的体验和操作。模拟炒股活动以月为时间期限，并在每月底评选"模拟炒股小能手"。模拟炒股活动可以使学生在实战中更深入地了解股票的相关知识，学会初步分析经济现象。为更好地促使学生了解股票知识和操作程序等具体问题，学校还定期邀请证券公司的分析师，为"小股民们"做相关股票知识讲解和分析。同时"模拟炒股"活动也使同学们理解了如何更充分地利用有限的资金，使有限的资金产生更大的收益，从而提升了学生的经济素养水平。

从案例 5—8 中可以看出，经济素养教育对于学生的实践性和亲历性要求较高，因此活动课程可以使学生将各门课程中吸收到的知识通过活动课程得以应用和巩固。学校可以支持高年级学生自由组合各种各样的公司，举办真正的拍卖会等。学校还可以充分利用学校组织的春游和秋游活动开展经济素养教育，比如各班出游经费的管理可以适当让学生参与其中，出游时规定学生所带的食物须在多少金额以内，或者发放一定的经费让学生自行集体采购所需的食物。对于低年级同学学校可以通过"理财小账本"活动帮助他们养成良好的消费习惯，如案例 5—9 所示。

案例 5—9　理财小账本[①]

为帮助学生形成记账的习惯，教师可引导他们设计一份简单的收支表，记录每天的收支，定期检查，每月评选理财能手，这个方法需要父母的监督和参与。实践过程中，有不少学生为了评上理财能手，还时不时教育父母该如何消费。记账本是提高学生理财能力的最佳方法，他们在记录消费行为的时候，不知不觉地了解了生活中的消费状况，更重要的是有利于规划自己的人生，做一个具有责任感的人。

从案例 5—9 中可以看出，"理财小账本"不仅锻炼了学生对金钱的认识，而且还能让学生在消费上形成计划性的习惯，养成勤俭节约的品质。在经济素养教育中，学校要以学生身心发展规律作为切入点开展相关教育活动。一是提高学生的心理调控能力。中小学生身心发展不成熟，很容易受到外界环境的影响。在物质化泛滥的社会环境下，学生可能会以不

---

① 温志旺：《小学生理财教育的实践》，《教学与管理》2012 年第 1 期。

第五章　美国中小学生经济素养教育经验及启示　/　209

理性的消费方式宣泄不良情绪，以此达到内心不良情绪的补偿。这种不理性的消费心理如果没有得到及时的矫正，在其成年后依然会对其消费观产生巨大的负面影响。为此，学校要开展相关的心理辅导，如果发现有不理性消费的苗头，要从心理学的角度加以干预，以提高中小学生的心理调控能力，使其学会用正确的方法宣泄自己的不良情绪。二是鼓励中小学生参加社会打工实践。学生可以利用节假日时间寻找一些打工机会，从事一些力所能及的工作。这不仅能让其体会到付出劳动与获得报酬之间的关系，同时也能培养学生经济独立、承担家庭和社会责任的意识，提升其经济素养水平。三是开展经济素养类实践活动。学校根据实际条件组织模拟理财、炒股等金融活动的实践操作。模拟真实的操作过程，可以增强他们对于金钱的管理能力，使学生们树立健康的金钱观。

4. 重塑结构——优化经济素养教育课程资源

为使中国中小学经济素养教育健康发展，必须要完善中国相应的课程结构体系，并使这一体系能在未来公民发展过程中得到有效验证。

（1）凸显经济学核心概念的课程体系

在知识体系的构成中，概念是组织知识的基本单元，是连接知识的节点，更是构建人类知识的细胞。[①] 可见，概念对于知识的获得和组织的重要性。美国经济学家、诺贝尔经济学奖获得者列昂捷夫以及苏联教育心理学家维果茨基都系统分析了核心概念的重要作用。在此基础上，美国确立了从基本概念学起的经济素养教学模式。最初美国经济素养教育在中学进行时，学生的学习效果并不理想。究其原因是中学生并没有很好地理解基本的经济学概念，这导致学生对相关学习内容的理解出现偏差，难以有效组织知识点，严重影响了学生对经济现象的分析和对经济规律的把握。以西格莱（Siegle）和汤普森（Thompson）为代表的朴素理论研究证明，基本经济概念的学习使学生更容易理解因果关系知识。[②] 但是，中国包括"人教版"在内的各版教科书中都没有针对"经济素养教育"方面的基本概念。以"稀缺性"为例，它们是经济学中最基本的概念，中国《品德

[①] 高文：《教学模式论》，上海教育出版社2002年版，第122页。

[②] Douglas R. Thompson and Robert S. Siegler, "Buy low, sell high:the development of an informal theory ofEconomics", *Child Development*, 2000, p.669.

与社会》却没有将其囊括其中，导致学生很难理解生活为何会处处面临着选择。除"稀缺性"外，需要、商品、服务、货币等概念都是重要的经济概念，《品德与社会》等与经济素养教育相关的教科书都应予以重视。

（2）注重课程设置阶段性和递进性编排

作为中国经济素养教育的主要课程载体，"品德与社会"课程在教学内容上主要由社会环境、社会活动和社会规范三个模块组成，但是每个模块的具体经济素养教学内容没有明确的安排，在教学目标和课程标准上也没有明确的说明。"品德与社会"课程中的经济素养教育内容在课程标准和教学目标设计上比较模糊：课程没有说明经济素养教育应该掌握哪些基础概念，也没有说明学习课程后应该达到什么样的目标，同时也没有按照年级进行学习内容的分册安排和学习目标的递进要求。这种课程设计和教材安排导致教学内容孤立零散，知识点之间缺乏逻辑联系，不利于学生系统地掌握经济素养的相关知识和技能。要实现经济素养教育的良好教学效果，就必须对课程的教学内容安排、教学目标设计等环节加以改进，采用适合学生身心发展特点、符合经济素养教学特点的螺旋上升的内容组织方式安排教学，使得教学内容在不同年级之间分层展开，注重课程内容和教学目标的阶段性和递进性。

（3）培育隐性经济素养教育环境

麻省理工学院唐·舒恩教授认为，能够被观察到的都是表现，真正根本的有价值的都是用眼睛看不到的隐性知识，实践工作者所知道的东西往往比他说出来的和你看到的要多得多，隐性知识和隐性知识的教育犹如一座冰山，你所能看到的永远只是其中一角。我们可以让竞争对手参观我们工厂的每一个角落，给他们展示我们所有的操作，但真正有价值的东西他们是无法看到的。营造隐性经济素养教育氛围对于提升学生的经济素养水平至关重要。教师应营造良好的经济素养教育氛围，充分调动学生学习经济素养知识的积极性。班级是学生每天生活、学习的场所，在这个集体中营造隐性经济素养教育环境，班费是一个很好的途径。以班费为媒介营造经济素养教育环境，可以提高同学们的综合素质，培养学生对于金钱的管理和使用能力，使其养成良好的消费习惯，提升同学们的经济素养水平。以下以班主任的视角，通过几个有关班费来源、班费管理和班费使用的案例说明其对经济素养教育的意义，如案例5—10、案例5—11和案例5—12所示。

案例5—10　班费来源①

我一改以往班费收取主要靠学生伸手向家长要的模式，以设置寒假作业的形式来进行，即让学生开动脑筋，充分发挥自身优势、凭借自身的能力和创造力、通过自己社会实践、利用双手去为他人和社会服务赚取班费，并且每个人至少要赚足30元。别出心裁的寒假作业让学生跃跃欲试。正应了日本教育领域的一句格言：除了阳光和空气是大自然赐予的，其他一切都要通过劳动获得。

开学后，以"赚取班费"为活动主题让学生们汇报自己的劳动成果。这是班级前所未有的一次最热烈的班会，孩子们的热情空前高涨，这是一种亲身实践之后的兴奋和喜悦。他们的感情如此丰富，表达也变得如此顺畅，甚至会手舞足蹈，完全沉浸在难忘的经历和满满的激动之中。我不忍心打断孩子们的酣畅淋漓，默默地站在一边，悉心欣赏他们天真、纯洁的心灵。赚取班费的手段百花齐放：一是借助家长或亲朋的关系，找到了勤工俭学的打工机会；二是通过在街头卖报、给人擦车等服务进行社会实践；三是通过自己创业，如将二手玩具等展示出来进行交易或购进小件文具、玩具等物品进行出售，甚至还有同学通过网上开店，也赚取了不菲的收入。

在案例5—10中，通过假期的创意实践和辛勤努力，同学们都赚到了自己有生以来的"第一桶金"，特殊的班费来源也让孩子们欣喜若狂。通过讨论，同学们纷纷表示，通过此次社会实践，自己不仅收获了劳动的回报、为班费贡献了真正属于自己的力量，还走入了真正的经济生活，学会了如何与别人进行交往和合作，综合实践能力得到了极大的锻炼；更从心底感到赚钱真的不很容易，也逐步认识到父母工作的辛苦和不易，从而树立好好学习，为家庭和社会创造巨大财富的信念。

案例5—11　班费保管

班费筹集好了后，怎样保管也是一门学问。如果让班主任我来保管，

---

① 许卫平、张凌：《中学班费管理之财商教育三部曲》，《科学咨询（科技·管理）》2015年第8期。

根本就锻炼不到学生管理财富的能力。于是我在学生当中选出了平时在个人理财方面有一定基础、在性格上也比较细心的学生担当生活委员。经由班委开会讨论后决定我班一共设置两位生活委员，一位负责记账，另一位负责管理费用，做到钱、账分家。保管班费的人员配备好后，如何存放这笔班费又成为了另外一个问题。这次我班一共筹集到班费3800元，如果让生活委员保管现金，那么有可能在上学、放学路上丢失；放在教室也有可能被盗。如果不小心丢失班费，不管是对班级来说还是对生活委员本人来说都是一个很大的损失。因此，以现金形式保管这么一大笔数目的班费肯定是不安全的。如果放在生活委员家里，要用钱时又不方便。于是，我把这个情况向全班同学说明，由班长向全班同学征集意见。最后，班委商量决定在学校对面的建设银行开设一个班级账户，把筹集到的班费存入账户，要用钱时随时可以取来用。同时，我还引导学生把一部分钱存了活期，另外一部分钱存了3个月或半年的定期。这样，既方便又安全，还可以增加班费收入，可谓一举三得。

案例5—12　班费支出

在解决了班费的筹集和保管两个问题后，另一个新的问题随之出现。那就是班费用于哪些方面，哪些地方可以用班费开支？在班会课上，我向学生们提出这个问题。全班同学争先发言、各抒己见。最后大家一致同意凡是有利于班级建设，或能为学校、社会做贡献，以及能为班集体服务的事情都可以运用班费。一学期以来，我班学生在班长的牵头下，在生活委员的具体实施下，购置了扫把、拖把、簸箕、洗衣粉、抹布、黑板刷等清洁用具；在美化教室时购买了标语、美术颜料、横幅、植物等物品；在艺术节时为全班每一个学生添加了班服；期末复习时复印了各科的复习资料；还为学校不幸身患白血病的陈状果同学爱心捐款2000余元，每一位同学都深受感恩教育。通过之前筹集班费的各项活动，学生充分体会到班费来之不易，在购买物品时，他们通过各种途径在质量保证的前提下降低班费开销。如上网购买二手物品，去朝天门批发市场进货，等等。同时，每一笔开销都经由班委开会后决定，极大地避免了盲目开支。班费使用必须有发票或收据，并经班主任签字方能生效。并且，每个月都会由生活委员张贴每月班费支出情况，使班费支出情况透明清楚。

案例5—10、案例5—11和案例5—12表明通过以班费为主题的经济素养活动课堂的开展，同学们学习了对于金钱获取、金钱管理和金钱消费的知识和技能，学习了简单的财务管理技能，提高了自身的经济素养。例如通过班费管理，同学们知道了如何更好地管理金钱，避免不必要的开支；通过列出每笔班费的支出情况，同学们了解了基本的财务管理方法，同时也增加了主人翁意识和责任感。① 同辈群体之间的相互影响也是一种重要的隐性文化。在中小学生同辈群体教育方面，学校要以同辈群体之间的相互影响为切入点，利用学校的"综合实践活动课"提供给学生经济素养实践活动平台，让其主办一些与衣食住行等经济生活相关的主题活动。"经济生活小贴士""日常节约小妙招"等科学、健康的经济观念渗透到中小学生的日常生活中，可以使学生整体的经济意识得以转变。通过中小学同辈群体之间的相互作用，经济素养教育可以不断演变成社会正能量。

总之，为确保经济素养教育顺利地开展，应遵循以下原则。一是课程的系统性与发展性原则。经济素养是学生综合素养的重要组成部分，我们不仅要将其渗透到学校、社会和家庭的多个领域，还要采取包括课程教学、主题活动、专题讲座和社会实践在内的多种形式进行具体落实，充分体现经济素养课程的系统性和发展性原则。二是兼具主体性与实践性的原则。经济素养教育的目的是通过系列实践活动让经济素养转化为经济行为，任何素养的发展和提升都与主体的积极参与分不开。大量主题明确、内容丰富的教育活动可以实现学生经济素养水平的提升，最终使中小学生的经济素养转化为显性的经济实践活动。② 三是兼具预设性与生成性的原则。进行经济素养教育一定不能偏离其开展的目标。无论是课堂内的教学还是实践活动的开展，都应兼顾预设与生成二者的相辅相成。尤其是教师应当关注、支持与引导学生主动探索的欲望，使学生亲身参与到经济素养教育活动中去，从感性认识上升为理性认识的经济知识才能进一步转化为经济行为能力，才能成为未来累积人生财富的重要基石；也只有遵循了经

---

① 许卫平、张凌：《中学班费管理之财商教育三部曲》，《科学咨询（科技·管理）》2015年第8期。

② 钱雅文、石成奎：《青少年经济素养教育的现状与对策》，《教学与管理》2009年第1期。

济素养教育的系统性与发展性原则、主体性与实践性原则、预设性与生成性原则，才能最终将经济知识、经济能力和经济态度有机结合，促成经济素养教育的内化。①

（三）凸显家庭经济素养教育资源优势

西南财经大学 2012 年 5 月发布的《中国家庭金融调查报告》显示，近年来，中国家庭平均收入稳步提升，家长对孩子进行经济素养教育的重视程度也在逐步提升，发放零用钱给孩子的比例和数量逐渐提高。其中对经济素养教育持强烈支持态度的家长占到了 80% 以上；表现出一般支持态度的家长占到了 10%；对经济素养教育的开展表示没必要，甚至持反对态度的家长仅占到 0.4%，如图 5—2 所示。

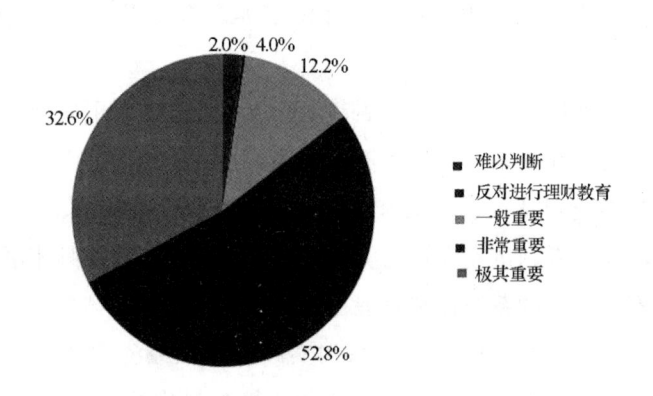

图 5—2　家长对孩子理财教育的态度

图 5—2 表明，家长对经济素养在孩子步入社会从事经济生活过程中的重要作用认识得十分清晰，这种观点为推进中小学开展经济素养教育提供了后盾保障，也使家庭经济素养教育资源逐步得到合理化开发。尽管如此，面对孩子出现的一系列经济问题，缺乏相应的经济素养教育途径和方法依然困扰着家长。因此对家长进行经济素养教育培训，让其掌握更多的经济学知识和经济素养教育的策略和方法，才能使家庭中的经济素养教育有效促进孩子的发展与成长。

---

① 王国华、夏义勇、胡勤涌：《初中财商校本教育的探索与实践》，《学校党建与思想教育》2012 年第 12 期。

2012年6月,Visa公司资助并推动了中国第一次大规模针对中小学生经济素养教育的调研。此次调研在北京、天津、西安等九个城市展开,选取了来自中小学生、教师、家长等共4万个样本对中小学生经济素养水平和学校及家庭经济素养教育状况进行了问卷调查。其中一项结果显示,学生的经济素养水平与家庭财富状况不呈正相关,但家庭成员的经济素养水平与学生的经济素养水平呈正相关。调研引发了整个社会对经济素养教育的重视程度,以及对不同家庭文化背景学生的经济素养教育的差异性研究,如图5—3所示。

财商教育主体	比例
孩子自己在实践中领悟	71.70%
家长教导	63.10%
通过学校教育	59.40%
银行、保险等专业金融机构	32.70%
专门的理财机构	11.10%
其他	0.10%

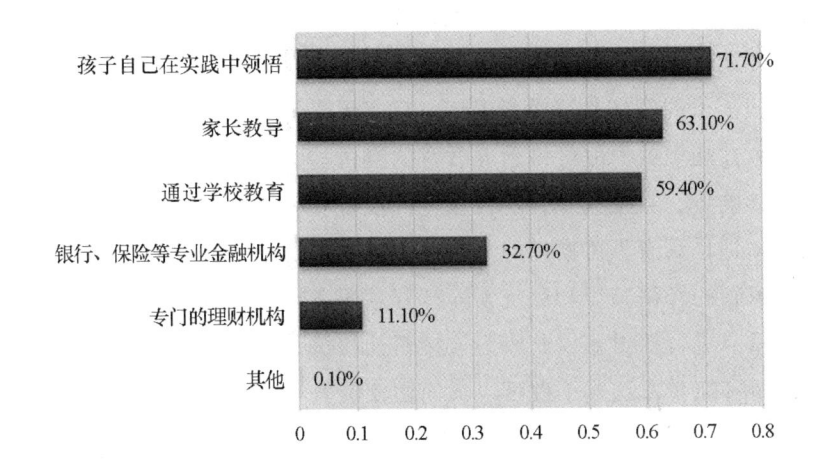

图5—3 财商教育的主体选择

资料来源:数字100市场研究公司,《国内孩子财商教育情况调查》,《金融博览(财富)》2013年第6期。

从图5—3中可以看出,在经济素养教育的主体上,68.6%的家长认为需要孩子自己在实践中领悟,68.3%的家长认为需要家长来教导,32.5%的家长认为需要通过学校教育,11.3%的家长则赞同通过银行、保险等专业金融机构进行培训,另有7.8%的家长则会寻找专门的理财培训机构对孩子进行培训。[①]

[①] 数字100市场研究公司:《国内孩子财商教育情况调查》,《金融博览(财富)》2013年第6期。

1. 发挥家长经济行为榜样力量

中国教育专家朱棣云赞同将经济素养教育回归家庭。他认为,经济素养教育的关键期在小学阶段,此时孩子的知识主要来源于感性认识,而学校教育提供的更多的是理性思考;由于孩子的家庭经济收入和家庭经济观念存在较大差异,一刀切的学校教育会给处于成长期的孩子带来负面影响。因此,朱棣云主张家庭应该是经济素养教育的最好课堂。[1] 家庭是构成社会的核心单元,是学校教育的坚实后盾。由于中小学生主要的经济来源是家庭,其经济观念和经济行为也是父母的缩影。因此,家庭是经济素养教育责无旁贷的平台。只有充分发掘和利用家长资源,学校的经济素养教育才更有希望。因此,从经济意识和经济态度开始的经济素养教育是家长的重要职责。但目前绝大部分家长由于经济知识缺乏、经济意识淡薄,无力承担孩子的经济素养教育责任。只有提高了家长的经济素养教育意识和能力,才能填补家庭经济素养教育的空白。家长是孩子经济态度和行为的直接影响者,直接关系到学校教育的成败和有效性,学校对家长进行经济素养培训也具有不可推卸的责任。学校可以通过讲座或是视频资料等形式提升家长的经济知识和经济素养教育意识,将经济事务的处理和沟通能力作为重点进行探讨,以此成为连接家长和孩子促成经济素养有效教学的重要桥梁和纽带。这样不仅可以巩固学校的教学成果,同时在提升两代人经济素养水平的基础上进一步增进了家庭参与学校教育的主动性和积极性。

有些家长能做到以身作则,通过改变家庭的消费方式来影响子女;大多数的家长却不知道该怎么办,有些家长甚至只是简单粗暴地对待和解决子女在消费中出现的问题;有些家长虽然意识到问题所在,但溺爱使他们没有对子女的不合理消费提出或实施任何措施,更不会减少子女的消费金额。他们普遍认为,自己从苦日子里过来,要让子女在一个优裕的环境下成长。"近朱者赤,近墨者黑",家长要充分认识自身经济素养状况和日常经济行为对孩子潜移默化的影响,不仅要通过学习不断自我提升,同时也要言传身教唤醒孩子对于金钱管理等经济事务的兴趣和能力。对于家庭的收支状况,孩子不仅有必要而且有权利知晓,家长可以身体力行,根据

---

[1] 朱棣云:《家长的家庭教育素养与孩子成才》,《浙江在线》2009 年第 7 期。

自身的理性消费行为为孩子树立榜样，从而使家庭经济素养教育落地有声。家长也可以让孩子参与家庭财物讨论，发表看法和见解，与子女分享经济素养经验。

2. 正视个体经济行为潜力

经济素养的形成和培养需要具备基本的品质，同时基本品质的形成也为经济素养的提升创造了良好的条件，这种基本品质就是"我能做"的精神，是孩子经济素养提升的关键一步。现代心理学研究表明，儿童三岁左右独立自主的意识已开始萌芽，有了"我自己来""我会做"的自我意识和表现欲望，这些为家长正视孩子的经济素养潜力提供了理论依据。由于受传统经济观念影响，中国家长很少向孩子放手金钱管理，往往低估孩子的经济管理能力，严重束缚了处于经济素养教育关键期的中小学生经济能力的提升。由于早期缺乏真正的经济素养教育实践，上大学后，从依赖式的生活到完全依靠自己，第一次独立支配几百甚至上千元钱的生活费时，他们就会显得不知所措。于是，过度消费或是盲目从众等一系列不良经济行为就产生了经济素养教育应从小抓起，从家庭开始，家长要正视孩子的经济素养潜力，有意识地培养孩子的经济素养能力，从而使孩子在经济素养教育过程中学到良好的价值判断尺度，养成良好的经济行为习惯。

3. 利用零用钱进行经济素养教育

中小学生群体接触经济问题的首要渠道就是零用钱，零用钱会对学生的金钱情感、金钱经验和金钱行为产生重要影响。巧用零用钱激发孩子的经济兴趣是家长不可推卸的责任。《2012中国少儿财商调研》白皮书显示，75.9%的儿童拥有零用钱，24.1%的儿童没有零用钱；四成的儿童月零用钱在50元以下，19.1%的儿童月零用钱在50—100元之间，100元以上的"大款"有16.7%。在儿童获取零用钱的方式中，有超过41%的家长采取"家长主动给"的方式，这样可以很好地培养孩子消费的计划性，但仍有近30%的家长以奖励学业的方式给零用钱，这也反映出在零用钱的使用上还存在诸多问题。关于零用钱给多少和怎么给的问题，家长需要注意以下几个方面：一是定期、定额发给孩子零用钱，不用孩子讨要；二是零用钱的数额应基于家庭收入情况、孩子年龄等因素来决定，自由花费的金额不宜过大；三是父母要为零用钱的使用给出计划性和合理性的建议。这些都会为合理规划零用钱奠定理性基础，如图5—4所示。

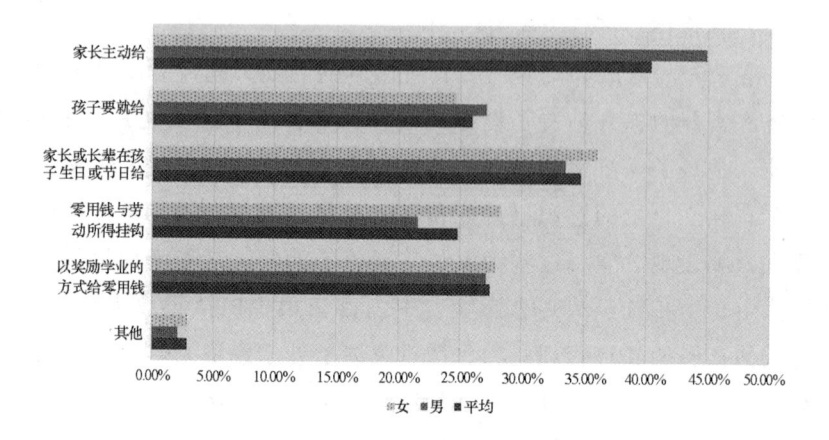

图5—4 孩子获取零用钱的方式

资料来源：数字100市场研究公司，《国内孩子财商教育情况调查》，《金融博览（财富）》2013年第6期。

在关于中小学生"消费能力的自我评价"的一项调查中，绝大多数学生对自己的消费能力评价较高，自认为能够做到理性消费，但在对以往消费是否有"一笔明白账"的调查中，结果并不让人乐观。自认为对已有消费没有明细，印象模糊的占34.8%；对消费过的账目有明细，十分清楚的只占到15.6%。可见，中小学生对消费状况的自我评估与其实际状况之间并不吻合，也暴露出其在消费方面的自我约束意识不强。就"借钱消费"的调查中，22.4%的学生认为急需时向他人借钱是情理之中，会有借钱行为发生，甚至还有8.14%的学生借钱观念较为开放，会选择付给对方利息以表示感谢；但有69.4%的学生即使在急需钱而身边又没带钱的情况下也不会选择向他人借钱。这些情况在一定程度上反映出，伴随家庭生活水平的提升，孩子缺乏借钱的意识和行为能力，部分学生在观念层面上对借钱行为持一种拒绝的态度。在"剩余零用钱的处理方式"调查中，11.1%的学生会想方设法将其消费完毕；19%的学生会将钱存入银行以备用；还有70%学生会将其留在家中或上交家长代为保管，这其中用于表达爱心的比例也较高，如给长辈送生日礼物等的占

66.2%，也有57%的学生会将其用于捐助。尽管如此，从中也暴露出利用社会资源，如银行等金融机构管理自己零用钱的比例较低。在"家长对孩子零用钱的消费合理性"调查中，过半数的家长肯定孩子的消费意识和消费能力，认为孩子自身能够处理好消费问题，日常消费也较为合理；近三成家长对孩子消费的合理性评价偏低；还有近一成的家长对此没有明确的态度，即缺乏关注。从中可以看出，目前家长对孩子在经济素养方面的成长较为关注，尽管对一些问题还没有更好的应对策略，但已经可以判断出其对学校经济素养教育的支持。[①] 另外，在利用零用钱进行经济素养教育的过程中，家长还应注意以下两个问题：

（1）借助银行资源进行零用钱教育

经济素养教育的最终目的是教会子女进行经济实践。"90后"的孩子大多思想独立、有自己的主见，对新事物保持着强烈的好奇心，对家庭的收支状况也有着浓厚的兴趣，家长可以充分利用这一优势进行经济素养教育渗透。"纸上得来终觉浅，绝知此事要躬行"，家长还可以利用适当的时机，在适当的范围里，鼓励子女进行一些投资实践，并进行适当的指导，这不仅可以培养他们合理的消费习惯，还可以增强他们的储蓄意识。家长为孩子在银行办理账户，其后的存钱和取钱行为要由孩子全程"独立"完成。因为只有身在其中，才能真正把握银行资源所提供的经济服务。家长要培养孩子记账的习惯，这是管理金钱的重要环节，可以通过定期检查和评估发现孩子消费过程中的合理性和问题所在，为家长和孩子下一步的经济素养教育提供参考，便于家长鼓励、帮助子女制定科学、合理的经济计划和经济目标。

（2）利用"家庭公民"概念促使零用钱制度化

零用钱在家庭应该形成一种制度，一旦某种行为模式演变为制度，那么这意味着行为不再具有随意性，而必须遵守行为守则和规矩。零用钱形成制度化的终极目标是帮助孩子建立一种家庭公民的概念。向政府纳税是公民义不容辞的责任和义务，家长可以模拟公民纳税的程序和内容将其用于家庭内部，如为了家庭的日常开支，孩子可以以税款的形式交税。如果

---

① 数字100市场研究公司：《国内孩子财商教育情况调查》，《金融博览（财富）》2013年第6期。

孩子零用钱达到一定数量后，可以按照比例给予一定利息，将经济素养教育渗透到家庭生活的多个领域。这一切可以通过家庭会议进行讨论，让孩子意识到自己是家庭的一员。家庭中还应该设立家庭银行，让孩子参与讨论钱应该如何使用。家长可以利用"家庭公民"的概念对初中生进行有关商业规范和消费者行为教育，让其掌握机会成本、需求与需要、消费者权利和义务等基本的经济概念。

对美国中小学生经济素养教育的经验进行总结，可以得出以下结论。教育立法、师资培训和金融市场服务是美国中小学经济素养教育的成功经验，但同时也存在一系列问题制约其发展，如经济素养教育内容滞后、师资流失严重、学生基础薄弱导致经济素养教育成效欠佳等，这些问题的良好解决会推动美国中小学经济素养教育的进一步发展。尽管中美两国在教育文化和历史传统上存在较大差异，但经济素养教育的发展有其共同规律。对比美国中小学经济素养教育，中国经济素养教育存在理念落后、经济行为引导错位、经济素养教育体系缺乏互动等问题。结合美国的经验，中国中小学生经济素养教育应从以下方面做出改进：构建多元化的社会支持体系，重塑经济素养教育课程体系，凸显家庭经济素养教育资源优势。

参考文献

英文专著

[1] Cohn, E., *Economics of Education* (4th edition), New York: Pergamon Press, 1994.

[2] Day, H. R., M. A. Foltz, K. Heyse, C. Marksbary, M. Sturgeon and S. Reed, *Teaching Economics Using Children's Literature*, New York: National Council on Economic Education, 1997.

[3] Greg A. Wiggan, *Global Issues in Education.* Rowman&Littlefield Publisher, ins, 2009.

[4] H. R. Day, *PlayDough Economics: Motinating Activities, for teaching Economics to Elementary and Middle School Students*, New York: Council for Economic Education, 2010.

[5] Jarolimek John, *Social studies in elementary education*, New York: Macmillan; London: Collier Macmillan Publishers, 1986.

[6] Montgomery D., *Introduction to Statistical Quality control*, NewYork: Wiley Publisher, 2006.

[7] Murry R. Nelson, *The Social Studies in Secondary Education*, A Reprint of the Seminal 1916 Report with Annotations and Commentaries, Social Studies Development Center of Indiana University and the Foundations of Social Studies SIG of the National Council for the Social Studies, 1994.

[8] National Council for the Social Studies, *Expectation of Excellence: Curriculum Standards for Social Studies*, 1994.

[9] NCEE, Voluntary National Content Standards in Economics. *National As-*

sociation of Economic Educators, Foundation for Teaching Economics Edition. reprint Published by National Council on Economic Educ., 1997.

[10] OECD, *Education at a Glance*, OECD Indicators Publisher, 2013.

英文期刊

[1] Andrew M., Gill and Chiara Gratton – Lavoie, "Retention of High School Economics Knowledge and the Effect of the California State Mandate", *Economic education*, 2011, pp. 319 – 337.

[2] Beverly J. Armento, "A Study of the Basic Economic Concepts Presented in DEEP Curriculum Guides", Grades 7 – 12. *The Journal of Economic Education*, 1983 (4).

[3] Carlo de Bassa, "Financial literacy and financial behavior among young adults: evidence and implications", *Advancing education in quantitative literacy*, 2013 (6), iss. 2.

[4] Chris Arthur, "Consumers or Critical Citizens Financial Literacy Education and Freedom", *Critical Education*. Institute for Critical Education Studies, 2012 (7), pp. 1 – 25.

[5] David E. Ramsett, "Toward Improving Economic Education in the Elementary Grades", *The Journal of Economic Education*, 1972.

[6] Dennis Gilliland, "Quantitative literacy at Michigan state university, 2: connection to financial literacy", *Advancing education in quantitative literacy*, 2011 (4), Iss. 2.

[7] Donna L. Cellante, "Basic Business/Economics: a Graduation Requirement for all students", *National Teacher Education Journal*, 2011, pp. 21 – 24.

[8] Douglas R. Thompson & Robert S. Siegler, "The development of an informal theory of economics", *Child Development*, 2000 (5 – 6).

[9] Elizabeth J. Tisdell, Edward W. Taylor, "Community – based financial literacy education in a cultural context: a study of teacher beliefs and pedagogical practice", The Pennsylvania State University, Harrisburg, Middletown, PA, USA, 2013, pp. 338 – 356.

参考文献

中文专著

［1］A. C. 马卡连柯：《家庭和儿童教育》，丽娃译，上海人民出版社 2005 年版。

［2］［美］S. 鲍尔斯、H. 金蒂斯：《美国：经济生活与教育改革》，王佩雄等译，上海教育出版社 1990 年版。

［3］［英］埃德蒙·金：《别国的学校与我们的学校》，人民教育出版社 2001 年版。

［4］艾德里安·弗恩海姆、迈克尔·阿盖尔：《金钱心理学》，张葆华译，新华出版社 2001 年版。

［5］［英］安迪·格林：《教育与国家形成：英、法、美教育体系起源之比较》，教育科学出版社 2004 年版。

［6］［英］安东尼·吉登斯：《现代性的后果》，田禾译，译林出版社 2011 年版。

［7］［法］奥利维·贝尔特朗：《人力资源规划：方法、经验与实践》，王晓辉译，人民教育出版社 2002 年版。

［8］贝磊、鲍勃、梅森：《比较教育研究——路径与方法》，李梅译，北京大学出版社 2010 年版。

［9］彼得·戴蒙德、汉努·瓦迪艾宁：《行为经济学及其应用》，贺京同等译，中国人民大学出版社 2013 年版。

［10］陈向明：《质的研究方法与社会科学研究》，教育科学出版社 2000 年版。

［11］晨曦：《世界一流的美国家庭教育——哈佛素质教育理念的成功实践》，朱萍编译，海潮出版社 2004 年版。

［12］程恩富、胡乐明：《新制度主义经济学》，经济日报出版社 2005 年版。

［13］程晋宽：《成功之路——国外优秀小学透视》，江苏教育出版社 2001 年版。

［14］程晋宽：《"教育革命"的历史考察（1966—1976）》，福建教育出版社 2001 年版。

［15］程晋宽：《西方教育管理理论新视野——一种批判的后现代视角》，

教育科学出版社 2012 年版。

[16]［加］大卫·杰弗里·史密斯（David Geoffrey Smith）：《全球化与后现代教育学》，郭洋生译，教育科学出版社 2000 年版。

[17] 邓佐君：《家庭教育学》，福建教育出版社 1995 年版。

[18]［美］杜威：《民主主义与教育》，人民教育出版社 2001 年版。

[19] 菲利普·G. 阿特巴赫：《比较高等教育：知识、大学与发展》，人民教育出版社 2001 年版。

[20] 冯建军：《当代主体教育论》，江苏教育出版社 2001 年版。

[21] 高孝传、杨宝山、刘明才：《课程目标研究》，教育科学出版社 2001 年版。

[22] 顾明远：《民族文化传统与教育现代化》，北京师范大学出版社 1998 年版。

[23] 黄志成：《国际教育新思想新理念》，上海教育出版社 2009 年版。

[24] 黄志成：《西方教育思想的轨迹》，华东师范大学出版社 2008 年版。

[25] 蒋萍：《知识经济和可持续发展：测算方法与实证分析》，北京师范大学出版社 2011 年版。

[26] 蒋原伦：《媒体文化与消费时代》，中央编译出版社 2004 年版。

[27] 蒋志青：《知识经济时代的人力资源管理》，上海人民出版社 2007 年版。

[28]［英］杰夫·惠迪：《教育中的放权与择校：学校、政府和市场》，教育科学出版社 2003 年版。

[29] 卡尔·威特：《卡尔·威特教育全书》，小伍、亚北译，中国妇女出版社 2005 年版。

[30]［德］柯武刚、史漫飞：《制度经济学——社会秩序与公共政策》，商务印书馆 2000 年版。

中文期刊

[1] 安德伟：《谈知识经济条件下高校创新型人才培养》，《教书育人》2011 年第 3 期。

[2] 蔡勇强：《从素质教育的视角审视中小学理财教育》，《教育探索》2010 年第 2 期。

［3］陈玲芬：《中国理财教育现状、问题和对策》，《河北师范大学学报》（教育科学版）2011年第2期。

［4］陈瑞莲、肖润花：《高职学生财商教育研究》，《教育与职业》2013年第23期。

［5］程晋宽：《比较教育视野下着眼于学校改进的中小学校本教研》，《外国中小学教育》2010年第8期。

［6］程晋宽：《论知识经济时代从学校经营到学校领导的角色转变》，《外国教育研究》2014年第1期。

［7］程晋宽：《美、澳、日、捷克、荷兰五国科学课程的教学特征比较》，《外国中小学教育》2008年第8期。

［8］程晋宽：《全球化背景下世界一流基础教育发展水平与特征的比较分析》，《比较教育研究》2012年第3期。

［9］程天君：《中西之别还是古今之异——"本土化"研究方法论的一个可能陷阱》，《教育研究与实验》2008年第2期。

［10］崔若峰：《全国青少年学生财商教育读书暨社会实践活动启动》，《中国教育学刊》2012年第1期。

［11］戴金花：《中国中小学理财教育的缺失及对策》，《现代教育科学》2010年第2期。

［12］范林芳、傅安州：《德国中小学经济教育述评》，《外国中小学教育》2004年第5期。

［13］冯建军、刘霞：《协商民主视域下的公民素养与民主教育》，《高等教育研究》2014年第6期。

［14］冯建军：《全球公民社会与全球公民教育》，《高等教育研究》2014年第3期。

［15］顾建军：《区域教育发展不平衡的理论探讨》，《内蒙古师范大学学报》（哲学社会科学版）1999年第4期。

［16］顾雪林、杨柳、董新兴：《孩子学经济时髦还是需要》，《中国教育报》2009年第3期。

［17］洪明：《当前儿童理财教育中普遍存在的几个误区》，《教育探索》2011年第5期。

［18］胡金平：《教育传统：教育现代化无法割断的联系》，《华东师范大

学学报》（教育科学版）2001 年第 2 期。

[19] 舒健、沈晓敏：《美国初等教育阶段的经济学教育——基于全美课标和主流教材的分析》，《比较教育研究》2009 年第 2 期。

[20] 李站稳：《价值观视野下的学生理财教育》，《教学与管理》2012 年第 27 期。

[21] 林梅、程毅：《学校消费教育的实践反思与对策设计》，《教学与管理》2012 年第 9 期。

[22] 柳夕浪：《社会交往：社会课程建构的核心》，《当代教育科学》2003 年第 16 期。

[23] 陆媛、徐广：《大学生信用卡消费与理财教育》，《黑龙江高教研究》2010 年第 7 期。

[24] 路书红：《教学理论比较研究的理论构想》，《当代教育科学》2007 年第 23 期。

[25] 史大胜：《美国儿童早期教育的理念与实践探析》，《外国教育研究》2009 年第 5 期。

[26] 王建华：《消费社会视野中的大学》，《教育发展研究》2008 年第 23 期。

[27] 温金燕：《美国中小学理财教育及其对中国的启示》，《外国中小学教育》2010 年第 9 期。

[28] 温志旺：《小学生理财教育的实践》，《教学与管理》2012 年第 2 期。

[29] 吴康宁：《制约中国教育改革的特殊场域》，《教育研究》2008 年第 12 期。

[30] 吴永军：《中国新课改反思：成绩、局限、展望》，《课程·教材·教法》2009 年第 7 期。

[31] 肖红、钱雅文、刘壮：《中小学理财教育的分歧及发展》，《教学与管理》2012 年第 19 期。

学位论文

[1] 张玉华：《当代大学生消费观教育研究》，博士学位论文，北京交通大学，2014 年。

[2] 王钟和:《家庭结构、父母管教方式与子女行为表现》,博士学位论文,台湾政治大学,1993年。

[3] 陈海燕:《幼儿园社会课程实施的个案研究》,硕士学位论文,西南师范大学,2008年。

[4] 贺丹:《初中财商教育的实践探索》,硕士学位论文,重庆师范大学,2014年。

[5] 李俊义:《思想政治教育视域下大学生消费教育研究》,硕士学位论文,吉林大学,2013年。

[6] 林立:《儿童朴素经济学认识的发展及其与心理理论的关系》,硕士学位论文,华东师范大学,2009年。

[7] 沈丽:《基于〈经济生活〉教学的财商教育》,硕士学位论文,南京师范大学,2014年。

[8] 徐丽群:《俄罗斯中小学经济教育研究》,硕士学位论文,首都师范大学,2005年。

[9] 张静:《培养小学高年级学生良好消费行为的行动研究》,硕士学位论文,上海师范大学,2010年。

[10] 张燕:《初中思想品德课程中的消费教育研究》,硕士学位论文,南京师范大学,2013年。

[11] 朱晓丽:《小学高年级学生消费问题及消费教育对策研究》,硕士学位论文,内蒙古师范大学,2014年。

[12] 杨淞月:《高校拔尖创新人才成长规律及培养策略研究》,硕士学位论文,中国地质大学,2012年。